美国TOP 60
名校逐一点评

张旭　编著

中国人民大学出版社
· 北京 ·

图书在版编目（CIP）数据

美国TOP 60名校逐一点评 / 张旭编著. —北京：中国人民大学出版社，2019.11
ISBN 978-7-300-27559-8

Ⅰ.①美…　Ⅱ.①张…　Ⅲ.①高等学校-介绍-美国 Ⅳ.①G649.712.8

中国版本图书馆CIP数据核字（2019）第226481号

美国TOP 60名校逐一点评

张旭　编著

Meiguo TOP 60 Mingxiao Zhuyi Dianping

出版发行	中国人民大学出版社		
社　　址	北京中关村大街31号	**邮政编码**	100080
电　　话	010-62511242（总编室）		010-62511770（质管部）
	010-82501766（邮购部）		010-62514148（门市部）
	010-62515195（发行公司）		010-62515275（盗版举报）
网　　址	http://www.crup.com.cn		
经　　销	新华书店		
印　　刷	唐山玺诚印务有限公司		
开　　本	787mm × 1092mm　1/16	**版　　次**	2019年11月第1版
印　　张	15.25	**印　　次**	2024年9月第4次印刷
字　　数	371 000	**定　　价**	45.00元

写在加印之前

这本书是我开始做“规模化”升学辅导以来写的第一本书，这一次加印，我决定再写几句话放在书的前面。

为什么要写这本书？我强调一下，根本原因是我希望大家能在咨询和规划自己学业的时候，对相关情况和可能的选择有一个基本的了解，不至于反复地问一些相同的基础问题。当然，我知道，时光荏苒，世事变迁，这个世界什么都变了，唯一不变的还是人，我们的欲望、担心、渴求和本能，这些丝毫不变，所以你还是会问一样的问题。没关系，阿牛老师习惯了。

我做留学指导老师 14 年了，回答最多的咨询问题，按印象深浅排列如下：

1. 我这个背景，学什么专业好呢？ —10 000 +

2. 我到底能申请到什么学校？ —8 000 +

3. 我学完后，能找到什么样的工作？ —10 000 +

4. 我考多少分才够用？ —10 000 +

5. 我适合出去念书吗？ —10 000 +

6. 我现在的学校很一般，能申请到哈佛、耶鲁这样的学校吗？ —8 000 +

7. 我英语水平一般，到美国念书是不是就没戏了？ —8 000 +

8. 我 GPA 在班上排名靠后，是不是就申请不到美国排名前 30 的学校了？ —10 000 +

这些问题背后的逻辑和误区是什么？我也总结了一下：

1. 家长很强势，但自己又不懂，或者一知半解、不懂装懂，孩子更不懂，去过几次夏令营，还是没主意，不知道听谁的好，老师的意见无法执行下去。

2. 既想要排名高的学校，又想要好专业，什么都想要，不明白“鱼和熊掌不可兼得”的道理。

3. 思维逻辑错误，不知道“先定目标，再行动”的道理，往往先“闭门造车”地做了，然后再心存侥幸地认为“对方学校肯定会理解的！”。

4. 面子问题是个老毛病，很多家长觉得孩子小学、中学都是好学校，大学怎么也要是个常春藤或者美国排名前 20 的学校，这才匹配，否则做人抬不起头，没面子。

5. 家长眼里只有自己的孩子，无限放大优势，刻意回避劣势，有人觉得孩子“善于与人沟通”“喜欢和别人交流”是莫大的优点，但是忽略了孩子的其他问题和特点。

6. 喜欢回避问题，越是难解决的、纠结的问题就越想逃避，脱离现实，想当然地认为“我托福考了100 分，到美国学习应该没有太大问题吧！”。

7. 学生和家长觉得咨询机构承诺得越多，承诺的条件越好，前景越美好，就越没有问题，其实，胡乱承诺的咨询机构问题更大。

8. 总有一种幻觉，觉得申请国外的大学是“综合考量”“均衡考虑”，成绩不能代表一切，其实，做个志愿者随便拿个证书并不能代替成绩，学习能力强才是硬道理。

9. 总觉得美国不安全，加拿大和英国才安全，一般情况下，待在校园里不好吗？为什么非要拿学校和整个社会比呢？如果这样，哪里是绝对安全的？

10. 有些家长和学生总觉得要把语言分数考出来再考虑升学辅导的事情，其实这是一种逃避心理，因为考试是唯一一件自己知道怎么做的事情，其余都是模模糊糊、一头雾水，所以先不考虑，拖着再说，到最后来不及了，就把这个责任推到老师身上。（这个我绝对不接受。）

11. 对国外的学校排名有种盲目的相信和迷恋，但学校的排名每年都在变，你到底应该相信哪个？QS 吗？软科吗？泰晤士吗？福布斯吗？是这些第三方的机构或媒体去念书，还是咱们自己的孩子去念书？

当然，我知道网上有大量数据、大量材料、各种信息，但问题是，有没有一个有实力、有资格、有经验的老师能对你面临的具体问题和情况做出明确的答复和判断？这有点像你走进一个自助餐厅，面对琳琅满目的食物，不知道先吃哪个、再吃哪个，甚至连吃什么都不清楚。在面临很多重大问题时，绝大多数的人都有过担心、恐惧和纠结，不知自己的路该往哪里走。

我希望从这本书开始，你先了解一下对手，知己知彼，百战百胜，这是第一步。然后，老师在了解你的情况后，给你指明一个方向，帮助你做出适合你的判断。我认为，要做好升学规划路径的判断和诊断，有几个先决条件：首先，做判断的人必须亲身经历过、操作过和思考过这个问题，要知道有什么选择、有什么坑要避开、有什么事一定要提前做、什么事没必要做。其次，做出判断的人必须有足够长的时间跨度来进行观察并获得经验，高中三年、大学四年、研究生两年，然后找工作，加起来至少十年的从业时间，这个人才可以站出来说，“我准备好了，可以做判断了。”再次，这些所谓的判断、诊断，是要建立在完整、详细地了解对象的基本情况的基础上，就像医生在开方子之前，必须经过各种检查和化验的过程，否则是没有资格做任何判断的。最后我要说，任何没有至少一项状元、学霸、牛校、博士、团队领导、工作绿卡等实打实的经历的人，不适合也不够格做这样的诊断人。原因很简单，你没有经历过，凭什么来给别人做判断？送几个学生到藤校，就意味着闭着眼睛也能把后面的学生送进藤校？

这几年，我在中关村看到大量的留学机构关门跑路，这些机构有几个明显的特点，和我一直以来强调的一样：首先，大包大揽、拍胸脯“保录取”“保藤校”“保奖学金”；其次，被《纽约时报》和路透社点名的几个所谓全国连锁大牌机构、收费动不动几十万人民币；再次，把“背景提升活动”“科研经历”“大厂实习”强加给学生、跟申请大学捆绑在一起。这几年，有很多由于机构关门而没人管的“倒霉孩子”找到我们牛学社，虽然也为这些学生感到遗憾，但我们也爱莫能助。

注意，没有任何药方是包治百病的，也没有任何老师能确保他说的就百分之百准确，更没有任何导师或者医生能保你万事无虞，逢考必中，申请必“藤”。人生不是买彩票，阿牛老师也不是卖彩票的，请大家端正心态，认真配合，仔细斟酌，好好理解老师的诊断和建议，切实认真地行动起来，坚持下去，才会有好的效果。

下面就请大家打开书翻一遍，重点的地方仔细看看，尤其是老师写的点评部分，总结自己的问题和疑惑，然后扫描本书封底的二维码做进一步了解或者咨询，明确自己的方案。

你为什么要出国读书？

你出国读什么专业或上什么学校？

你读完书想干什么，能干什么？

就这三个问题，不多不少。从今天、从这本书开始，你必须干脆、明确、清晰地回答这三个问题。否则出国深造这件事，你就别想了，转头去做别的事情吧。

另外，和过去几年相比，很多学校的入学要求变化比较大，比如是否要求 SAT 或 ACT 成绩等，请大家格外关注这个部分，有问题也可以到微信公众号等牛学社自媒体平台扫码获取。

张旭

北京海淀

2024 年 8 月 16 日

前 言

“张老师点评美国学校”这一系列图书从 2009 年诞生，到如今全面修订出版，已经陪伴大家走过了十多年的历程。我对这本书很有感情，出版这本书的目的非常明确，就是给学生和家长们介绍和点评一下美国的大学，尤其是排名靠前的学校的基本情况、专业设置及其毕业生的就业情况。

我想借这本书简单地讲讲我对美国大学的了解，美国大学的申请策略、专业的选择以及留学生就业的分析。截至 2019 年 9 月 2 日（美国大学普遍开学的日期），留美学生的申请情况相比过去有了很大的变化，可以简单地总结为：录取人数少了，奖学金也少了，计算机类和商科类专业的本科和研究生申请变得越发困难了，高中生申请本科的录取门槛更高了，去美国读高中的学生越来越多了，等等。国内现在关于美国大学的书和互联网上的名校简介可谓汗牛充栋，但大部分仍局限于英语学习指导、出国观感、“热门”专业追捧，或者写“札记 / 游记”性质的作品大谈名校典故、逸闻趣事，或者板起面孔罗列入学条件。这些对于鲜有机会身临其境了解美国学校情况的大部分中国学生来说，并没有多大帮助。我觉得，我们选择美国大学主要看的就两个关键点：一是该大学哪个专业的排名靠前，中国学生去得较多而且有望申请（当然包括奖学金）成功；二是结合该学校或该专业的就业前景、该学校的口碑及地理位置，均衡考虑是否值得申请。

我对某些留学机构组织的一些所谓的“名校观摩团”或“赴美体验班”持保留意见，原因很简单，花费一个月左右的时间和八九万人民币去美国某个大学或几个城市转悠体验，毫无益处。难道看看名胜古迹、坐在哈佛的课堂里被老美几个 seminar 一忽悠，您就领悟了？为什么不静下心来做好学校的研究呢？

由于篇幅关系，本书只从高中生申请本科和本科生申请硕博的角度，对美国排名前 60 的学校和专业进行简介，附录列出了综合排名前 100 名左右的学校、各个专业的排名以及排名比较靠前的文理学院的信息，以供大家参考。这里我强调一下，本书主要介绍以下几点：

首先谈学校的学术优势与重点专业。所谓重点专业，很简单，就是在校本科生选该专业的人多，该专业开设的课程多且研究生奖学金和助学金多，就读的中国学生多。注意，任何会上网的人都能搜到某个大学的某专业排名是否靠前，但我们更关心的是中国学生往年的就读比例，其他信息应仅仅作为参考。

其次，谈谈各专业近年的就业形势以及未来几年该专业在美国的就业前景。同时也简单介绍申请本科和申请硕博的一些策略。注意，由于美国大学本科的必修学分设置和主、双、多或者辅修的并行，通过观察一届毕业典礼或某次学生活动的参与人员来确定该校哪个专业比较热门是不理智的，大部分美国本科生读大学就是为了有一个培养综合能力、接受通识教育的环境。本科生的就业也是五花八门的，例如，学物理的最后成了历史老师，学文学的反倒成了律师。这样的例子太多，但恰恰说明了美国本科教育选择的多样性和市场化的优势。当然，我理解正是由于本科专业的不确定（undecided）和对研究生专业跨学科申请的包容，美国就业和人才市场对本科和研究生人才的基本态度才是积极和人性化的：通才赶紧上市，专才接着读研，读完赶紧就业，就业后如有需要再“回炉”。因此，每一届的本科生都会有不同而多样化的人群，过去十几年，我送出去的本科生，90% 都在大二换了专业，我送出去的研究生，同时申请两三个相关专业的占了 80% 的比例。

尤其要提醒大家注意的是，对于准备赴美攻读本科的高中生来讲，专业选择是在大学二年级

（Sophomore）的时候开始的。当然，你也可以在入学时选定一个专业，按照作者的经验，这样的学生反倒是变换专业最频繁的。一般来讲，你可以选择一个 Major（专业），一个或两个 Minor（辅修）。毕业前是可以调换专业的，但有一个前提，即换了专业后，你所修学分仍必须满足学校毕业的要求。我在哥伦比亚大学读研期间曾给几个本科班级的学生讲过课，从我个人的经历看，本科学生的学分课程是很繁重的，中途随便换专业或者没把必修学分上好就朝三暮四，很容易会拿到几个难看的 C 甚至 FAIL。另外强调一点，赴美攻读本科的学生在专业上的选择是其次的，而学校的综合排名和教育环境的选择则在其首。对于准备赴美攻读研究生（即 MA、MS、PhD）的学生来说，专业（教授和院系）选择在其首，区域选择在其次，而学校排名的选择则更次之。大部分学校的专业排名在网上均可查到，尤其是基础科学和文科的专业排名，往往是四至五年内无太大变化，即使变化了也不必去理会它，为什么呢？因为某个教授不在了、项目取消了、业内小圈子内斗等，都是正常现象。另外，《美国新闻与世界报道》这个“最权威”的做排名的媒体，必须要做到让学校排名经常变化，否则，谁去付费购买它的排名？

用一句简单的话来说，赴美攻读研究生的学生首先要考虑的不是这个学校的名气和总体排名，而是一个公式组合：专业 + 教授 + 城市，然后附加学校名声。具体的一些策略我会在本书中提到。另外，随着美国签证形势和移民政策的多变和美国政府权力更迭带来的变数，很多学生担心去美国留学会不会受到专业审查和限制？我觉得博士生、访问学者和敏感专业的研究生申请会受到很大影响，但高中申请和本科申请基本不受影响，原因很简单，本科生课程还没学到可能受到怀疑和影响的深度。同时，作为一线的指导老师，我亲身感觉到申请本科、硕博连读或者商 / 法学院，都有巨大的竞争压力。如果有机会，我希望能和学生们交流一些工作签证和美国移民法规的变化及其对中国学生在美工作居留的影响。这对于准留学生来讲，既是机会，又是挑战，关键在于认真地规划申请。

本书没有简单重复网上可以搜集到的信息，书中内容是我们对每一个学校做了细致的调研与咨询的汇总，学校申请要求、学生人数和学费等具体信息主要来自各个学校的官方网站和《美国新闻与世界报道》等第三方调研数据（本书数据仅供参考，以学校官网最新数据为准）。信息来源也有我自己的感受、在读和毕业学生的感受和切身体会。现在各种留学中介鱼龙混杂、良莠不齐，在此提醒大家，任何形式的教育（注意不是培训）都一样，永远都应该是学生当家作主，专家、老师协助辅导，家长全力配合的“三国演义”的过程，任何流水线形式的操作都是不可取的。我希望本书能帮助大家在对比选择各个中介的服务时作为考核尺度，同时对大家的留学准备有一些实质上的帮助。

在完成本书的过程中，要特别感谢现在或曾经在各个大学就读、教书、工作的友人，他们有的是我的同学，有的是同事或朋友，更多的是我们牛学社送出去的学生。他们的文书都在我电脑里保存着，他们每一个人我都记得。没有他们的帮助，仅凭一人之力是做不到这件事的。在此向为此书提供帮助的同志们表示诚挚的感谢和敬意。最后，也请大家关注这本书的姊妹篇《美国 TOP 60 文理学院逐一点评》，大家要联系我和牛学社的老师，请看封底的那些二维码。

张旭
北京
2019 年 10 月 1 日

目录

普林斯顿大学

Princeton University

邮箱： PO Box 430, Princeton, NJ 08542-0430

电话： (609) 258-3000, (609) 258-2255

网址： http://www.princeton.edu

基本信息

学校性质：私立

建校日期：1746 年

学生人数：8 105

地理位置：新泽西州普林斯顿市

录取率：4.4%

学年学费及其他费用：$86 700

推荐理由

作为美国著名的“常春藤联盟”大学的三巨头（另外两所为哈佛大学和耶鲁大学）之一，这所大学在学术上享有极高的声誉。近年来，在《美国新闻与世界报道》最具权威的学校排行榜中，普林斯顿大学一直稳居前三名，在 2022 年的排行榜中，它与哈佛大学和耶鲁大学同列前三位。

作为一所著名的综合性私立大学，普林斯顿拥有著名的教授学者、排位美国前 5 名的校友捐赠金额、藏书 450 余万册的计算机化的现代图书馆，还有一个计算机中心、一座艺术博物馆、一座教堂和相当数量的社会文化活动场所。学校建有等离子体物理实验室、地球物理实验室、约翰 · 诺曼超级计算机研究中心等主要科研机构，以及建筑学院、工程技术及应用学院、威尔逊公共及国际事务学院等。

可以这么说，普林斯顿大学最引以为豪的是它的本科生教育，学校师生比例为 1∶5，这在美国大学里是很难得的。由于学生人数不多，教师有足够的精力来关心学生的功课和发展。普林斯顿大学的本科生可以攻读两种学位：艺术学士（Bachelor of Arts, A.B.）和工程科学学士（Bachelor of Science in Engineering, B.S.E.）。前者授予主修人文科学、社会科学和自然科学的学生；后者授予主修工程技术专业的学生。

导修制是普林斯顿大学教学的一项特色，导师指导下的学生小组也是普林斯顿的特点，这是这所大型学校与小而精的文理学院神似的地方。学校大部分基础课程都在 100～150 人的大礼堂内上课，但每个星期学生们都要参加 10～15 人的小班，这个课程多半由助教带领，教授会定期参加课程讨论和讲解，复习一周来所学的课程。这些由教授或助教带领的讨论课给学生们以更大的空间去理解课堂上所学的理论。普林斯顿的课程设置特点是本科生需要做独立研究工作（Independent Study）：所有的艺术学士候选人必须完成一个独立的初级报告项目（Pre-Report）和一篇高级论文（AD Report）；工程科学学士候选人要完成初步的独立研究工作，同时还要写一篇高级论文，当然，论文可以研究分析或实验室报告的形式出现。

普林斯顿大学的传统是重质量、重研究、重理论，一贯坚持“学术至上”的原则，学校至今都没有开设社会上最热门的学科，如法学、商学、医学等，这与传统习俗及社会时尚完全不同。可以这么说，普林斯顿大学的任何一个专业在全美大学都是名列前茅的，学校的数学、哲学和物理系尤其知名，历史、英语、政治和经济系在学术界也备受推崇。自 20 世纪 50 年代以来，规模巨大的普林斯顿等离子体物理实验室就一直享有盛誉，拥有近 400 名世界一流的研究人员和每年超过 4 000 万美元的固定研究经费。

院系设置

普林斯顿大学主要的学院有工程技术及应用学院、建筑学院、威尔逊公共及国际事务学院。学校提供 30 多个系的课程，绝大部分有能力授予硕、博士学位。

本科专业有航天工程、应用数学、建筑工程学、建筑学、天体物理学、生物工程学、生物学、生物科学、化学工程学、化学、民用工程、认知科学、计算机科学、计算机工程、生态学、电子工程、能源管理技术、工程及应用科学、工程管理、工程物理、环境工程、环境科学、进化生物学、地理学、地质学、管理工程、机械工程、分子生物学、物理学、机器人学、运输工程、非洲研究、美洲研究、人类学、考古学、艺术、美术、艺术史、美洲和非洲黑人研究、中文、古典文学、比较文学、写作、东亚研究、经济学、英语、欧洲研究、德语及文学、历史、人文学科、国际研究、拉美研究、语言学、音乐、中东 / 近东研究、哲学、政治学、心理学、公众事务及政策研究、宗教研究、拉丁语、俄罗斯及斯拉夫研究、斯拉夫语、社会学、统计学、剧院艺术 / 戏剧研究、妇女研究等。

研究生专业有建筑、生物及生命科学、计算机与信息科学、工程及应用数学、数学、物理学、地区与种族研究、英语语言文学、外语及文学、哲学、心理学、社会科学等。

特色专业

普林斯顿大学的历史、数学、古典哲学、理论和实验物理、英语文学和写作、政治学和经济学在全美学术界备受推崇。

招生要求

◆**本科**

申请费：$70。

截止日期：1月1日，尽可能在12月15日之前提出申请；提前批录取（REA）截止日期为11月1日。

申请材料：托福或雅思成绩，ACT（American College Test）或SAT成绩（标化成绩选择性提交）。SAT和ACT考试要求在12月前完成，申请文件有单独的话题作文和论文（Essay）题目。SAT均分1 430分以上，ACT 27分以上。成绩单，学校报告，推荐信。

普林斯顿大学录取学生并不仅仅依靠成绩，学生的能力与潜能、各种学术与非学术的兴趣、特殊技能以及天资、经验、抱负和背景等因素都会被纳入考查范围。学校评价优秀学生的指标有4项：头脑质量，包括智商、学习能力、创造力等；品格质量，包括责任感、价值观、判断力等；为学校做出贡献的能力；未来在本专业和社区发挥领导作用的潜力。

◆研究生

申请费：$75。

截止日期：各专业院系要求不一样，有11月15日、11月21日、12月1日、12月15日、1月3日。

申请材料：个人陈述，作品，成绩单，推荐信，托福成绩或GRE成绩。

语言课程：无。

校园文化

普林斯顿大学历来重视传统，讲究门第。普林斯顿大学至今也没有完全摆脱偏重白人男性的传统，建校以来，一直以男生为主要培养对象，学生基本上来自中上层的盎格鲁－撒克逊家庭。1945年，普林斯顿大学招收了第一个黑人本科生，这一做法比哈佛大学晚了50年。学校从1969年才开始招收女生，在我看来，这简直是无奈之举，但是也说明了一个显而易见的道理：人人生而平等，而且人人都应该有机会进入普林斯顿大学。这也是美国社会发展进化的一个显著标志。至今，社会上仍有许多人抱怨它的男女学生比例不平衡。普林斯顿大学的本科生俱乐部在20世纪90年代才允许女生加入，学校里的拳击俱乐部至今仍拒绝女性会员。

普林斯顿大学的校园内有一些大小不同的剧院及许多戏剧团体，有管弦乐队、合唱队、爵士歌舞团、歌剧院、礼拜团乐队、唱诗班、福音演奏组等。学校有众多体育代表队，几乎一半以上的本科生参加校际体育比赛。除此之外，学校还有超过200个自办的学生组织、兄弟会和姐妹会、俱乐部等。一份学生报纸《普林斯顿日报》在校外的咖啡店里和搞笑小报*ONION*放在一起供人取阅，还有一个 WPRB 学生无线电台。

普林斯顿学生另一个重要的社交场所是其众多的美食俱乐部，但只有三年级（Junior）以上的学生才能参加，高年级学生不在学校食堂吃饭，而是参加俱乐部中的一个。这些俱乐部有的通过抽签的方式吸收新成员，有的则在每年春季挑选自己认为合适的新成员。每年这个时候，校园内都会有一些争论，不少学生认为自己有权决定和谁一起用餐，而有的学生对俱乐部录取新成员的标准提出异议。美食俱乐部中最有名的是“常春藤”，亚洲学生在校内也组织了自己的美食俱乐部或饮食团体。

张旭老师点评

普林斯顿大学位于美国新泽西州的普林斯顿，距离“大苹果”纽约市不到一个半小时的火车行程。车行如蜗，一路上仿佛在深山密林中穿行，树丛中隐约能看到学校的尖塔。学校给我们的感觉就像一个巨大的高尔夫球场，草坪平整，人丁稀少。它是美国殖民地时期成立的教育学院，1746 年更名为新泽西学院，搬迁到普林斯顿市后，才正式改为现名。普林斯顿大学是美国独一无二的学校，为什么这么说呢？因为它虽然已经是非宗教大学，对学生也无任何宗教上的要求，而且开设了很多现代的学科流派和课程，但它坚持欧式的精英教育方式，行事颇有古风。尽管位列常春藤名校之首，普林斯顿既不办商学院，也不办法学院或医学院，而是埋头学术，专心培养学生的人文及科学的综合素养，可谓独树一帜。对这个学校的风格，大家在申请时要做到胸中有数。

另外，申请本科的学生在规划申请普林斯顿时应注意，普林斯顿大学既不是一个墨守成规的学校，也不是一个锐意改革的学校。我们在普林斯顿大学见到的中国本科生可以说是最安静、沉稳的一群孩子。如果你把自己打扮成太过于朝气蓬勃的愣头青，无论你的 SAT 成绩有多高，可能也进不了这所学校。同时注意，该校课业负担很重，学分要求上可能需要你完成 35 门左右的课程才能毕业，还有很多学期和考核论文。近两年，学校已经放松了对外语的要求，但是在周围同学的压力下，估计你还是得选一门外语课。普林斯顿大学在全美留学生心目中简直就是一座学术成就的圣殿。我们了解到，在普林斯顿大学就读本科的中国学生不是很多，所选专业多为公共事务、历史研究、外语文学、分子物理、理论物理。再次提醒申请到普林斯顿大学就读本科的学生注意，普林斯顿大学的建校宗旨即强调学生的人文与科学的综合素养，与其拼了命地将 SAT 成绩从 2 100 分提高到 2 250 分，还不如仔细策划自己的申请策略。因此，如何将自己塑造为一个有潜力、有冲劲，同时综合了人文与科学素养的候选人，才是申请成功的关键。

普林斯顿大学一向有很多中国学生攻读硕博学位，理工科大多集中在以下几个专业：应用数学、物理学、化学与化工、统计学、食品科学、大气物理、电子工程与通信、机械工程、民用工程等。而文科学生大多集中在国际政治、社会学、德语/法语、心理学、公共事务/公共管理学、分析心理学、东亚语言学、比较文学等。我们知道，现在美国大学的研究生院有一个趋势，即不留本系博士生在本校做博士后，而普林斯顿大学可以说是一个例外，很多普林斯顿大学毕业的博士生可以选择在母校读博士后，学校也欣然接受，这对于硕博连读的学生来说是一个值得特别关注的好处。

我简单介绍一下公共事务/公共管理专业在美国的学习和就业前景。这个专业不算是一个非常新的专业，普林斯顿大学属于最早开设这一专业的几个东北部学校之一，这个专业的课程设置综合了社会学、心理学和管理学的内容。但由于设置这个专业的大学在美国相对较少，故而我不推荐大家读此专业的博士，原因很简单：就业不好解决。要注意区别 MPA（公共管理硕士）和 MIA（国际事务硕士），二者是不同的，后者关注国际政治和经贸关系，更多从政策的角度出发；而前者关注的则是美国国内的政策、管理、具体事务方面，如公共卫生和免疫政策、州的财政预算、公司的公关策略等。对于该专业，其硕士学位比博士学位更好找工作，主要的就业方向有以下几类：非政府组织的研究机构、大公司的公关部门（尤其是银行及证券中介）、市场调研公司、说客公司和专门的公关公司、学校的管理行政部门等。在这个日益发达、政经关系互相渗透的社会里，公共事业或公关事务管理专业应该说是一个前景比较好的选择。

哈佛大学

Harvard University

地址：51 Brattle St Cambridge, MA 02138

电话：(617) 495-5100

传真：(617) 495-9711

网址：http://www.harvard.edu

基本信息

学校性质：私立

建校日期：1636 年

学生人数：25 200

地理位置：马萨诸塞州剑桥市

录取率：4%

学年学费及其他费用：$75 900

推荐理由

哈佛大学是美国最早的私立大学之一，可以说，清教徒们上岸后就赶紧开办了这所学校。这是一所以培养研究生和从事科学研究为主的综合性大学，它的本科教育使它在排名上占了不少优势，每年，无论申请的人有多少，它的录取率都保持稳定。学校本部位于波士顿的剑桥城，在美国乃至国际上都享有极高的声誉。美国独立战争以后，几乎所有的革命先驱都出自这个学校，哈佛大学因此被誉为“美国政府的思想库”，学校先后诞生了 8 位美国总统、40 多位诺贝尔奖得主和 30 多位普利策新闻奖得主。毫不夸张地说，哈佛的举动影响了美国社会发展和经济走向的神经中枢，哈佛商学院（Harvard Business School, HBS）的案例教学法盛名远播，培养了一个个商业奇迹的缔造者。让人感到吃惊的是，哈佛拥有超过 90 个图书馆，藏书数量超过 1 500 万册，是世界第四大“百万图书馆”（Mega-Library）。哈佛大学已发展为拥有 12 个研究生院、40 多个系科、100 多个专业的大型院校。每年正式注册的有 19 000 多名各类学位候选人，其中以研究生为主，也包括本科生。在哈佛大学工作的教职员工超过 14 000 人，其中包括 2 000 多名教授和讲师。

现在，世界上大多数著名的高等学府都已成为教学中心和科研中心，哈佛是其中的领袖，也是佼佼者。显而易见，没有高素质的本科教育，大学就成为无本之源，然而缺乏了优秀的研究能力，教师水平再高，大学也会变成一个贵族化的“私立高中”。科研永远都是包括哈佛在内的所有优秀大学的重头戏，哈佛的教师都有科研任务，哈佛的高年级学生或成绩优异者在学习的同时，也要配合老师和学业指导员（Advisor）从事一定的科研工作。哈佛的图书馆和博物馆既是为教学、科研部门服务的机构，同时，图书馆本身也从事教学和科研。哈佛大学做到了教学、科研的完美结合，二者相互促进，相得益彰。

院系设置

哈佛大学设有 17 个大类的学科，分属 2 个本科生学院（哈佛学院和拉德克利夫学院）和 12 个研究生学院（文理学院、医学院、教育学院、设计学院、公共卫生学院、行政管理学院、法学院、牙医学院、神学院和商学院等）。与它有直接联系的有 95 家图书馆、7 个植物研究所、2 个天文台、50 余个科学、工程和医学实验室、9 家自然、历史、医学、艺术和考古博物馆。哈佛大学还拥有许多著名的研究中心，如政府研究中心、国际事务研究中心、教育政策研究中心、环境设计研究中心、电子计算机研究中心等。

特色专业

现在，哈佛大学主要有 20 多个学院或研究所，包括：哈佛学院、法学院、文理学院、医学院、公共卫生学院、政治学和政府研究院、教育学院、设计学院、商学院等。哈佛大学学科设置数量庞大，涉及的专业和研究面广，世界上很多学校都是模仿哈佛和普林斯顿来设置课程的。基本上，哈佛大学所有的专业都可以授予硕、博士学位。

研究生院几个主要且著名的科系有文理学院的生物化学与分子生物学系、生物科学部、应用科学部、计算机技术研究中心、地质学系、化学系等；医学院的细胞与进化生物学系、微生物与分子遗传学系、神经生物学系、生物化学系、生物学与生物物理学系、药物学系、免疫学委员会、与麻省理工学院合建的健康科学部等；公共卫生学院的微生物学系；设计学院的建筑系和建筑设计等；教育学院的管理、计划和社会政策，学术环境研究，人的发展、阅读和咨询心理等。

哈佛大学本科生课程中的生物、化学、地质学、数学、物理、经济学、英文、历史、政治科学、社会学、心理学在全美排名前五。政府研究（Government Studies）、经济（Economics）和社会研究（Social Studies）更为突出。即使不是因为这些优秀课程，综合来看，哈佛大学也是美国最好的大学之一，拥有举世公认的学术口碑和崇高的国际声誉。

值得一提的是哈佛商学院和哈佛法学院（Harvard Law School, HLS），它们分别是美国最顶尖的商学院和法学院，享有极高的声誉。每年，在美国大学商学院的 MBA 课程招生中，哈佛商学院的申请人数都是最多的（一直维持在 6 000 人以上，2010 年已经超过万人，但只录取 800 人左右），也是竞争最激烈的。法学院的竞争呈白热化态势，由于就业时被诸多律师事务所看好，学生们很容易找到暑期实习机会或工作，所以，它一直是法学学生的首选。从全美大学排名来看，商学院总排名第一、医学院总排名第一、人文学科总排名第一、政治学专业排名第一、数学专业排名第二、法学院总排名第二、教育系总排名第三、物理专业排名第四、历史系总排名第四、生物专业排名第四。

招生要求

◆本科

申请费：$85。

截止日期：12 月 1 日开始审理，文件必须在 1 月 1 日（邮戳日期）截止前寄出，3 月 1 日是申请奖学金的截止日期，5 月初是通知结果的最后日期；提前批录取（REA）11 月 1 日。注意，1 月 1 日是哈佛最后接受的 SAT 考试日期。一般每个入学的学生 SAT 单科成绩均在 650～800 分。

申请材料：SAT 或 ACT 成绩（标化成绩选择性提交），申请文书（两份），推荐信（两封），学校报告（包括一封辅导员信），高中成绩单，年中学校报告，最终学校报告。

◆研究生

申请费：各院系情况不同。

截止日期：各院系情况不同。

申请材料：学位证、毕业证，大学成绩单，GRE/GMAT（Graduate Management Admission Test 研究生管理科学入学考试）成绩，推荐信，个人陈述，雅思或托福成绩。具体根据院系不同而不同。

语言课程：有。

校园文化

作为最早的私立大学之一，哈佛是一所以培养研究生和从事科学研究为主的综合性大学。在剑桥城，哈佛大学和与之齐名的麻省理工学院（Massachusetts Institute of Technology, MIT）相毗邻。校园内有几座建筑风格颇有特点的学校办公大楼和钟楼，学校的正门在一个靠近交通转盘路段环绕的地方，很不起眼，走进学校，会明显感到学校建筑的古朴风格和紧凑安排。进入图书馆是不需要证件的，抬头一看，从图书馆墙上的训言中就能体会到这所大学的特色（下面我选用了一个较好的翻译版本）。

训言 1：此刻打盹，你将做梦；而此刻学习，你将圆梦。

训言 2：我荒废的今日，正是昨天殒身之人祈求的明日。

训言 3：觉得为时已晚的时候，恰恰是最早的时候。

训言 4：勿将今日之事拖到明日。

训言 5：学习时的痛苦是暂时的，未学到的痛苦是终生的。

训言 6：学习这件事，不是缺乏时间，而是缺乏努力。

训言 7：幸福或许不排名次，但成功必排名次。

训言 8：学习并不是人生的全部，但既然连人生的一部分 —— 学习也无法征服，还能做什么呢？

训言 9：请享受无法回避的痛苦。

训言 10：只有比别人更早、更勤奋地努力，才能尝到成功的滋味。

训言 11：谁也不能随随便便地成功，它来自彻底的自我管理和毅力。

训言 12：时间在流逝。

训言 13：现在流的口水，将成为明天的眼泪。

训言 14：狗一样地学，绅士一样地玩。

训言 15：今天不走，明天要跑。

训言 16：投资未来的人是忠于现实的人。

训言 17：受教育程度代表收入。

训言 18：一天过完，不会再来。

训言 19：即使现在，对手也在不停地翻动书页。

训言 20：没有艰辛，便无所获。

张旭老师点评

哈佛大学建于 1636 年，比美国作为独立国家建立的时间还要早，当年那些移民仿效家乡剑桥大学的模式，在马萨诸塞州建立了美国历史上第一所私立高等学校，始称剑桥学院。1639 年，为了纪念学校创办人之一、办学经费的主要捐献者约翰·哈佛，学校更名为哈佛学院。后来哈佛学院被马萨诸塞州议会破格升为哈佛大学，成为“常春藤盟校”的八名成员之一。哈佛大学校园不大，校内的空间不是很宽阔，据学生们反映，很多教室内的座椅都老旧不堪，不知是否因怀旧而不愿舍弃。周围逐渐兴起的小镇亦称剑桥，镇上书店很多，夹杂着零星的咖啡店，基本没有中餐馆，看上去十分冷清，一条大路就贯通了。哈佛学院内有一块碑，是早年留学的中国学生敬献给母校的。

哈佛一直有招收中国学生的传统，相比别的常春藤学校，在哈佛读硕、博的中国留学生比例算是较高的。中国学生就读的专业多为文化研究、东亚政治研究、历史政治学、社会学、地球物理、生物化学、分子生物、政策分析和政府研究、考古人类学、统计学、教育学、免疫学、药物学、人力资源等。据我们的调研数据显示，在哈佛就读的中国大陆本科生居少数，甚至少于从中国台湾来的学生。这些就读本科的同学最后选读的专业多为文科类，如经济学、社会学和政府管理类专业等。值得注意的是，过去 3 年中超过 40% 的哈佛录取本科生的 SAT 成绩不到 1 800 分。这也凸显了常春藤名校招生的一个根本特点：多元化学生背景营造多元化学生班级。那么选配这个多元化班级的本科生的标准是什么呢？这里借用一个公式：领袖气质的背景 + 优良的能力考试 + 合理安排的 9～12 年级的活动和兴趣。当然，别的条件也很重要，比如面试的表现等，我只是说了一个大概的方向。与此相似的是，就读于哈佛的中国研究生（含硕、博）的专业也大多集中在文史社科类，当然，理工类也有不少学生就读，这类院系有向优秀的中国学生发放奖、助学金的传统。另外，口碑也是这些传统院系所看重的，口碑并不是指某个特定的中国学校、如北大、清华，而是指过往的中国学生吃苦耐劳、拼搏进取的积累。这些中国学生比较集中的专业有经济学、历史学、政府管理、社会学，理工类专业包括生物、化学、工程、数学、统计类。在本书中，我会反复提到硕博录取，无论是名校还是排名靠后的学校，基本标准就一句话：如何用自己的专业素养去打动教授和院系以获取奖学金。除此之外，GRE、托福乃至 GPA 成绩其实都是次要的，找到合理的切入点是成功拿到录取通知书和获得奖学金资助的关键。

我简单介绍经济学作为一个专业在美国的就业情况。经济学在美国从 1970 年开始就一直有数量化的倾向，而且对数学功底的要求越来越高，且不说这个趋势是不是一条阳光大道，习惯了做定量的同学，我就不建议你去美国读经济学。经济学理论的研究已经没有太大的发展空间。中国学生的长项在于发展经济学、比较经济研究以及数量分析、计量经济学、经济统计作业等方向。无论是哈佛还是一般的州立大学，经济学硕士在美国市场上并无强大的竞争力，呈高不成低不就的状态。我建议有志读经济学硕士的同学，如不想读博，可同时多读一个统计学或会计类的硕士，这样就业前景就可大大拓展。经济学博士就业情况较为乐观，可以去大学任教，或者去经济研究机构（如公司下属的研究机构或独立的半政府性质机构）、大公司银行或金融机构研究部门等任职。

耶鲁大学

Yale University

地址： New Haven, CT 06520

电话： (203) 432-4771

传真： (203) 432-1926

网址： http://www.yale.edu

基本信息

学校性质：私立

建校日期：1701 年

学生人数：12 093

地理位置：康涅狄格州纽黑文市

录取率：7%

学年学费及其他费用：$79 320

推荐理由

耶鲁大学成立于 1701 年，是一所老牌的私立大学。它和哈佛大学、普林斯顿大学齐名，号称“三套马车”，历年来共同角逐美国大学和研究生院前三名的位置。该校在教授阵容、课程安排、教学设施等方面堪称一流。校园里的哥特式建筑与现代化建筑交相辉映，整个校园显得庄重而典雅。耶鲁大学的名气、学术的专注以及校园的美丽庄严，无不吸引着世界各地优秀的学子们。耶鲁拥有众多杰出的校友：美国前总统乔治·布什是耶鲁毕业生的一员；比尔·克林顿与他的夫人希拉里就是在耶鲁的法学院里认识的。耶鲁也和中国有着千丝万缕的联系，它培养出了一大批优秀的中国留学生，其中的杰出代表有容闳、詹天佑、颜福庆、马寅初、晏阳初、李继侗、杨石先、施汝为、陈嘉、王家楫、高尚荫、唐耀、杨遵仪、应开识、林璎等。最近，一位中国校友给母校慷慨捐赠了 888 万美元，此消息曾轰动一时。

院系设置

耶鲁大学现拥有耶鲁学院、研究生院和 12 个专业学院：耶鲁学院，开设人文科学、社会科学、自然科学及工程学本科课程，授文学士、理学士、文科研究学士学位；研究生院开设研究生课程，授文学硕士、理科硕士、哲学硕士、哲学博士学位；医学院授医学博士学位；著名的神学院授神学硕士、宗教文学硕士学位；排名第一的法学院授法学研究硕士、法律博士（Juris Doctor, JD）以及法学硕士、法律科学博士（Judiciary Science Doctorate, JSD）和刑法博士学位；艺术学院授美术硕士学位；音乐学院授音乐硕士、音乐艺术硕士及音乐艺术博士学位；森林与环境研究学院授森林学硕士、环境研究硕士及森林学博士学位；建筑学院授建筑硕士职业学位及环境设计非职业学位；学校的护理学院授护理科学硕士学位；戏剧学院授美术硕士及博士学位；管理学院授企业管理硕士职业学位，同时也开设机构行为和管理科学方面的博士学位课程。

特色专业

耶鲁大学的人文、历史、法律、建筑和艺术等学科是业内的翘楚，它也是世界上最早设立人文和艺术学科的大学之一，拥有众多一流的人文科学系和人文科学研究项目，其英语系、历史系的排名位居全美大学之首，哲学、社会学和文化研究的师资力量也相当雄厚，耶鲁的骄傲——惠特尼人文科学研究中心，使耶鲁成为美国高等教育界人文科学研究的高地。耶鲁特别强调自由的思想和自由的学术空气，这种"自由教育"的原则使耶鲁能够包容各种思想流派，蓬勃向上。

招生要求

◆本科

申请费：$80。

截止日期：提前批录取（REA）11 月 1 日截止，助学金表格接收 11 月 10 日截止；正常申请 1 月 2 日截止，助学金表格接收 3 月 15 日截止，以邮戳为准。

申请材料：SAT 或 ACT 成绩（标化成绩选择性提交），申请文书（两份），推荐信（三封，包括一封辅导员信），学校报告，高中成绩单，年中报告和年终报告，托福纸考 600 分、iBT 100 分，雅思最低 7 分。

◆研究生

申请费：$105。

截止日期：各院系情况不同。

申请材料：学位证、毕业证，大学成绩单，GRE/GMAT 成绩，推荐信（三封），个人陈述，简历，雅思或托福成绩。具体根据院系不同而不同。

校园文化

耶鲁大学位于康涅狄格州的纽黑文市，是常春藤学校之一。纽黑文是一个因铁路贯通而兴起的小城，比较热闹，酒吧和露天餐厅常常满座，除了学生之外，光顾这里的还有坐落在小城附近大大小小的几个国家实验室的员工。因为英国富商耶鲁捐款帮助建立了这所学校，并不断为其提供捐款，耶鲁大学最后以他的名字命名。

和本书介绍的许多学校一样，耶鲁在1969年以前只招收男生，此后才逐渐发展为男女同校。虽然耶鲁看重显赫的地位和身份，但是在录取过程中有一个很明显的特点是对传承（heritage）不太看重，即过分强调自己的家人或朋友曾就读于耶鲁或者推荐人与耶鲁有何渊源对录取并无太多的帮助。多年以来，这个学校对中国学生还是比较青睐的，录取的学生多数就读文科、人文专业，不过近年来越来越多的学生拿到了工程和基础科学专业的录取通知书。作为一个研究型的大学，耶鲁大学录取更多工科学生的趋势将一直持续下去。

张旭老师点评

现在，耶鲁有6 749名本科学生和5 344名研究生，教职员工约3 000名。学校共有10多个主要学院，包括神学院、法学院、商学院、艺术学院、森林与环境研究学院、医学院、音乐学院、护理学院、管理学院、公共卫生学院等。研究中心则包括系统科学研究中心、计算机科学中心、儿童研究中心、亚洲文化和语言研究中心等。学校提供大约70个专业的课程，大部分可以授予硕、博学位。中国学生就读的专业集中在人文和历史方面，还有部分学生就读生物和工程类，这些专业包括东亚历史研究、汉语语言、区域经济学、历史学、人类学、法语、西班牙语、分子生物学、公共卫生管理、应用数学、植物学、工程学、电子工程、计算机科学等。我们的调研显示，从2003年起，在该校就读的中国本科生逐渐增多，很多学生最后选择了古典文史研究、机械工程、化学、物理、心理学、电子工程等专业。

值得一提的是，学经济的学生也在增多，原因很简单，中国来的本科生多受家庭影响选择了与经济有关的课程，但很多学生可能连经济学学什么或有什么用都不太了解。与哈佛大学一样，耶鲁在录取学生时的最大考虑是如何编排出一个让班上的同学都能感受到多样化和多元背景的班级。当然，我所说的这个班级的同学不是天天见面，但共同生活在一个校园内。因此，超过一半的耶鲁新生并不是因为自己的SAT或高中成绩出类拔萃而被录取，而是因为强有力的综合背景进入了这一名校。对于就读硕博的同学来讲，以下专业有招收和资助中国学生的传统：计算机科学、生物化学、英语、基础数学、天体物理、分子生物学、历史学、政治学、发展经济学/经济实体研究、心理分析等。耶鲁大学在资助硕博研究生方面不遗余力，而且也有这么做的强大实力，这在某种程度上也归功于它高效的选课和排课制度，每门新课的开启和学制课程的灵活安排都会帮助硕士生们获得更多拿到助教和助研奖学金的机会。

我简单介绍数学专业在美国的就业情况。我们知道，耶鲁所在的康涅狄格州是对冲基金、私募基金和资本运营公司的集中地。华尔街就是一条街，但是很多业务不一定挤在这一条街上。因而，该州雇用了大量的数学、应用数学、数量分析、计量经济学、统计学研究生来做数量分析和金融模型运算。其实不单是耶鲁，各大学尤其是东北部学校学数学专业的学生，80% 以上的人找的工作是进入金融、银行和证券中介、基金、资本公司充当前线运算、操作乃至客服的主力。现在新的趋势是什么呢？有相当部分的数学和统计专业学生已经转入保险或计算机软件公司从事咨询与服务业务，这也是美国经济模式自 2007 年下半年逐渐转入衰退后中国学生就业方面出现的一个现象。大家注意，统计学和数学专业的关联性也很强。申请数学和统计学专业的同学也可以考虑另一个边缘专业方向：分析金融学和数学金融学。

哥伦比亚大学

Columbia University

地址：2960 Broadway, New York, NY 10027-6902

电话：(212) 854-1919

网址：http://www.columbia.edu

基本信息

学校性质：私立

建校日期：1754 年

学生人数：31 455

地理位置：纽约州纽约市

录取率：5.5%

学年学费及其他费用：$76 340

推荐理由

哥伦比亚大学（简称哥大）位于美国纽约市曼哈顿，建校于 1754 年，根据英国国王乔治二世颁布的《国王宪章》而成立，属于私立的常春藤盟校，由 3 个本科生院和 14 个研究生院构成，哥大的校友和教授中有 96 人获得过诺贝尔奖。另外，包括奥巴马总统在内的 3 位美国前总统是该校的毕业生。哥大的医学、法学、商学和新闻学都名列前茅。每年由哥大新闻学院颁发的普利策奖是美国新闻界的最高荣誉。

哥大是一所具有很高学术声望的高等学府，和中国的发展也很有历史渊源，中国的多位知名专家和学者都曾在哥大的校园里读书和深造，如胡适和冯友兰等。学校的位置在曼哈顿上城区的 Morningside 高地，濒临哈德逊河，在中央公园北面。学校的第一个名字是国王学院，是美洲大陆最古老的学院之一。美国独立战争后，为纪念发现美洲大陆的哥伦布而更名为哥伦比亚学院，1896 年正式改名为哥伦比亚大学。

院系设置

哥伦比亚大学的下属院所包括哥伦比亚学院、普通教育学院（成人学院）、工程与应用科学学院、商学院、法学院、艺术学院、艺术与科学研究生院、国际和公共事务学院、社会工作学院、内科与外科医学院、公共卫生学院、口腔和牙科学院、护理学院等。

特色专业

哥大的教育学、统计学、医学、法学、工商管理和新闻学都名列前茅，工程学和生物科技研究也是值得称道的专业。从专业设置上讲，哥大的社会科学、英语相关语言专业、美国历史和文化研究，以及各国各地区文化研究，都比本校的理工科专业著名。当然，李政道执教过的哥大物理系、培养了众多诺贝尔奖获得者的生物和化学系、天文学系也是声名显赫。哥大教育学院是全世界最大、最独立而且课程设置最全面的教育学院之一。

招生要求

◆本科

申请费：$85，各院系的申请费用会稍有不同。

截止日期：提前批录取(ED)是 11 月 1 日；正常申请是 1 月 1 日；转学申请是 3 月 1 日。

申请材料：SAT 或 ACT 成绩(标化成绩选择性提交)，个人陈述，推荐信(两封)，简历，学校报告，托福 iBT 105 分，雅思最低 7.5 分，多邻国最低 135 分。若 SAT 阅读和写作部分超过 700 分，或 ACT 英语或阅读部分超过 29 分，可免参加托福或雅思等语言考试。

◆研究生

申请费：$100，各个院系的申请费用会稍有不同。

截止日期：各院系情况不同。

申请材料：学位证、毕业证，大学成绩单，GRE/GMAT 成绩，推荐信，个人陈述，雅思或托福成绩。具体根据院系不同而不同。

校园文化

哥大是常春藤学校之一，是美国首批开设专门的医学院、法学院的学校之一。现在，医学院的校区和主校区分开，设在纽约市上城的布朗克斯区。哥大的风格是多元化、开明与革新、通才全识。同时，哥大也有招收中国学生的传统，每年都有至少 200 名中国学生到哥大就读研究生，近年来也开始出现攻读本科的学生。申请本科的同学注意，哥大还有一个附属的女子本科学院——巴纳德女校，与哥大校园一街之隔，大部分在哥大读研的学生可能都有去巴纳德学院教过实验或讲过课的经历。巴纳德女校排名很靠前，竞争激烈，而且近年来居然开始招收极少的男生，很是让人费解。值得一提的是，哥大的工程学院是一位华侨捐资协办的，每年都有固定的十多个名额给予中国学生。至于纽约市，不用多说，是美国经济、金融和服务业的中心城市，就业的便利和职业发展机会在美国可以说是首屈一指。

现在，哥大有31 000多名学生，其中近22 000人为研究生，学校设有学科专业100多个，由于实力雄厚和师资强大，这些专业基本上都可以授予硕、博士学位。主要的学院和研究中心有社会科学研究中心、放射实验室、生物实验室、空间飞行研究中心、巴纳德女校、师范学院、神学院、文理学院、工程与应用科学学院、国际和公共事务学院、新闻学院、护理学院、社会工作学院、商学院、建筑学院、法学院、艺术与科学研究学院、口腔和牙科学院、公共卫生学院等。在哥大就读的中国学生多选择国际事务、国际传媒、国际经济与关系、新闻学、图书馆学、社会学、社会工作和服务、建筑工程、建筑设计、数学、统计学、法语、德语、生物工程、分子生物学、实验物理、理论物理、天体研究、电子工程、工业关系、计算机科学、生物医学、药理学、牙科材料、比较政治学、东亚语言、汉语语言教学等专业。

张旭老师点评

我简单介绍国际关系专业的学习和就业情况。国际关系专业在很多学校都开设，申请的学生不一定要求本科或研究生读的就是这个专业，法律、社会学、政治科学、经济类专业背景的学生都可以申请，但关键是必须清楚两方面的问题：一是你对这个专业的了解有多少，二是你为了读这个专业做了如何细致的准备。毕业后的就业方向主要是国际机构、跨国公司和商业公司代办处。要提醒大家注意的是，因为很多人都能读这个专业，所以，选好学校所在的城市及就业方向至关重要。说实话，我觉得在美国中南部读一个国际关系专业是没有眼光和欠考虑的，因为好的国际机构、跨国公司总部和大的分公司以及各个国家设的代办机构一般不会选在乡下。在此，有必要讲一讲哥大的这个专业设置，它开设了国际关系、国际传媒、国际经贸关系、国际结算和税收等大量挂着“国际”字样的专业。哥大的国际关系学院比较容易申请，因为它的办学目的不是让你交学费，而是在提供给各国来美培训和交流的人员一个好的平台的同时，适当扩大学生的多元化背景和规模。这并不代表国际关系就是一个无用的专业，任何人都可以去读，而是说这个专业经常被误解为门槛太高而不能就读。实际上，很多我们调研的学生连 GRE 成绩都没有，在国内就读的学校也很一般，但都顺利地在该学院就读了硕士，然后借着学校的名声找到了工作。关于哪几个城市和学校的国际关系专业值得申请，我在本书中介绍其他学校时会进一步谈到。

斯坦福大学

Stanford University

地址： Stanford University, Stanford, California 94305

电话： (650) 723-2300

网址： http://www.stanford.edu

基本信息

学校性质：私立

建校日期：1885 年

学生人数：16 700

地理位置：加利福尼亚州斯坦福市

录取率：5%

学年学费及其他费用：$78 218

推荐理由

斯坦福大学名声响亮，同时拥有高科技产业的研究基础和雄厚的社会科学研究实力，经费充足，师资力量强大。图书馆藏书 720 多万册。校内设有 7 000 多部计算机供学生使用，亦设有多个计算机室及计算机中心为学生提供服务。此外，校内的体育设施也很多，有能容纳 85 000 人的体育馆，也有高尔夫球场和游泳池等。

斯坦福大学的学制与其他大学不同。在校规中，把一年分成四个季度，即 Quarter 制，学生们每段都要选不同的课。因此，斯坦福大学的学生比那些两学期制大学的学生学习的课程要多，压力也大。斯坦福的学生必须在学校规定的领域内完成必修课，其中包括文化与思想、自然科学、科技与实用科学、文学和艺术、哲学、社会科学和哲学思想等。除此之外，学生的写作和外语必须达到一定标准。斯坦福大学一直强调学生的学习应该在广泛获取信息和学习资料的基础上自由选取精华，很多非西方主流的社会作家的作品被纳入学校的人文课程中，引起社会各界的广泛关注和讨论。

根据资料显示，斯坦福大学的 2 000 多位教授中，有 20 位诺贝尔奖得主、8 位普利策奖得主、142 位美国艺术科学院院士、92 位国家科学院院士和 20 位国家科学奖得主，并且有 100 多位学生获得过罗德奖学金。

院系设置

学校现设有 7 个研究生院，即商业研究生院、可持续发展学院、教育学院、工程学院、人文学和自然科学学院、法学院、医学院。同时，学校内附属的重要科研机构和实验室有斯坦福直线加速器实验室、胡佛战争、社会与和平研究所、霍普金斯海洋研究站、斯坦福电子实验室、物理实验室、国际问题研究中心、能源研究所等。

特色专业

斯坦福大学商学院被认为是美国最好的商学院，多次在美国权威杂志的商学院排名中名列第一。哈佛商学院代表比较传统的经营管理培训，培养精通商业案例与实务的大企业经理人才；而斯坦福商学院则更强调独立创业的企业家精神和科技新企业的开拓精神。仅从学生人数来说，斯坦福商学院的规模要比哈佛商学院小得多；从学生素质来说，在全美的 730 多个商学院中，没有一所商学院的入学竞争有斯坦福商学院那样激烈。最近几年来，每年都有 5 000 ~ 6 000 人申请进入斯坦福商学院，但是只有 360 个幸运者如愿以偿。在 2018—2019 申请年度，斯坦福商学院在中国学生中的录取情况也比往年艰难，甚至连 GMAT 高分和硬牌子的外企经历也不能保证入学。从这个角度来说，斯坦福商学院是美国门槛最高的商学院，主要的原因是学校要保证教学质量，保证学生的高素质和高标准。

斯坦福商学院要求学生具备三个方面的基本素质：足够的管理理论深度、严谨的实践和探索具体问题的解决方法以及面对创新的勇敢心态。也就是说，同学们不仅应该了解他们在毕业后会面临什么样的商业世界，还应该有足够的才智来应付将来在实际管理过程中出现的问题，而不至于在遇到问题时手足无措。可以这么说，斯坦福大学很多的基础课程都是经典之作，例如，Leadership（领导力）培训和 Teamwork（团队作战能力）培训，这两门课程广为商业界推崇。如何处理问题员工、家族企业的改制如何操作、现实的财务措施如何规避风险，这些都是很多教授和 CEO 校友多年的心血和经验总结。一般的商学院学生在第二年会选一个专业方向，这些专业方向包括制造业管理、小企业创建和管理、国际工商管理、保健事业管理及公共事业管理等。通过这个细化专业的选择，同学们对将来可能从事的行业会有更加系统而深入的了解。

值得一提的是，斯坦福商学院在强调管理经验的同时，也拥有很强大的商科研究项目，如会计、金融和市场营销等理论的长期性研究，研究成果也比其他一流商学院更有针对性和实用性。斯坦福商学院中几位教授的研究成果也因此获得了诺贝尔经济学奖。大家也可以看到，由于 Google 的成功以及毗邻硅谷的好处，斯坦福商学院的教学中也特别强调高科技的运用和高科技公司的创建和运营，例如，如何在某个行业或大企业实施技术转变、如何运用新技术来开发新产品、如何用技术套利等。为此，学校每年要从硅谷等地邀请很多企业高层管理人员来为学生授课，讲述他们的实际经验。而很多 MBA 学生在读书时，就参加硅谷小公司的商业计划、发展和管理，在毕业前就已和这些公司建立了密切的联系。

斯坦福大学为确保办学质量，还有一个很重要的手段，就是参与了媒体监督。美国一些主流媒体每年都会公布 MBA 专业的排名，这对申请者和用人单位都有着非常重要的影响。这些媒体通常会在学生中散发调查问卷，收集之后再进行系统分析，排名的一个重要指标就是学生的意见。斯坦福非常看重这方面的工作和调整，每年都会根据媒体调研结果做出适当和及时的回应。

招生要求

◆本科

申请费：$90。

截止日期：提前批录取（REA）是 11 月 1 日（邮戳日）前必须寄出；正常申请是 1 月 5 日前必须寄出；3 月 15 日是转学申请截止日期。

申请材料：SAT 或 ACT 成绩（2024—2025 年入学申请者，标化成绩可选择性提交；2026 年及之后入学的申请者强制提交），申请文书（四份），推荐信（两封），简历。不太认可雅思成绩，仅作为参考。

◆研究生

申请费：$70，根据院系不同而稍有不同。

截止日期：各院系情况不同。

申请材料：学位证、毕业证，大学成绩单，GRE/GMAT 成绩，推荐信，个人陈述，雅思或托福成绩。具体根据院系不同而不同。

校园文化

斯坦福大学秉承创办人的思想精髓，这里可以引用几句学校创办人和精神领袖的格言，如：“我们的大学虽然是最年轻的一所，但它是人类智慧的继承者。凭着这个继承权，就不愁没有迅猛而茁壮的成长。”另一句著名的建校格言是：“我们师生在这第一学年的任务是为一所将与人类文明共存的学校奠定基础。这所学校绝不会因袭任何传统，任何人都无法挡住她的去路，她的路标全部是指向前方的。”创立仅仅百年，斯坦福大学迅速抢占时代的最前沿，为几代年轻人提供了良好的学习和发展条件，产生了许多影响世界的著名科学家、学者，并提出和实践了“改变世界”的办学宗旨。斯坦福大学的发展就是一部教育和科研相结合、科研和产业相结合的伟大史诗。在“技术要转化为生产力”这一点上，斯坦福远远走在美国其他高校的前面，这也归功于其在办学理念上的高瞻远瞩和在学校管理上的独树一帜。现在，学校有学生 16 000 多人，其中本科生近 8 000 人，其余为研究生。斯坦福作为一个重点发展研究生教育和研究实力的学校，今后本科生的数量还会有一定的压缩。

张旭老师点评

斯坦福大学始建于 1885 年，起初是由曾担任加州州长的斯坦福捐钱在硅谷地区建立的，当然，那时候，这块地方还不叫硅谷，而是一个叫帕拉阿托的小镇，学校因捐款人而得名。虽然建校时间不长，但斯坦福的名气和实力已经远远超过了大部分常青藤学校，快赶上哈佛和耶鲁了。斯坦福的校园建筑多为土黄色，看上去有点像碉堡群，幸好校内的绿化不错，减少了压抑的感觉。距离学校不远就是 Google 等众多硅谷公司的办公室。学校的风格是务实和严谨，强调踏踏实实的研究和理论准备。在斯坦福读本科的少数中国学生选择的专业多为商科、统计、计算机科学和工程。申请硕博的中国学生传统上拿到奖学金的院系与本科学生的选择稍微有些差别，包括了经济学、社会学、历史文化研究等专业。

学校主要的研究机构和实验室有战略管理和研究中心、国际关系研究中心、物理实验室、电子实验室、线性加速实验室、同步加速器研究室、能源开发和新能源研究所、医学研究中心、海洋研究站等。这些机构都是顶尖的科研基地，申请的竞争非常激烈。斯坦福学制为季度制，学生的学习压力较大。近年来，就读的中国学生越来越多，很多以前没有招收中国学生习惯的专业都开始有中国学生的身影了。

中国学生就读的专业主要包括经济学、发展经济体研究、城市社会学、英语语言、传播学、历史学、地质研究、能源开发、石油化工、化学、应用物理、电子工程、计算机科技、运筹学、统计学、数理分析、生物化学、环境工程、生物工程等。另外，由于电子和计算机课程很受欢迎，学校还设置了很多网络学位的课程，并在纽约、芝加哥和费城等主要城市开设了电子、计算机、计算金融学的课程教学点，大家在申请时可以留意这一点。

我简单介绍英语和第二语言教育学作为一个专业在美国的学习和就业的情况。纯粹的英语文学专业还是有中国学生就读的，但是越来越少了，很多学生就读的专业已转向“英语作为第二语言教学”，这很正常，否则就像一个老外来中国读宋词研究一样，很难和有母语基础的人竞争。现在，在美国西海岸（包括加州）和东部地区（包括新英格兰）的学校，汉语教学、汉语作为外语研究的专业反倒吸引了更多英语专业的中国学生就读。这样的专业很好申请，而且由于专业需要，这些学生必须担任助教，绝大部分学生都有全额奖学金。关键在于就业方面，汉语教学的就业范围远比英语要好，英语语言文学或研究的博士一般只能去学校继续教授英语，由于竞争激烈，最后往往要沦落到社区大学甚至是南方农业州的小学校任职，实在是有些难堪。汉语教学毕业的硕博士，一方面，由于各个大学的东亚系、语言系和继续教育学院近年来对优秀汉语教师的需求增加，他们可以进很好的大学教书；另一方面，很多公关公司、私人理财机构、投资者关系公司、广告公司的中国业务逐渐增加，对既懂经济又懂语言的人才需求很大。我的一个建议就是，无论你是学英语还是学汉语教学，在本专业的基础上选修几门会计和统计的课，找工作时将非常有竞争优势。

芝加哥大学

University of Chicago

地址：5801 South Ellis Avenue, Chicago, Illinois 60637

电话：(773) 702-1234

网址：http://www.uchicago.edu

基本信息

学校性质：私立

建校日期：1891 年

学生人数：17 470

地理位置：伊利诺伊州芝加哥市

录取率：7.3%

学年学费及其他费用：$80 277

推荐理由

芝加哥大学（简称芝大）在学术和实践的各方面和哥伦比亚大学都很相似，这也是由学校的特殊位置决定的，芝加哥市传统的老工业枢纽繁荣了制造业、运输业、财政和金融业以及商品交易，促进了工程机械类的研究，推动了优秀的管理类专业、法学专业和服务类专业的发展。这里可以总结学校的几个特点：首先，芝大注重学术研究的扎实和基础性理论构架，因而，在基础类理工研究上一直是最棒的，如化学、物理、天文学、工程力学、机械设计等专业都享有盛誉。其次，芝大的商学院和法学院也很强大，学术研究能力很强，发表文章的数目一直排在前列。最后，芝大的教授以教学方式和研究方法论创新而在学术界享有盛名，仅从众多的“芝加哥学派”就可以看出，在同样理论的基础上，芝大强调的是方法和思路的创新，这不但体现在实验室解剖、对撞机的操作，还体现在一个社会课题的设计和结果呈现或者一个股票收益率的模型说明上。学校非常鼓励学术创新，也使得同学们踊跃参与和加入教授们的研究，实践自己感兴趣的课题。同学们还经常把自己做的各种研究内容放在网络平台上，以供互相交流和学习。

院系设置

芝大的学术单位包括本科学院部、4 所研究生院、7 所专业研究学院、大学进修部、芝大出版社、图书馆及各学术中心、委员会和研究所等。本科学院部是小型的私立寄宿学校，用于培养本科生，学制 4 年，授予文学士和理学士学位。该部由 5 个学院组成，它们是生物科学、人文科学、自然科学、社会科学和新大学学院。

芝大的专业研究学院包括神学院、法学院、布斯商学院、普利兹克医学院、普利兹克分子工程学院、哈里斯公共政策学院、社会服务学院等。

招生要求

◆本科

申请费：$75。

截止日期：提前批录取(EA)是11月1日；(ED 1)是11月1日；(ED 2)是1月6日。12月中旬和2月中旬通知录取结果。5月1日、1月中旬和3月中旬是以上三类申请人回复是否接受录取的最后日期。正常申请(RD)是1月6日截止；3月下旬通知录取结果；5月1日是学生回复是否接受录取的最后日期。

申请材料：申请文书(一份)，推荐信(两封)，高中成绩单，简历，SAT或ACT成绩(标化成绩选择性提交)。

◆研究生

申请费：$90，各院系情况不同。

截止日期：各院系情况不同。

申请材料：学位证、毕业证，大学成绩单，GRE/GMAT成绩，推荐信，个人陈述。雅思总分不低于7分，各部分也不低于7分；托福不低于104分，各部分不低于26分(托福90分以下很难被录取，除非有别的语言熟练度证明)。具体根据院系的不同而不同。

校园文化

芝加哥大学创立于1891年，由工业资本家约翰·洛克菲勒出资，是一所综合性的研究型大学。芝大的校园朴实无华，很多建筑的风格简洁明了，学校注重实业、开明和进取，就读的大部分本科学生都来自中部和东部中产家庭，选学的专业为应用和实践居多的工程、制造和机械专业。在此要提醒申请本科的学生注意，芝大的人文和社科专业也是业内翘楚，经济学、历史和哲学是国际本科生选读最多的专业。由于该校靠近大都市芝加哥，学习的各种费用比较高昂，但是相对于纽约和波士顿来说，还是可以接受的。芝加哥是连接中西部和东部城市的枢纽，也是会集最重要的各种服务业(如保险和财务、农业产品、商品交易、物流运输)的中心城市，芝大在就业的便利及各种职业信息的流通等方面的优势得天独厚。也正因为这一点，芝大和西北大学在中国学生中备受推崇。学校的学制是季度制，学生的学习压力相对较大。

现在，学校里有学生超过 17 000 人，其中研究生占 10 000 多人，本科生 7 000 多人。芝大是本书介绍的学校中研究院和研究生占比较高的一所大学。学校的教学科研设备先进，师资力量雄厚。芝大设有数十个学科专业，大部分可以授予硕博士学位。主要的研究院和研究所有数十个，有代表性的包括癌症研究实验室、商学院、法学院、公共政策学院、人文科学学院、生物科学学院、社会科学学院、都市和社会研究中心、远东研究所、人口研究中心、艺术研究中心、认知科学和记忆研究所等。

张旭老师点评

在芝大就读的中国学生，其专业集中在以下方向：经济社会学、文化人类学、东亚研究、汉语语言、历史学、语言学、地球物理、天体研究、地质学、微生物学、应用数学、工程物理、交通和物流管理、化学、化学工程、运筹学、统计学、金融学等。

我简单介绍社会学专业的申请和就业情况。社会学专业的学术性非常强，与后面介绍的社会工作和社会服务专业有本质的区别。社会学专业在美国和经济学一样，已经义无反顾地走上了数量化和计量化的道路，偏重于调查和统计分析。所以，数学不好的学生，本科还可以考虑选这个专业，但申请硕博的话，读起来就有点费劲。当然，社会学作为中国学生留美的传统专业来说，申请时要注意强调自己对学科未来发展的把握和认识，加上切合申请学校的研究方向，就很可能申请到全奖。但是，关键问题在于，这个专业有没有必要读博士。如果只读硕士，能找什么样的工作？现在的情况是，在美国，很多文科专业的博士毕业生都要挤破脑袋进学校当老师，但教授的空缺已经越来越难找到，所以，如果社会学的博士研究生师从一个不出名的教授，毕业后找工作将难上加难，这也是我给学政治、历史、哲学的同学的一个建议。硕士毕业的学生反倒机会更大，例如，很多读硕士的中国学生依靠概率等数学方面的功底进入市场调查公司、信息服务类公司（含金融信息、交易信息和商品市场信息）以及消费品类企业的市场调研部门。再次强调，如果不想当教授，那么你在读书的过程中就必须掌握统计和软件的使用技能，这样，面临就业选择与工作机会时将拥有较大的优势。

麻省理工学院

Massachusetts Institute of Technology

地址： 77 Massachusetts Avenue, Cambridge, MA 02139-4307

电话： (617) 253-10005

网址： http://www.mit.edu

基本信息

学校性质：私立

建校日期：1861 年

学生人数：11 460

地理位置：马萨诸塞州剑桥市

录取率：7%

学年学费及其他费用：$68 737

推荐理由

麻省理工学院(MIT)是美国新英格兰地区一所综合性私立大学，有“世界理工院校之最”的美名。它是美国众多理工学院中的翘楚，大概只有加州理工学院可以和它叫板。麻省理工资历老、底子厚，在培养高级科技人才、管理人才和尖端科学技术研发方面有独到之处。学校 1861 年创建于波士顿，后来迁到现在的剑桥，和哈佛做了邻居，与波士顿市区一水之隔。麻省理工学院的校园乏善可陈，充满了棱角晦涩的味道，一幢幢灰色的大楼阴冷灰暗，仿佛走进了 20 世纪初的钢铁厂。与校园风情正好相反的是，这个学校的特点是开拓创新和不拘一格，这也是为什么一所理工科的牛校投入建设人文和社科专业后，一样可以做得非常好。

今天，麻省理工学院无论是在美国还是在全世界，都有非常重要的影响力。学校既是全球高科技和高等研究的先驱领导大学，也是世界理工科精英的所在地和《纽约时报》笔下“全美最有声望的学校”。著名的《麻省理工科技创业》杂志也给学校带来了巨大的号召力。

由于太多专业跻身全美排名前三，麻省理工学院可以说是美国大学中拥有最多的顶尖科系的非常春藤学校。

院系设置

学校设置的学院主要有建筑及城市规划学院、工程学院、人文及社会科学学院、斯隆管理学院、自然科学学院、维泰克健康科学技术学院等。

特色专业

麻省理工学院最为人称道的专业包括人机工程、计算机硬件研究、自然科学研究及工程学。同时，其管理学、经济学、哲学、政治学、东亚语言文化研究也同样很优秀。另外，麻省理工研发高科技的林肯实验室、领先世界的计算机科学及人工智能实验室、尖端的媒体实验室、培养了许多全球顶尖管理者的斯隆管理学院和建筑及城市规划学院也都是赫赫有名的。

招生要求

◆本科

申请费：$ 75。

截止日期：提前批录取(EA)是 11 月 1 日(以邮戳寄出日为准)截止；12 月中旬通知录取结果；2 月 15 日是奖学金材料截止日期；5 月 1 日是学生回复是否接受录取的最后日期。正常申请是 1 月 6 日(以邮戳寄出日为准)，2 月中旬寄送期中成绩报告。

申请材料：申请文书(五份以上)、推荐信(两封)、简历、SAT 或 ACT 成绩等。

考试要求：托福 iBT 90 分(100 分为佳)，雅思 7 分(7.5 分为佳)，多邻国 120 分(125 分为佳)，必须参加 SAT 或 ACT 考试。

◆研究生

申请费：各院系情况不同。

截止日期：各院系情况不同。

申请材料：学位证、毕业证，大学成绩单，GRE/GMAT 成绩，推荐信，个人陈述，雅思或托福成绩。具体根据院系不同而不同。

校园文化

麻省理工学院的校园活动是丰富多彩的。全校约有 330 个学生组织，其中有 12 个媒体组织、22 个服务团体、41 个大学运动团队以及 50 个音乐、戏剧、绘画社团。据说麻省理工学院有着比全美其他任何学校都多的俱乐部和组织，这从它提供的设施中就能看出。火箭协会、敲钟人协会和一个叫 Corollaries 的合唱队是校园里富有特色的兴趣社团。如果学生要逃离繁重的课业，这里有学院电影和演讲。学生们也一直为校内的舞会、聚会和宿舍活动忙碌着。

麻省理工学院的学生以古灵精怪出名，很多经典的学校恶作剧均出自这里，新生被老生恶搞简直是必修课，这从一定程度上反映了学校对学生的创造力和按捺不住的荷尔蒙的一种让步。和斯坦福大学一样，麻省理工的学生不喜欢条条框框的约束。可以说，麻省理工的学生都是创业型人才，学校旁边有一条著名的高速公路，路边林立着各种各样的创新公司，做新能源电池、开发低成本芯片、做最好的医院用透析纸膜等，丝毫不比硅谷和其他任何地方逊色，学校也因而得名，培养了众多对世界经济、科研乃至产业产生重大影响的人士。

张旭老师点评

学校现有在校学生超过 10 000 人，其中本科生不到一半，约 4 500 人，其余均为研究生。都说我们中国学生的数学好，数理基础扎实，但是到了这里，就没有人敢太张扬了。学校的主要学院包括建筑及城市规划学院、工程学院、人文及社会科学学院、商学院、自然科学学院及健康科学技术学院。主要的研究所有传播技术研究所、人工智能实验室、磁学实验室、能量实验室、电子学研究实验室、空间研究中心、海洋研究所等。麻省理工提供大约 70 个专业的课程，其中大部分能够授予硕博学位。

中国学生就读的硕博专业主要包括机械工程、土木设计、化学、地球物理学、语言学、环境保护和环境工程、实验物理、分子生物学、信息管理、工业关系研究、数理分析、计算金融学、定量分析等。麻省理工以技术立校，但其社会科学和管理专业也很强，如经济学、组织行为研究学、工业关系研究、工商管理等。从总的学校氛围和专业设置角度讲，到麻省理工读本科的同学一般选择基础科学，如物理、化学、土木工程、地球物理、信息工程管理、机械工程和民用工程系。理由很简单，这不是一所注重均衡发展的院校，它也不屑于做均衡的人文科学课程设置。值得注意的是，麻省理工本科生入学申请委员会成员传统上均由研究生院录取委员会的部分老师兼任，而在其他大学中，这两个委员会是完全分开的，因而，学术技能、学术成就和学术出版 / 会议 / 成果毫无疑问成为麻省理工入学申请审查的关键标准。那么，作为一名高中生，这个时候还在大谈自己的钢琴弹得如何如何好，就是滑天下之大稽。至于如何在申请中准确而且规范地表述自己的成就，而一名高中生又能有什么样的成就可以拿出来，这都需要学生和家长仔细规划。近年来，申请麻省理工学院的中国高中生的录取情况很不乐观，关键不在于科研经历不行，而是体现的创新精神很单薄。

申请硕博的同学传统上拿到录取通知的院系与本科同学差不多，但近两年中国学生中申请硕博的同学偏重于学习分子生物学与微生物学以及另一个边缘的专业——生物科技应用，后者掺杂了很多生物学、科学仪器及技能应用研究的知识。同样，工业关系研究近年来也比较受欢迎。申请麻省理工的硕博的注意事项因为本科和研究生录取的趋同而具备了许多共同点。在此，再强调一次，学术水平不是仅仅凭大学四年或研究生一年的成绩单来决定的，关键在于你学术生涯中的重点是什么，你有没有发现并实践了这个学术重点，而这个重点是否完美地结合了本系本教授的研究方向。学术界是一个小圈子，说得不好听些，大家都在自娱自乐，所以你的核心问题是如何敏锐地发现并把握这个小圈子里的重点和趋势，并且一针见血地在申请文件中表现出来。

我简单介绍物理专业的学习和就业情况。由于物理是基础科学，中国学生能比较轻易地拿到全额奖学金。物理学的专业设置仍然很传统，在美国多了很多跨专业和领域的研究项目。近年来，由于研究机构和大学教学职务位置的趋近饱和，该专业超过一半的中国毕业生都瞄准了华尔街的就业机会。不夸张地说，金融危机爆发，很多学物理的学生受到波及。他们主要的就业方向，一是金融机构的建模和操模，在这方面，博士学位当然比硕士好使；二是各大银行或证券机构的交易研究部门，干什么呢？参与交易和投资活动的研究与准备，每天起个大早赶在各大市场开市的空档利用自己的理科基础知识来完成过程交易、交易模式和交易数据的数量分析报告。在金融危机中这方面的人才被大量裁员，但我认为现在是就读物理专业的好时机，经济复苏后，就业情况会迅速好转。

杜克大学

Duke University

地址： 2138 Campus Drive, Box 90586, Durham, NC 27708

电话： (919) 684-8111

网址： http://www.duke.edu

基本信息

学校性质：私立

建校日期：1838 年

学生人数：16 780

地理位置：北卡罗来纳州达勒姆市

录取率：8%

学年学费及其他费用：$81 488

推荐理由

杜克大学（简称杜大）是一所位于美国北卡罗来纳州达勒姆市的私立研究型大学，其本科学院在美国大学排行榜上排名第 9，列全球大学排行榜第 11 位，连续 5 年在全美大学排行榜上进入前 5 名。学校为本科生提供 53 个文理科学专业及 52 门可选择的第二专业课程。图书馆藏书量列全美第 8 名。

杜克大学拥有包括占地 7 044 英亩的杜克森林在内的 8 693 英亩土地以及建于其上的 256 座建筑。学校兴建了大量的建筑，翻修了有 50 年历史的主校区，校园中心有著名的杜克大教堂。由于校园广阔，校内公交线路每天持续运行在各个教室和宿舍区间，连接着各个校区。同时，杜克大学还拥有一座占地 15 英亩的海洋实验室。

杜克大学的体育异常出色，甚至称得上无可匹敌，各个运动项目在美国私立名校中都名列前茅。在美国体育频道 ESPN 评出的美国十大篮球名校中，杜大力压北卡罗来纳大学和堪萨斯大学，以绝对优势排名第一。杜大的学生体育好是因为有一个整体的氛围。作为全美最著名的大学运动代表队之一的杜大男篮，是历史上获得殊荣第四多的大学篮球队。由于杜克大学篮球队的盛名，学校的卡梅隆（Cameron）篮球馆成了一个旅游景点，名声显赫，可以说见证了杜大篮球队和整个大学的荣誉。

院系设置

杜大目前主要有三一文理学院、工程学院、法学院、神学院、医学院、护理学院、环境与地球学院、商学院和研究生院。另外还有 40 多个研究所和研究中心。杜大其他的一些重要学术机构有资源与环境政策研究中心、杜克威特兰动植物研究中心、海洋实验室、海洋生物医学中心和热带环境保护中心等。

特色专业

杜大是美国大学中最好的研究型大学之一，杜大医学院排名第 6、法学院排名第 11、商学院排名第 11、工程学院排名第 30。在博士项目的排名中，文学批评和理论专业、英语语言文学和批判、美国现代文学写作、市场营销专业、环境工程、公共政策、统计学、数学、生态学和生物学、生物医学工程、国际政治学、公共事务、计算机科学和化学都是杜大最强的专业。

招生要求

◆本科

申请费：$85。

截止日期：提前批录取（ED）是 11 月 4 日；12 月中旬通知录取结果；2 月 2 日是学生回复是否接受录取的最后日期。正常申请 1 月 2 日截止；3 月底或 4 月初通知录取结果；5 月 1 日是学生回复是否接受录取的最后日期。

申请材料：申请文书（一份），推荐信（两封），简历，成绩单，SAT 或者 ACT（包括写作部分）成绩（SAT 代码是 5156，ACT 代码是 3088。标化成绩选择性提交）。

◆研究生

申请费：$80，各院系情况稍有不同。

截止日期：各院系情况不同。

申请材料：学位证、毕业证，大学成绩单，GRE/GMAT 成绩，推荐信（两封），个人陈述，简历，雅思或托福成绩。具体根据院系的不同而不同。

校园文化

杜克大学由实业家杜克创建于 1924 年，学校因此得名。这所大学在南方的地位就是哈佛在东北部的感觉，声名远播，在业界备受推崇。杜大是一所以研究为主的大学，其本科教育也很优秀。杜大学生的风格是细致的研究和多样化的经历。就读本科的学生大多数是周围几个州富有家庭的孩子，因为杜大的学费出名的高昂，不是一般家庭能够承担的。杜大的校园风景优美，建筑精致，很有南方殖民时期怀旧的味道，但是学校周围居住的都是城市贫民或贫穷的新移民，所以有了这么一个独特的景象：杜大就像一个可怜的孤岛，四周被荒凉和破败包围着。校内安全尚可，在该校就读的中国学生不必太过担心安全问题。

现在，学校有超过 16 000 名学生，其中超过一半是研究生，有 9 900 多人，本科生 6 700 多人。学校设有 100 多个专业，大部分可以授予硕博士学位。主要的学院和研究室包括工程学院、环境学院、神学院、护理学院、法学院、医学院、商学院、公共政策学院以及心理学研究实验室、高原生物研究室、气候实验室、海洋科学实验室、化学实验室、癌症研究中心等。杜大对国际学生非常友好，在业内有很好的口碑，中国学生录取的比例较高，人数较多，就读的专业多为植物学、分子生物学、细胞生物学、生物学、环境工程、病理学、药理科学、遗传学、公共政策研究、政治学、经济学、人类学、统计、决策学、材料科学、应用物理、机械工程、化学、计算机等。

张旭老师点评

我简单介绍美国的法学院研究生教育和学位。美国法学院的研究生教育与中国国内的情况不一样，美国法学院真正的研究生教育在于获取 JD（法学本科学位），而不是 LLM（Master of Laws 法律专业硕士学位）和 JSD（Doctor of Judicial Science 法学博士学位）。有人说，“美国学生绝少在拿到 JD 学位后再读 LLM”，其实并非如此。很多律师都在工作 3 年或 4 年后找机会就读 LLM，最热门的就是哥伦比亚大学和纽约大学的 LLM，距离工作地点近，学的知识也能派上用场。最重要的是，4 年级或 5 年级的律师要考虑一个严肃的问题，到底能不能晋升为合伙人，要不要跳到小一点的律所或者去公司做 in-house 法务。这个时候，有一个金字招牌的 LLM 就很有帮助。法学院一般设置一年制的硕士学位（LLM）课程和 3~5 年的博士学位（JSD）课程。当然，LLM 班上的外国学生较多是事实，但是很多法学院的 LLM 招生政策不是只面对外国律师的，这些 LLM 课程也有 General（普通课程）和 Specific（特别专项课程）的区别。应该说，读 General 的外国人多，而读 Specific 的美国人多。硕士学位（LLM）是一年制的课程，可以延期，不用写论文，但是要和 JD 学生一起考试。真正的法学博士学位（SJD 或 JSD）应该称为法科学博士，因为这就是做研究了，专研法律条文和教学应用，毋庸置疑，就是要朝着法学院教授的方向发展，而非律师事务所和公司企业。时间 3 ~ 5 年，把关极其严格，招的人数很少，和美国的文科博士一样，JSD 学生很少能在 5 年内完成全部项目。所以，大部分的学生在法学院读完 JD 就足够了，一边准备 BAR 考试，一边找工作（或者在第二年实习时已经搞定工作）赚

钱。法律教育在美国人看来是职业教育，学法律的目的不是拿高学位，而是为了从事法律工作。在美国，要想做律师、法官甚至当老师，只读法学院的 JD 就可以，而且在大多数州，律师资格考试只对有法律“本科”（JD）学位的人开放，当然，大部分的中国学生去读 LLM，都可以在纽约州参加 BAR 考试，原因很简单，很多在中国和亚洲执业的美国律师拿的都是纽约州的律师执照。我要提醒大家注意，“如果没有 JD，就是拿到法学硕士学位或博士学位也不可以参加美国司法考试”这种说法很不准确。从这里可以看出，法律教育在美国是在大学本科通识教育后进行的一种非常专业化的职业教育，JD 教育是其核心和生命。

宾夕法尼亚大学

University of Pennsylvania

地址：3451 Walnut Street, Philadelphia, PA 19104

电话：215-898-5000

网址：http://www.upenn.edu

基本信息

学校性质：私立

建校日期：1740 年

学生人数：28 038

地理位置：宾夕法尼亚州费城

录取率：9%

学年学费及其他费用：$92 288

推荐理由

宾夕法尼亚大学（简称宾大）是美国宾夕法尼亚州费城的一所男女同校的私立大学，也是美国常春藤联合会成员之一。宾大在许多领域做出了开创性的贡献，例如，18 世纪时曾任大学副校长的天文学家大卫・里顿豪斯创建了几座著名的机械天文台，其中的一座保留至今，这种被称为“太阳系仪”的机械装置实际上就是一种机械模拟计算机。1946 年，宾大莫尔电子工程学院又设计出了世界上第一台全电子数学计算机“ENIAC”，开创了计算机的新时代。现在宾大已经成为拥有 12 所学院、几百个系、研究所和研究中心的世界一流研究性大学。在《美国新闻与世界报道》杂志对全美大学进行的评估中，宾大多次被列为美国最好的综合性大学前 10 名之一。在新闻媒体对全美大学进行的评估中，宾大的排名一直位列前 5 名。

院系设置

文理学院的兴起是在富兰克林时代。学校除了传统的古典文学、历史、哲学等课程外，还开设了自然科学和现代语言方面的课程。发展至今，文理学院已拥有 27 个系及 500 多位固定教师，开设了人文、自然科学和社会科学方面的各种课程。学院还设有研究生部，包括 30 多个研究生教育小组，开设了各种文学硕士、理科硕士和哲学博士学位课程，其中历史、人类学、经济学、艺术史、语言学、心理学、音乐和拉丁语等研究生学位课程在全美名列前 10 名。

著名的沃顿商学院是于 1881 年由著名企业家沃顿在宾大创办的美国第一所大学商业管理学院。

可以这么说，沃顿的名气有时比整个宾大的名气都要大。现在的沃顿学院已进入世界一流商学院之列，共有 3 个教育分部和 20 多个研究中心。美国《商业周刊》对全美 20 所最好商学院的排名中，沃顿商学院多次名列第三位。同时，沃顿商学院的商科研究工作涉及商学的所有方面，人才云集，颇有建树。

宾大的工程与应用科学学院从未放弃过探寻新技术以造福人类的努力，是全美最好的工程学院之一。学院除开设工程学学士学位课程外，还开设工程学硕士和博士学位课程。全院共有 1 个学院（莫尔电子工程学院）和 8 个系（电子工程与科学系、计算机与信息科学系、系统工程系、生物工程系、化学与生物化学工程系、民用与城市工程系、机械工程与应用力学系、材料科学工程系），其中化学与生物化学工程系是美国最早开设化学工程学士学位课程的科系之一，民用与城市工程系开设了宾大第一门工程学课程，同时，莫尔学院以卓越的研究生教育和科研工作在国际上享有盛誉。

宾大的医学院成立于 1765 年，是北美大陆第一所医学院，一直是美国医学教育及研究的前沿阵地。医学院的病理学、病变和疫苗研究、生理学研究也是美国相关科研实力最强的项目。医学院在肺炎疫苗和骨折电疗技术方面是开创者。其他领域，比如皮肤病学系和神经病学系等均是各大学医学院的标杆。值得一提的是，宾大医学院和霍普金斯医学院一样，实行医院导师教学法，并坚持至今。另外，牙医学院是全美唯一同时拥有 3 所由联邦政府资助的研究所的学院，其口腔卫生研究中心侧重生物学基础研究。宾大的临床研究中心则主要研究各种治疗方法的应用和功效。护理学院和兽医学院也是学校的主要学院，护理学院是美国护理专业教育的先锋，培养了大批合格的医疗保健行业从业者；兽医学院在培养兽医的生物科学家方面处于领先地位，尤其重视基础科学的研究。

法学院、美术研究生院、阿能伯格传播学院、教育研究生院、社会工作学院等都拥有宾大在美国教育界最引以为豪的专业和课程设置。

特色专业

宾大在美国大学排名中多次跻身前列，在本科教育领域里，沃顿商学院在同类项目中多次排名第一。值得一提的是，在本科生教育方面，宾大的商学院与护理学院一直在美国大学中保持前三名的位置，同时，知名的专业院系还有美国文学系、人类学系、艺术史系、建筑设计、生物医学工程、传播学系、电子工程系、英语语言学、经济系、法语系、政治科学系和西班牙语系。在研究生教育方面，学校的商学、建筑学、传播学、法语、护理学与兽医学一直是学生最值得考虑的专业。另外，法学、公共关系学和教育学则始终是研究生报考者的热门报读专业。

招生要求

◆本科

申请费：$75。

截止日期：提前批录取（ED）11 月 1 日截止申请；12 月中旬，网上通知录取结果并寄送录取通知书。正常申请是 1 月 5 日截止，以邮戳为准；4 月通知录取结果；5 月 1 日是学生回复是否接受录取的最后日期。

申请材料：SAT 或 ACT 成绩（2024—2025 年度申请期无须提供），申请文书（两份），推荐信（两封），成绩单，学校报告，年中报告，简历，托福成绩。

◆研究生

申请费：$70，各院系情况不同。

截止日期：各院系情况不同。

申请材料：学位证、毕业证，大学成绩单，GRE/GMAT 成绩，推荐信，个人陈述，雅思或托福成绩。具体根据院系不同而不同。

校园文化

费城这座城市是紧邻纽约的一个工业、物流和金融中心，自宾州和美国采矿、机械及造船工业逐渐衰落以来，费城也在慢慢转型，竭力要变成一个模仿纽约的服务业中心，因此，就业方面还算理想。最近的 10 年来，大量的城市贫民和少数族裔渐渐将费城变成了另一个华盛顿特区，安全问题开始让中国学生担忧了。

从学校的文化来看，宾大的活动与娱乐还是非常活跃的。宾大学生偏好传媒性质的活动，如校内办报、组织最佳广告评选活动等。另外，学校对体育活动也非常支持，校内活跃着 100 多支各种球队和啦啦队，仅足球（不是美式橄榄球）球队登记注册的就有十几个。校园内的比赛也随处可见，调皮的同学经常把插了黄色旗杆（草坪护理中）的标志拿掉，然后开始比赛，直到保安来驱赶。

张旭老师点评

现在，该校拥有超过 10 000 名本科生和近 13 000 名研究生，教授和高级研究人员约有 5 093 名。宾大作为研究生教育的领军学校，不仅提供近百个专业的本科培训，有强大的科研教育实力，而且每个专业基本都能授予硕博学位。如今，报考宾大的中国学生比往年有所增加，本科录取率已经突破了 10%；研究生录取方面，宾大的电子工程、建筑、英语语言文化、第二外语教学、社会学研究和国际关系招收了很多申请硕博的中国学生。

特别值得一提的是，宾大有在美国教育界做得最好的联合学位项目，联合学位即提供多个专业的课程，但是考试由各专业院系统一出题，最后所有这些专业一起授予毕业生一个学位，宾大的联合项目已经被多个学校模仿了，包括哥伦比亚大学、纽约大学和康奈尔大学等。现在，这些专业包括国际商业与国际关系、管理和生命科学、计算科学与管理科学、公共卫生和经济研究、社会工作和管理、医学和护理保健。我觉得中国学生可以特别关注这个项目。

我简单介绍心理学专业。首先要明确一点，理论心理学、心理分析与比较心理学、临床心理学是有本质区别的，不要以为读了一个心理学的硕士或博士就可以悬壶济世、挂牌行医了，那是心理医生干的活儿，需要通过专门的考试和加入学会组织才能领取执业资格。另外，一些留学中介和不明真相的同学认为，学了心理学就可以去像麦肯锡或波士顿咨询这样的商业咨询机构工作，这也是很大的误解和误导。咨询工作的性质和服务对象与心理学的课程内容有很大的差别，根本不是一回事。咨询企业要给企业或公司做资源规划，给造船公司做策略分析，给银行提供业务拓展范围，然而这些都不是心理学硕士能做到的。那么，学心理学的中国学生都干什么去了呢？很简单，他们有的还是留在学校里做老师或在研究机构里做研究人员，很多社会研究、伦理研究的基金会和研究项目里有大量的工作是与心理学有重大关联的。还有一部分人到了美国州、县和当地政府部门的福利和社会保障部门工作，提供调查分析、研究成果汇总和决策支持等。另外，有一部分人进了企业的人力资源和行政管理部门做相关的工作，但由于这方面的工作对专业知识方面的要求不是太高，心理学与其他专业比起来没有明显的优势。

加州理工学院

California Institute of Technology

地址：1200 E California Blvd, Pasadena, CA 91125

电话：(626) 395-6811

Email：ipoffice@caltech.edu

网址：http://www.caltech.edu

基本信息

学校性质：私立

建校日期：1891 年

学生人数：2 233

地理位置：加利福尼亚州帕萨蒂纳市

录取率：6.7%

学年学费及其他费用：$77 718

推荐理由

加州理工学院（California Institute of Technology, 简称 Caltech）是美国一所久负盛名的研究型大学，位于加利福尼亚州的帕萨蒂纳市（Pasadena），创建于 1891 年，可谓名校里的后起之秀。这所学校规模不算大，只有 1 000 余名研究生和 1 000 余名本科生，《泰晤士报高等教育增刊》2017 年世界大学排名里，该校名列哈佛、斯坦福、耶鲁之后。该校在实验和理论物理、行星和星系科学、宇航科学、地质学和遥感领域被公认为全美第一。2018 年，美国的《普林斯顿评论》评选全美“最难申请的大学”，其中加州理工学院排名第五。

加州理工学院的宗旨是“为教育事业、政府及工业发展需要培养富有创造力的科学家和工程师”。虽然主旨是培养工程师，大部分的毕业生都是多才多艺，而且在众多理工领域有所专长。迄今为止，由于精益求精的办学宗旨，学校只培养了 2 万余名学生，但其中有 22 名获得诺贝尔奖（平均每 1 000 个毕业生中就有 1 个诺贝尔奖得主），还有大批学生、学者获得美国政府颁发的各种科学学术奖项。加州理工学院在 2018 年《美国新闻与世界报道》大学排名中名列第五，在《泰晤士日报》世界大学排名中位列第五，作为世界顶尖的科技理工类学院，Caltech 实至名归。

该校学生人数极少，只有不到 3 000 人。学校治学严谨，提倡学生一进校就参加各项科研活动，学生多是立志献身科技的青年。学校聘用的教授和讲师也都是一流的科学家，很多是诺贝尔奖得主及其他顶尖科技奖得主。著名的物理学家爱因斯坦、费曼都曾在这里任教。除了众多的诺贝尔奖得主之外，毕业于加州理工的著名校友还有英特尔公司的创始人戈登·摩尔、登月宇航员哈里森·施密特。我国著名的科学家钱学森也曾在加州理工就读并任教。

该校研究生课程门门都出类拔萃，物理、化学、数学、生物科技学、计算机科学等专业均排在世界前沿。

学校的科研设施先进，有布斯计算中心、海勒天文台、地震实验室、科克霍夫海洋实验室、大熊山太阳系观测站、帕勒玛天文台、欧文斯峡谷射电天文台、NASA 的喷气推进实验室、环境质量实验室、新成立的位于夏威夷的亚毫米观测站、斯坦福线性加速器具中心等。

院系设置

加州理工学院的课程分为几大类，分别为生物与生物工程，工程与应用科学，化学与化学工程，地质与行星科学，物理、数学与天文学、人文与社会科学。

学校的几大研究中心包括红外线过程分析研究中心、天文学研究中心、材料过程模拟研究中心、高级计算研究中心、工业关系研究中心、计算机资源研究中心、计算机科学部、生物工程学部、分子科学实验室、喷气推进实验室等科研机构。

专业设置有航空学、天体物理学、天文学、材料科学、机械工程学、化学工程学、土木工程学、计算与神经系统学、计算机科学、电机工程学、地震学、地震工程学、生物学、分子生物学、神经科学、地质学、行星科学、化学、物理学、数学、应用物理学、控制与动态系统、管理学、经济学、社会学、人文与社会科学、人类学、历史、语言与文学、地球物理等数十种。

特色专业

在学校六大学系中，生物学、生物化学、化学工程、建筑和民用工程、地质勘探、行星研究、社会科学研究方法、物理数学和放射天文学都是最好的专业。研究生课程由各学科专业教授担任，研究生选择其中一门研究课题后，就同负责此课题的指导教授联系和合作，该校的研究审定流程（研究提案—答辩—研究方案—答辩—论文初稿—答辩—系内定稿—答辩—研究院定稿—最终答辩）极为严格和烦琐。

招生要求

◆**本科**

申请费：$75。

截止日期：提前批录取（REA）是 11 月 1 日截止，以邮戳为准；12 月中旬通知录取结果；2 月 1

日寄送中期报告，以邮戳为准；5 月 1 日为学生回复是否接受录取的最后日期。正常申请是 1 月 3 日截止，以邮戳为准；2 月 1 日寄送中期报告；3 月中旬通知录取结果；5 月 1 日为学生回复是否接受录取的最后日期。

申请材料：申请文书（一份），推荐信（两封），高中成绩单，年中报告，简历。

语言：雅思最低 7 分（7.5 分为佳），托福最低 100 分，多邻国最低 120 分（125 分为佳）。

◆研究生

申请费：各院系情况不同。

截止日期：各院系情况不同，12 月 15 日～1 月 15 日都有。

申请材料：学位证、毕业证，大学成绩单，GRE/GMAT 成绩，推荐信，个人陈述，雅思或托福成绩。具体根据院系不同而不同。

校园文化

加州理工学院坐落在加州南部的小城帕萨蒂纳，距离好莱坞不远，风景宜人，校园安静祥和。这所学校很小，只用 20 分钟就可逛完。学校的惊人之处在于三方面：第一，入学条件过于苛刻，几乎到了疯狂的程度，学校居然要求本科申请学生的高中成绩、SAT 分数、AP 课程、课外奖项、发明创造、动手能力和体育才能等都要出类拔萃；第二，学费高昂全美闻名，可以说，现在读本科一年 6 万美元根本就不够，这还没算生活费；第三，很多国家级的机密项目在学校内进行研究，所以对就读学生的审查很严格。

加州理工学院面积不大，也没有多么亮眼的建筑，少了一点文科学院的浪漫与优雅，但是在科学领域要的是严肃和实事求是的精神。游走在校园内，可以真正体会到这所学校的浓厚学习气息和深厚的学术价值。

加州理工学院建校以来，逐渐形成的良好校风和特色文化是其成为世界一流大学的根本保证。这包括学生刻苦学习、互相扶持、充满学术自由的学风，科学研究上讲究多学科交叉、研讨和充分自由交流的研究风气，追求质量、精益求精的管理文化等；整个校园充满追求科学真理、献身科学的学术气息。

张旭老师点评

对于我们中国学生来说，就读一些核心和涉及关键技术的专业是根本不可能的，而申请硕博的同学更是进不了比较高端、保密的专业，如航天、航空和原子物理等。这很正常，因为中国的这些专业和美国是有竞争能力的，就像哈尔滨工业大学这样的中国学校不会公开招收外国研究生进入核物理专业一样。大家到了美国也会观察到这个现象，不仅是加州理工，各大学校的核心专业甚至是基础科学的核心项目，外国学生都很难进入。这不能怪学校，因为它们在拿到赞助时就已经有了种种规定和限制。所以，中国学生能拿到录取通知的院系多年来集中在基础研究专业。总的来说，该校的中国研究生很少，读本科的中国学生也是凤毛麟角。

现在，学校有本科生1 000多人，研究生数量和本科生一样，也是1 000多人，学校的教授大约有300人。加州理工有多位诺贝尔奖获得者，师资力量非常雄厚，课程基本上由教授来教，而不是担任助教的研究生。学校实力最强的学科包括物理、数学和天文学、生物学、工程与应用科学、化学和化学工程、天体研究和太空科学等，主要的研究室包括喷气推进实验室、地震学实验室、天文研究中心、海洋实验室、计算研究中心、生化实验室等。在加州理工就读的中国本科学生选择的主修专业包括生物、化学、理论物理和地质学，研究生选择的专业多为化学、植物学、生物工程学、工程材料科学等。

我简单介绍地质学和植物学这两个专业，它们都是冷门专业，我建议，同学们如要申请这两个专业，必须首先坚定自己做学术研究的信念，如果信念不坚定，还不如趁早转行。理由很简单：我们遇到的到美国攻读这两个专业的同学都是执着的专业发烧友，最后也都把博士读下来了，耗时5～7年。他们一般有以下几条出路：一是进美国大学先做一个博士后，然后找大学或研究所（美国专门的地质研究所不多）的一个教职开始做教授；二是进石油或能源公司做研发，但是这种机会毕竟是少数；三是到咨询公司或商业服务机构工作。为什么呢？美国的咨询机构由于涉及的商业服务面很广，需要大量既懂得某个行业知识（如植物、环保或制药），又有很强数学和理工思维的人才。据我们观察，美国咨询机构的招聘最近几年慢慢加大了对技术背景和逻辑方面的能力的考量，因此，已有部分冷门理工专业的同学开始进入这一行业。一般来讲，排名靠前学校的冷门专业毕业生（一般要先拿到博士学位或者论文接近答辩阶段）在申请进入像咨询公司或商业企划公司这样的机构时比较占优势。

达特茅斯学院

Dartmouth College

地址：6016 McNutt Hall, Hanover, NH 03755

电话：(603) 646-2875, (603) 646-2451

传真：(603) 646-1216, (603) 646-1414

网址：http://www.dartmouth.edu

基本信息

学校性质：私立

建校日期：1769 年

学生人数：6 378

地理位置：新罕布什尔州汉诺威市

录取率：9.2%

学年学费及其他费用：$91 312

推荐理由

达特茅斯学院建于 1769 年，是常春藤学校中规模最小的一所，学校地处美国新罕布什尔州汉诺威市，是美国历史悠久的学院之一。作为常春藤学院的一员，达特茅斯学院在美国大学排名中丝毫不逊于像哥伦比亚大学这样的大型院校。至今，它也是常春藤盟校中的唯一一个自称“学院”（College）而非“大学”（University）的学校。一般来说，“学院”的名称专指那些只提供本科教育的文理学院，而达特茅斯学院实际上拥有 2 000 多名研究生，应该是一所综合性的大学，但它对自己的称呼始终是“学院”，这从某种程度上表现了它对本科教育的重视和专注。达特茅斯学院在全美大学的本科教育排行榜上始终排在靠前的位置，另外，从“学生满意程度”来看，它在美国大学中的排名也很高，很多毕业生甚至愿意再回学校重新读一遍 4 年的本科。这样的优质教育，令很多学校都望尘莫及。

达特茅斯学院对全世界学生实行“贫富不论，一视同仁”的录取政策。只要学生符合录取标准，学院会尽其所能地给学生提供奖学金。该学院实行一年分四期的学习计划，学生可以任选三期在校学习，这使得许多学生可以更灵活地安排自己在校学习的时间。

院系设置

达特茅斯学院共有学生 6 378 人，其中本科生大约有 4 200 人。它除了拥有文学艺术类的本科课程外，还拥有医学院、商学院、工程学院以及 18 个自然科学和人文社会科学方面的研究生项目。

特色专业

在达特茅斯的本科课程中，计算机、英语、政治和历史非常有名。同样，地质系、教育系、数学系和哲学系也不错，电子系在全美的大学中名列前茅，现在仍在坚持教授本科课程的 CS（计算机科学）教授就是 BASIC 语言的发明人约翰·柯梅尼，柯梅尼教授也是前任的达特茅斯校长。同时，让人觉得和这位前任校长大有渊源的是，学校很多课程的作业和考试提交都可以在网络遍布校园的计算机终端完成，达特茅斯的计算机中心也是不怕浪费、不分日夜地向学生开放。这似乎不太符合在哲学和社会科学研究上比较古典和偏向制度学派的达特茅斯学院的风格，但这所学院确实踏踏实实地实践着自己的教育和科学理念。另外，该校的法语、西班牙语和中东亚语言系云集了许多著名的学者和教授。学校鼓励学生们接触多元文化和多元社会，对国际学生的活动一贯比较开明和支持，也鼓励美国学生参加海外交换和留学项目。因此，每年都有相当多的三年级（Junior）学生通过达特茅斯的交流和交换学习计划到欧洲和亚洲留学，其中以意大利、德国、日本和韩国最多，有的学生参与此类计划是为了学习外语，而有的学生是为了做更深入、更好的学术研究。

招生要求

◆本科

申请费：$80

截止日期：（ED）11 月 1 日，（RD）1 月 3 日。

申请材料：标化成绩选择性提交，高中成绩单，教师推荐信（两封），托福（iBT）100 分，多邻国 120 分或者雅思 7 分，GPA 3.65。

◆研究生

申请费：各院系情况不同。

截止日期：各院系情况不同。

申请材料：学位证、毕业证，大学成绩单，GRE/GMAT 成绩，推荐信，个人陈述，雅思或托福成绩。具体根据院系的不同而不同。

语言课程：无。

达特茅斯学院是全美录取要求最严格的著名大学之一。如果是成绩特别突出的学生，在每年 11 月 10 日前申请，获得录取的机会提高 25%，一般的申请最迟要在 1 月 1 日前递交。全学院最多学生选读的学科依次是社会科学（45%）、文科（21%）、心理学（5%）、生命科学（5%）和工程（5%）。

校园文化

达特茅斯学院附近的自然环境非常优美，有著名的康涅狄格河及环绕的连绵群山。依山傍水的环境造就了浓郁的体育运动气氛，学院中体育活动十分盛行，冬天滑雪，夏天划船，一年四季的各种课外活动丰富多彩。

学校的郊游俱乐部（The Outing Club）是美国历史最悠久、规模最大的俱乐部，也是达特茅斯最受欢迎的学生组织，会定期组织户外活动、探险，并提供设备租赁和探险课程等。

学校的国际学生活动很多，如各国的烹饪俱乐部、滑雪俱乐部、武术和跆拳道比赛、印度教的祈祷和讲座、东南亚学生组织的舞蹈演出等，活动非常频繁，让人惊讶。所以，从活动上说，达特茅斯虽处于一个相对比较偏远的小地方，但课余活动的丰富多彩绝对不比在纽约和费城的学校差。

兄弟会和姐妹会文化也是达特茅斯精神中不可或缺的部分。达特茅斯有 20 多个兄弟会和姐妹会，60% 的学生都参与其中。

张旭老师点评

长期以来，达特茅斯一直自称学院，而且长年累月地实践小而精的专业设置和本科教育。在研究生教育和研究实力方面，虽然经过多年的发展已经有了一定规模，但是仍然没放弃小而精、小而全的本科办学风格。由于众多东北部优秀的文理本科学院的存在，达特茅斯的实力和优势现在反倒不明显了。当然，对于中国学生来说，本科申请的竞争依然非常激烈，这也是学校内国外学生寥寥无几的原因。学校的风格是坚持优秀、实践而且谨慎的信条，在东北部的学校里也算是一个保守派。

达特茅斯学院设置很均衡，社科类和理工类各占相当部分，校内有数十个研究中心、研究所和研究小组，如生物医学研究中心、实验化学中心、自然科学应用中心等，其商学院、工程学院、医学院及研究生和高级研究学院均可授予硕博士学位。在校的中国学生的专业主要包括商业研究、化学、数学、生理学研究、药理学 / 毒理学、工程物理、教育学等。值得注意的是，虽然学院的课程设置包括很多理科和工程类专业，但和布朗大学与莱斯大学这些小而精、小而全的学校一样，达特茅斯历史上就较为偏好文科类专业，本科学生选读的也大多是这类专业，所以，学校对此类专业的研究生需求只会增长，而不会降低。

我简单介绍公共卫生和公共卫生政策这两个相关专业。一般来说，独立的公共卫生学院有以下分系：卫生统计学、流行病学、健康教育学、卫生政策等。至于其他的一些分支，中国学生可能不会考虑，大学里的公共卫生学院，一般提供公共健康硕士、公共健康理学硕士和博士以及健康管理硕士等学位。唯一不同于其他专业的是健康管理硕士，这个学位具有交叉学科的特点，毕业生除了要参加正常的健康学科专业资格和证书考试，还要有管理学方面的知识学习，包括人力资源、企业管理、市场策划等，可以说，很像MBA或管理科学。

卫生统计学这个方向的申请最近也变成了热门，学医学的学生可以申请，不少数学和统计专业的同学也会申请。注意，这个专业不一定需要医学背景，但在申请条件里，学校往往会提出明确的要求，如申请人在本科或研究生阶段修过必要的高等数学和统计学课程。

另一个方向是流行病学，它和卫生统计学比较相似，也是依靠做统计出发的研究方法论，需要用大量的统计学软件和方法。申请的学生需要具有一定的本专业背景，同时，学习护理、制药学、基础医学、病理学的学生也可以选择这个专业。

在此提醒大家注意，作为一个重要的热门方向，公共卫生政策偏重的是宏观的管理学和新古典学派的政治学研究方法，即什么样的联邦或政府政策会改变整个医药行业的利益，作为研究者，又应该如何去规范和研究这样的政策。中国学生毕业后多数在健康保险业、产品保障和监督行业工作。从专业学习上说，这个专业学的东西比较广。

学习公共卫生专业方向的学生就业出路大多不错，如医药公司、医药监察部门、社区服务中心、政府的卫生部门和高校的研发机构等。

西北大学

Northwestern University

地址：633 Clark Street, Evanston, IL 60208

电话：(847) 491-7271, (847) 491-5279

传真：(847) 491-5057

网址：http://www.northwestern.edu

基本信息

学校性质：私立

建校日期：1851 年

学生人数：21 591

地理位置：伊利诺伊州艾文斯顿市

录取率：9%

学年学费及其他费用：$81 228

推荐理由

西北大学创建于 1851 年，是一所与芝加哥大学为邻的美国著名私立研究型大学。它的主校区位于伊利诺伊州的城市艾文斯顿。校园面积不大，仅有 240 公顷，但环境优美，坐落在密歇根湖畔。该大学拥有 11 间图书馆，其中以著名的德琳图书馆最具规模，总藏书达 390 多万册，图书馆馆藏的东亚历史文献尤其珍贵。西北大学的师资水准和学术水平都极高，吸引了无数的本国和国际学生。该校历史上人才辈出，多位经济学和商科研究的教授获得过诺贝尔奖。

院系设置

西北大学拥有教职员工 3 000 多名，学生总数超过 21 000 人，其中本科生有 8 000 多名。该大学有 9 个学院提供本科课程，10 个学院提供研究生课程。主要学院包括梅迪尔新闻学院、音乐学院、文理学院、凯洛格商学院、迈科密克工程及应用科学学院、教育及社会政策学院等。

特色专业

西北大学致力于创造一个将创新型教学和开创性研究结合的学术氛围。在众多学院中以梅迪尔新闻学院最出色，是公认的全美新闻学院中最好的新闻学院之一，可与哥伦比亚大学的新闻学院相媲美。这个新闻学院以特立独行、敢为天下先出名，许多崭新的研究方向都从这里发端，如新媒体研究、媒体和并购、整合营销和市场推广、市场传媒公关和上市公司主动公关等。西北大学的音乐学院也非常出名，铜管乐器和吹奏乐器表演课是全美数一数二的。另外，著名的凯洛格商学院排名一直在全美商学院的前列，学院的金融、市场营销和信息工程管理被公认为全美领先。得益于这样的优秀学术背景，西北大学的跨学科研究和交流一直是各大学模仿的对象，如将营销和传媒结合、将金融和国际政治研究结合等。

招生要求

◆本科

申请费：$75。

截止日期：(ED) 11 月 1 日，(RD) 1 月 2 日。

申请材料：2024—2025 申请年度标化成绩选择性提交，高中成绩单，教师推荐信(两封)，托福 / 雅思 / 多邻国成绩。

◆研究生

申请费：各院系情况不同。

截止日期：各院系情况不同。

申请材料：学位证、毕业证，大学成绩单，GRE/GMAT 成绩，推荐信，个人陈述，雅思 7 分或托福(iBT) 100 分。具体根据院系的不同而不同。

语言课程：无。

校园文化

西北大学位于芝加哥市边缘地带，既有宁静的校园，又有靠近都市的便利。每年，前来竞争入学的本科学生都会到学校参观，然后和芝加哥大学的学生在密歇根湖边酒吧里斗嘴取乐，现在居然成了一个芝加哥当地酒吧的脱口秀项目。

在校园活动方面，学生们兴趣所及的领域基本上都会有相关的社团，街舞、拉丁舞、中国舞、空手道、帆船、攀岩，只有你想不到的。各个学科一般也都有自己的社团组织，另外志愿者(Volunteering)一类的也有很多。

在校园里，学生们自导自演的戏剧演出非常受欢迎，每年有两部剧上演。西北大学也有不同的即兴表演团体，有十个乐队和不同的舞蹈队，足以丰富你的业余校园生活。

张旭老师点评

西北大学和芝加哥大学一样，是一所文理兼备、社科和理工都很强的综合性大学。它们是邻居，西北大学的很多专业并不逊色于芝加哥大学，而且每个研究专业基本上都名列前茅，这么均衡而出类拔萃的实力在美国大学里也是不多见的。学校的教学主旨是专注和专业技能的积累。学校的学科设置涉及领域极广，共有 100 多个本科专业，70 个左右可以授予硕博士的学位。中国学生就读的专业集中在以下方向：大众传媒、社会学、国际媒体管理、人类学、地球物理、太空物理、生物化学、土木工程、实验化学、化学、机械工程、公共卫生、防疫学、组织行为学和材料科学研究等。总的来说，大部分中国学生在西北大学是硕博连读，集中在理工科专业，本科生则仍占少数。

我简单介绍机械工程专业的申请和就业情况。这个专业也是中国学生留美的传统专业，但要注意，申请的要点不同于物理、化学、地质和生物等基础专业的申请。一些留学中介和不明真相的群众问：“申请的时候是不是要强调动手能力啊？”当然不是，大家可以用这个问题去测试有些留学中介，相信会有收获。机械工程专业仍然是基础科学，这是由美国大部分大学专业设置决定的。它又不同于物理、化学，因为它是最早与企业研发和外包研发挂钩的专业，所以带有很强的行业需求和工业发展趋势的特点，这一特点后来在生化和电子工程专业也有非常明显的体现。所以说，既要把握申请学校专业本身的规划发展方向，又要把握住与该专业合作研发的对象的需求特点，才能抓住学校需求的核心，做到有的放矢。举个简单的例子，大家可以看看西北大学和其他五大湖周边学校的工程合作公司都有哪些，对比一下纽约州和得克萨斯州的学校、专业特点和行业需求，去向就非常明显了。至于就业，我们调研的机械工程硕士同学大部分进入了仪器公司、机器材料和采集企业、矿业和能源企业以及汽车船舶行业的下属专门研发机构。我也提醒大家注意，近年来，美国咨询和商业服务公司招收了大批的基础理工类人才作为咨询师，以满足不同行业的需求，但需要注意的是，这些公司录用上岗的人以博士居多。

JOHNS HOPKINS
UNIVERSITY

约翰·霍普金斯大学

Johns Hopkins University

地址： 3400 N. Charles Street, Baltimore, MD 21218

电话： (410) 516-8171, (410) 516-8220

网址： http://www.jhu.edu

基本信息

学校性质：私立

建校日期：1876 年

学生人数：16 552

地理位置：马里兰州巴尔的摩市

录取率：9%

学年学费及其他费用：$88 976

推荐理由

约翰·霍普金斯大学(简称霍普金斯大学)于 1876 年创建，是一所著名的研究型私立大学。创办人是马里兰州的大银行家霍普金斯，学校因而得名。该大学的校区分为几块，主校区在巴尔的摩市内。霍普金斯大学一贯强调卓越和优秀，是一所精英主义至上的学校。注重培养学生的分析能力，奖学金充裕，医学院科目设置齐全，历史上有 30 多位校友和教研人员获得过诺贝尔奖。学校的独特之处在于大学和医院一直设在一起，连为一体。尽管是一所私立大学，但霍普金斯大学常年获得美国联邦政府的巨额科研拨款。根据美国国家科学基金会(NSF)的统计，霍普金斯大学在科学、医学和工程学方面的研究开支连续 30 年位列全球第一。作为霍普金斯大学医学院的教学和科研医院，约翰·霍普金斯的医院一直是全美最好、科目最齐全的医院，连续 18 年名列全美最佳医院榜首。霍普金斯大学的图书资料十分丰富，据统计，藏有图书 300 万册，订阅期刊达 2 万多种。

院系设置

霍普金斯大学现有在校生 16 552 人，其中本科生仅有 5 000 多人，其余均为研究生。学校有涉及领域广泛的专业 52 个左右，主要的研究所和院系有医学院、公共卫生学院、音乐学院、工程学院、物理及应用物理研究中心、卡内基文化研究中心、外国政策研究中心、人文研究中心、国际研究学院。绝大部分专业可以授予硕博学位。

特色专业

霍普金斯大学的公共卫生学院多年以来排行全美第一，毋庸置疑的是，学校的医学与公共卫生领域一直被公认为全美第一。霍普金斯医学院与哈佛医学院齐名。美国医药业内每年的评选中，霍普金斯在生物医学和生命科学领域都排在全球实力前三名。霍普金斯大学是获得美国联邦政府拨款和美国国家卫生研究院(NIH)研究经费最多的大学。作为霍普金斯大学医学院的教学和科研载体，霍普金斯医院连续18年名列全美最佳医院榜首。同时，该大学的其他学科也非常突出：生物学、生物医学、生物医学工程、健康科学、电子工程、环境工程、人类学、文化研究、物理学、数学、国际关系和国际政治等专业均排在美国前十名。

招生要求

◆本科

申请费：$70。

截止日期：(ED 1)11月1日，12月13日出结果；(ED 2)1月3日，2月14日出结果；(RD)1月3日，3月21日出结果。

申请材料：标化成绩选择性提交，高中成绩单，教师推荐信(两封)，托福(iBT)100分或雅思7分，GPA 3.65。

注意：托福、ACT或SAT成绩要求在12月前考出，学校最晚接受SAT成绩的时间是12月。申请截止日期为1月1日，建议在12月15日前递交。

◆研究生

申请费：各院系情况不同。

截止日期：各院系情况不同。

申请材料：学位证、毕业证，大学成绩单，GRE/GMAT成绩，推荐信，个人陈述，雅思7分或者托福100分。具体根据院系不同而不同。

语言课程：无。

校园文化

巴尔的摩市是一个古老的海港城市，长久以来是东海岸货物和石油的集散地，近年来，由于大量贫困族裔人群的涌入，市区变得不再安全，校园附近也不得安宁。

霍普金斯大学奖学金非常充裕，在业内算是比较出名的，这与医院的高端经营和大量捐助有关系。

霍普金斯大学的文娱体育活动全年无休，进行得既热闹，又有节制；既充满青春朝气，又不失绅士和淑女风度。学校上上下下一共组建了 200 多个学生自己管理的俱乐部和协会。从橄榄球到摄影，从骑自行车到管弦乐队，几乎青年人的每种兴趣爱好都有一个对应的团体组织。该校的师生倡导“学者＋运动员”的生活方式，“脑袋”和“身体”都运动，但绝不让“娱乐”的时间超过工作学习的时间。

张旭老师点评

霍普金斯大学设有涉及领域极广的 50 多个学科专业，绝大部分专业可授予硕博学位。中国学生就读较多的学科专业是微生物学、生物医学工程、生物物理、化学工程、电子工程、地理学、机械材料学、公共卫生、政治学、政治经济研究、艺术史等。注意，这个学校与生物有关的专业很好，同时，政治和文化研究方面的社科专业也很出色，申请社科专业的同学也请注意这一点。

我简单介绍药学、药理研究、医药机械和医学材料这几个相关专业的申请和就业情况。大家要明确，在美国做医生和做药剂师是不同的两个行业，前者必须付出艰苦的努力和大量的金钱来读医学院，并参加认证考试才能执业；要成为药剂师，不要求读医学院，但多数会就读药学院相关专业的课程，也必须通过认证考试和加入行业协会方能上岗。要说明的是，药剂师在美国不是一个高收入的职位，比医生差了很多，而且工作时间很长，因而门槛低一些。对于以上介绍的几个专业，国内学医、学药、学生化、学检验的同学均可申请，学习机械或工程类专业的同学也可以申请医药机械专业。另外，很多学校的医学材料专业是对我们国内读材料的同学开放的，这些同学就读的是医学院或病理学院的研究生。至于就业方面，由于专业性很强，虽然有该专业的少数毕业生进入了华尔街的投资和资本运作公司担当医药行业的投资顾问和咨询师，但我们调研的大部分同学一般是直接进入了当地对口的医药企业。值得注意的是，大医药公司现在是把学生化和生物的同学招入基础研究部门，并将相当部分的同学放到生产、销售和市场部门，这样一来，学药学相关专业的同学在公司内部所处的位置反倒更好，在职业发展和经济周期的变化中也更加安全。药学院和医学院往往提供一个学位叫药学博士（Pharm. D），这个学位一般是和 MBA 相似的一个职业学位，即培养职业药剂师，学费昂贵，竞争激烈，不适合中国学生直接申请。

Washington University in St.Louis

华盛顿大学圣路易斯分校

Washington University in St. Louis

地址： Campus Box 1089, One Brookings Drive, St. Louis, MO 63130

电话： (314) 935-6000, (800) 638-0700

网址： http://www.wustl.edu

基本信息

学校性质：私立

建校日期：1853 年

学生人数：15 539

地理位置：密苏里州圣路易斯市

录取率：16%

学年学费及其他费用：$87 644

推荐理由

华盛顿大学圣路易斯分校建于 1853 年，学校设在中部的密苏里州圣路易斯市郊，是当今全美顶尖的 15 所研究型综合大学之一。在 2017 年《美国新闻周刊》的美国大学排行榜上高居第 10 位，超过康奈尔大学等部分常春藤名校。华盛顿大学每年获得的赞助捐赠总金额一直排名全美国前十，大学捐款约为 47 亿美元。在其历史上共有 25 名研究人员获得过诺贝尔奖。华盛顿大学圣路易斯分校非常注重科研工作，学校通过委以重任、重金聘请和创造各种条件等手段，招徕了许多国内外著名学者，塑造了一支高水平的教师队伍。校园内学术风气良好、竞争机制公平公正。目前，该学校在众多学科领域已经具备与其他一流大学相抗衡的实力。

院系设置

华盛顿大学圣路易斯分校有超过 7 600 名本科生和 7 873 名研究生，教职员工约 4 151 名。该大学设有 4 个校区，分别为丹佛斯校区、医学院校区、西校区和北校区，另外还有一个泰森研究中心。该校包括 7 个研究生和本科生学院，涵盖大部分的学术领域。丹佛斯主校区包含的学院有文理学院、萨姆·福克斯设计和艺术学院、法学院、欧林商学院、工程学院和布朗社工学院。

特色专业

该校的文理学院是美国研究生院协会和研究生院委员会的创始会员。华盛顿大学圣路易斯分校的众多研究生专业中，微生物学、分子生物学、心理学、计算机科学、地理学、数学、政治学、统计学、社会学、动物学等在学术界具有较大影响。其医学院是美国最好的前 5 所医学院之一，与哈佛大学和约翰·霍普金斯大学齐名。另外，理、工、商、法、文等各科实力均十分突出。

招生要求

◆本科

申请费：$75。

截止日期：(ED 1) 11 月 1 日，(ED 2) 1 月 2 日，(RD) 1 月 2 日。

申请材料：SAT 阅读不低于 620 分或 ACT 总分不低于 30 分（标化成绩选择性提交），高中成绩单，学校排名，GPA 3.65，教师推荐信，托福 108 分或雅思 7 分。

◆研究生

申请费：各院系情况不同。

截止日期：1 月 15 日（建筑学和城市设计），2 月 5 日（艺术）。

申请材料：学位证、毕业证，大学成绩单，GRE/GMAT 成绩，推荐信，个人陈述，托福（iBT）90 分或雅思 6.5 分。具体根据院系的不同而不同。

语言课程：无。

校园文化

华盛顿大学圣路易斯分校的校园开阔漂亮，非常气派。所在城市圣路易斯以贸易、工业加工、农产品转运和银行服务等著称，是一座现代化的繁荣大都市，为该大学带来了丰富的“课外文化”。这里有数以千计的大公司、研究所、事务所和政府机构，为学生拓展社会活动空间提供了广阔的天地。

华盛顿大学圣路易斯分校在享受大都市便利的同时，又幸运地避免了大都市带来的种种弊端，如拥挤、噪声和脏乱等。因为校园坐落在圣路易斯市西面与市中心相距七英里处，校园东侧是著名的森林公园，其余三面是居民住宅区。这里的马路虽不是很宽敞，但十分整洁；这里的树木虽不是很高大，但相当繁茂；这里的住宅虽不是很豪华，但极为优雅。

张旭老师点评

华盛顿大学圣路易斯分校有招收中国学生的悠久传统，我国很多早期的著名科学家都曾在这个学校就读，直到现在，学校仍有很多在读的中国研究生，近年也有不少高中生毕业后到该校就读本科。可以说，这个学校入学竞争的激烈程度几乎可以和排名稍微靠前的哥伦比亚大学和杜克大学相比，这也包括同样激烈的研究生申请。提醒大家注意，中国学生较熟悉的美国大学中有 3 所的名字中带有华盛顿，华盛顿大学圣路易斯分校是其一，也是最棒的一所，另一所在西雅图，本书后面会提到，还有一所在华盛顿特区。

华盛顿大学圣路易斯分校的校风是独立、创造和研究。由于注重科研，资金雄厚，学校科研教学力量强大，研究成果也声名显赫，备受业界瞩目。专业设置上，学校提供 100 多个本科专业，大约 60 个能够授予硕博士学位。中国学生就读的专业集中在以下类别：社会学、新闻和传媒学、人类学、区域文化研究、比较经济学、东亚语言文学、政治史学、建筑工程、计算机科学、分子生物学、生物医药、微生物学、地质学、工程物理等。

我简单介绍新闻和大众传媒专业的学习与就业情况。新闻专业原来是单独设立的，后来由于行业的发展，与大众传媒合并，现在很多学校的这个专业都有强调广告和公关的趋势，纯粹的新闻专业，如新闻写作、新闻史、传统媒体研究和新闻比较研究已不再是主流的研究和发展方向。这对中国学生意味深远，即要认清数量化和模型化已经成为趋势，在美国学好新闻和广告必须有好的统计学基础。当然，中国学生也可以到了美国后再打这个基础。但出于对就业的考虑和行业的发展，我建议大家申请时注意以下方向：广告和广告管理、媒体运营及新兴媒体研究。另外，以统计和经济学原理为基础的媒体经济研究也值得大家关注。现在很明显的一个现象是媒体公司已经不仅是通过报纸或其他媒体做报道，而且是开始兼并和扩展到公关、企业形象包装甚至网络公司，所以，同学们在申请时必须把握并表现出行业的特点。至于这个专业的就业，大部分同学毕业后去的是广告公司、媒体投资公司（或者基金的媒体行业部门等）以及当地的传媒机构（如报纸和杂志）和公关公司。新媒体研究、媒体经济学、媒体的未来发展战略研究，我觉得都是美国业内很有前途的研究领域，也是行业和学界关心的迫切话题。

康奈尔大学

Cornell University

地址： Ithaca, NY 14850

电话： (607) 254-4636, (607) 255-5241

传真： (607) 255-5396, (607) 254-5175

网址： http://www.cornell.edu

基本信息

学校性质：私立

建校日期：1865 年

学生人数：25 582

地理位置：纽约州伊萨卡市

录取率：10.7%

学年学费及其他费用：$88 742

推荐理由

康奈尔大学是常春藤盟校中较为年轻的一所学校，建于 1865 年，创建人是实业家康奈尔，学校因此得名。学校主校区位于纽约州的伊萨卡市（Ithaca），其他两个分校分别位于纽约市和卡塔尔教育城，主要是商学、医学（与哥伦比亚大学合作）、计算机和教育学等专业。主校区位于山顶，可以远眺城市和湖泊，气势恢宏，校园面积有 3 000 多英亩，与美国东北部典型的较为拥挤的大学相比，呈现一派宏大气势。当然，这也营造了康奈尔安静淡泊、专心学术的气氛。康奈尔大学很多专业的学术排名领先全美，康奈尔的酒店管理学院就曾被称赞为“全世界最优秀的学院”，这对一个位置不处于拉斯维加斯或佛罗里达的老牌名校来说，没有真本事绝对难以做到。依据美国媒体和研究协会每年的排名，康奈尔的师资水平位居全美前列，历史上共有 50 位诺贝尔奖得主是该校的教师或毕业生，在发明奖项、学术文章发表、本科生就业率等方面都多次荣膺全美第一。

院系设置

学校现有在校生 25 582 人，其中本科生 15 503 人。康奈尔大学目前设有 16 所学院（每个学院都自主制订学术计划），包括农业和生命科学学院，兽医学院，人类生态学院，工业和劳资关系学院（以上 4 个学院为合同学院），法学院，约翰逊管理学院，建筑、设计和规划学院，文理学院，工程学院，研究生院，酒店管理学院，医学院（校址在纽约市区内），医学研究生院（校址在纽约市区内）等。此外，还有大学图书馆、营养科学部、生物科学部和校外学习部等机构。

特色专业

康奈尔大学为了实践自设了酒店，其酒店管理学院在美国首屈一指。更值得说明的是，其农业科学与生物学院在全国同类大学中也名列前茅，很多毕业生都进了农学院深造农业经济、农业产业学、发展经济和农业、农产品贸易、小麦研究、转基因食品等，攻读硕士和博士学位。此外，千万不要忽略康奈尔的工程学、软件开发、生命科学等专业，这些专业在全美排名都非常靠前。

招生要求

◆本科

申请费：$80。

截止日期：（ED）11 月 1 日，（RD）1 月 2 日。

申请材料：推荐提交 SAT 或 ACT 成绩，学校报告，年中报告，高中成绩单，教师推荐信，托福（iBT）100 分或雅思（学术类）7.5 分，申请文书。

◆研究生

申请费：各院系情况不同。

截止日期：各院系情况不同。

申请材料：学位证、毕业证，大学成绩单，GRE/GMAT 成绩，推荐信，个人陈述，雅思或托福成绩。具体根据院系不同而不同。

语言课程：无。

校园文化

康奈尔大学位于美国纽约州的伊萨卡市，校园风景秀丽、鸟语花香，建筑物看上去非常新，没有年代磨砺印记，校园内主要有三个建筑群，分别是人文学院和社科院系、科学实验室工程系楼群和面积宽广的农业系楼群，可谓泾渭分明。康奈尔市是一个小城，位置稍微偏远了一些，开车到纽约要好几个小时。

康奈尔大学以其创新精神影响了整个美国的高等教育，也为世界各国培养了不少有影响的人物，康奈尔大学在中国留学生的心里也有非常特殊的地位，很多名人如茅以升、赵元任、邹秉文、张心一、金善宝、曾威、唐振绪、任鸿隽、杨杏佛、戴芳澜、唐钺、赵祖康、谈镐生等都曾就读于此。此外，梁思成、林徽因、冰心、徐志摩等人也曾在此学习和生活。

张旭老师点评

从本科教育的声誉上看，康奈尔大学一直都有很高的成就，申请学生的录取率很低。与其形成反差的是，近年来学校的研究水平和研究成果与别的常春藤学校相比慢慢产生了差距，属于近年来在常春藤学校中发展较慢的学校，不过这也属于正常现象，不可能有哪所学校能够在巅峰状态上持续这么久。

学校有很多较有实力的院系，颇具特色的教学、科研软硬件设施也很完备。学校设立的学科专业中大部分具有硕博学位授予权。研究所包括多所国家和州立实验室、经济和社会研究所、实用物理实验室、物理实验室、数学研究所和太空科技研究中心、生物科技研究所、计算机实验室、无线电实验室等。大部分的中国在读学生攻读博士，因此大多有奖学金支持，这些专业包括农学系、农业经济、有机化学、生物化学系、电子工程、地理学、环境保护和环境工程、东亚研究、统计学、金融会计学、应用数学等。

我简单介绍农业经济和农业学专业的申请和就业情况。大家不要误以为农业经济专业是专门与农夫和牲畜打交道的专业。美国和中国一样是一个农产品生产和销售的大国，大部分的美国大学（不少于 1 000 所）都设有这个专业的本科和硕士点，而且历年来都有中国学生拿到全奖就读。另一个理解误区就是在宾夕法尼亚、俄亥俄和纽约州这样工业发达的州没有学校设置这样的专业或就业前景不好，其实不然。有的同学反映这是某大型旗舰留学中介告诉他们的，在此我要澄清。在我们的调研中，很多就读农经专业的学生就业都集中在这些工业州的化学工业公司（主营化肥和其他农业必需品）、机械制造企业（主营农机生产、出租或管理）以及农产品的销售、经营和市场规划公司，这些企业都对经过训练的农经学生青睐有加。所以，在申请时，我建议有兴趣的同学认真地考虑学校专业排名和地理位置，做一个均衡的比较和决定。请大家特别关注美国食品和农产品商贸公司在将来几年的发展趋势和中国学生就读该专业时的一些对策，生态农业、生态食品的包装和仓储运输、农产品期货交易等一系列的发展趋势，都是大家在选专业时必须注意的。

布朗大学

Brown University

地址：Box 1920, Providence, RI 02912

电话：(401) 863-1000, (401) 863-2378

网址：http://www.brown.edu

基本信息

学校性质：私立

建校日期：1764 年

学生人数：11 516

地理位置：罗得岛州普罗维登斯市

录取率：5%

学年学费及其他费用：$91 676

推荐理由

布朗大学历史悠久，建于 1764 年，位置处于罗得岛州的首府普罗维登斯市，是一所著名的综合性研究型大学。学校一直强调做好、做精本科教育，近十多年来，学校的研究实力和研究成果快速增长。布朗大学强调的是兼容，学术风格和南方的一些古老院校很接近。罗得岛州非常之小，是美国最小的一个州，因此，有俚语说在罗得岛拿到汽车罚单简直比中彩票还困难，因为地方确实不是很大。普罗维登斯风景非常优美，有好几个全国闻名的海滩和景点，海湾内点缀着无数的小艇、游船和帆船，四季阳光明媚。布朗大学大概是继承了罗得岛一贯独立的风格，它不仅在常春藤盟校中很独特，就是在全美国大学中也是独特的一所大学，有人称它为“最后一个离开疯狂的 60 年代的常春藤”。布朗大学的图书馆资料相当丰富，是美国新英格兰地区最大的大学图书馆之一，也是全美非常有名的学术研究型图书馆。布朗大学的研究设施在美国大学中堪称一流，全校拥有许多设备齐全的现代科学实验室。尤其让众多本科申请人喜爱的是，布朗大学的风气纯正、治学严谨、学风积极向上，在历年的美国大学综合排名榜上，布朗大学都荣居前位。

院系设置

布朗大学有本科生约 7 741 人，研究生约 3 775 人，学校共由 3 个学院组成：本科生院、研究生院和医学院。学校的系部共 47 个，其研究生课程非常不错，尤其是古典文学、比较文学、哲学、美术史、英语、俄语、应用数学、经济、土木工程、计算机科学、心理学等学科在全美排名靠前。

学校的本科专业也较全面，分科比较精细，涉及领域较广，比较好的有计算机科学、宗教、应用数学等。

特色专业

布朗大学的人文学科特别出色，它在历史、地质、宗教、比较文学、古典文学、现代语言及英文写作等方面的研究一直名列前茅。在这些学科领域，布朗大学的师资力量和研究条件在美国处于领先水平。此外，布朗大学的数学、机械工程、土木工程、物理、心理学、计算机科学和地球科学也相当不错，尤其是数学和统计学方向的专业，在华尔街和各个金融机构里拥有很好的名声和众多校友，这些理工专业在美国高校中也是久负盛名的。

招生要求

◆本科

申请费：$75。

截止日期：（ED）11 月 1 日；（RD）1 月 3 日。

申请材料：SAT 或 ACT 成绩（强制要求提交），高中成绩单，学校报告，辅导员推荐信，教师推荐信（两封），托福（iBT）100 分，多邻国 125 分或雅思 8 分，GPA 3.65，申请文书。

◆研究生

申请费：$75。

截止日期：1 月 1 日。

申请材料：学位证、毕业证，大学成绩单，GRE/GMAT 成绩，推荐信，个人陈述，雅思 7 分或托福 90 分。具体根据院系不同而不同。

语言课程：无。

校园文化

布朗大学所处的罗得岛州非常小，风景优美，有好几个闻名全美的海滩和景点，普罗维登斯市是东岸一个较小的商品贸易中心。布朗大学校园很小，学生多是东北部地区（尤其是新英格兰地区）的居民。学校以学风自由而闻名，特别强调和崇尚自由地学习。这里离麻省理工学院非常近，开车只要 1 小时左右。布朗大学所在地普罗维登斯市最有名的活动是 waterfire（水上篝火节），每年从夏初到秋末，贯穿普罗维登斯市中心的运河里都会被点上篝火，同时还会有音乐会与夜市。松木燃烧的低吟的噼啪声与岸边与河中的点点灯火，都令人流连忘返。

张旭老师点评

布朗大学设置的学科专业众多，文理兼备，很多院系在美国高校中享有较高的知名度。研究中心包括计算机科学中心、材料研究中心、化学研究所、生物医学研究中心、海洋生物研究中心、地质学研究中心、人类学研究所、南美研究中心等科研机构和设施。中国学生在布朗大学的人数相对于学校的规模而言，可以说是较多的，学习的专业主要有东亚文化研究、考古学、人类学、社会政治学、生物医学、病理学、实验医学研究、神经科学、地质学、化学、应用化学、机械工程、经济学、物理学、艺术史、统计、语言学、应用数学等。从专业多样化的考虑出发，布朗大学近年加强了一些如金融、财务会计和投资管理的课程，同学们在申请时可以留意这几个专业的教授背景和课程安排。

我简单介绍生物化学专业的申请和就业情况。这个专业也是中国学生传统的留学专业，只要申请策略得当，大部分人基本上都可以拿到奖学金。这个现象从 2000 年开始就很明显，2006 年，各个美国大学生物专业的申请开始出现了国际学生竞争激烈的趋势，相当一部分奖学金发给了从欧洲（特别是东欧）来的同学，这给我们的申请造成了一定的影响。与很多基础科学的申请一样，生物化学专业申请的重点在于准确把握申请院系的专业方向和教授的课题。教授的课题和赞助方（可能是学校、基金会，更多的是企业）直接决定了奖学金的发放。大家要注意，一个院系的研究方向是这个院系的根本大计，与文科专业不同，基础科学院系的主要研究方向往往只有一个或两个。虽然学校的网页上罗列了一大串所谓本系本专业的强项，但是其中真正的研究方向都在不断地调整和斗争中，最后有一两个方向胜出并占据主要地位。因此，在决定申请的策略时，大家主要看这些院系的两大方面：研究生委员会主任教授的研究课题，还有近年来院系参与并组织的学术会议和学术奖项所覆盖的研究课题。这个过程的具体操作步骤是：确定专业 + 调研教授 + 阅读论文和摘要 + 确定研究方向 + 确定课题。每个步骤的进行都要花时间来操作。对于生物专业更是如此，很多交叉学科、交叉方向和边缘项目需要细化才能准确地申请到自己想学的内容。至于就业方面，学生物化学专业的同学毕业后大多数进入医药企业和企业下属的医药研究机构，具体的专业细分又决定了所做的研究不同，但总体上说，待遇非常不错。另一部分同学选择教书，进入学校任职。还有一部分同学到咨询公司或投资企业做生物相关方面的咨询业务。从我们调研的情况来看，生化专业的同学读完博士在美国就业的前景比仅仅读了一个硕士的同学要好很多。因此，我建议你要是不想转行，还想申请生物化学专业，那么你要考虑读博，同时获取奖学金就必不可少了，这也从侧面强调了正确的申请策略的重要性。

圣母大学

University of Notre Dame

地址：Notre Dame, Indiana 46556

电话：(574) 631-5000, (574) 631-7505

网址：http://www.nd.edu

基本信息

学校性质：私立

建校日期：1842 年

学生人数：12 234

地理位置：印第安纳州南湾市

录取率：12%

学年学费及其他费用：$86 125

推荐理由

圣母大学创建于 1842 年，学校位于美国印第安纳州，是一所文理兼顾的私立大学。从名字上就可以看出，这是一所天主教背景的大学，很多学生信仰天主教。校园景色宜人，宗教特色突出。学校的标志性建筑是高高的金顶楼和圆顶上的圣母玛利亚的塑像，建筑物的正对面有一尊耶稣的雕塑，学校图书馆外墙上也悬挂有巨幅的耶稣画像。该大学校风严谨、学风纯正，学生非常热衷于各项志愿性质的社会工作，其中许多学生加入了社会事务中心，帮助照顾老人、孤儿及伤残人员。学校在美国大学最近的各项评比中排名靠前，其中，大学的本科升学率、会计专业的专业排名和就业率、本科学院的排名、中世纪 / 文艺复兴文化和历史研究都名列前茅。圣母大学也是最早设立天主教法律研究、建筑科学和结构研究、流通学、图书馆文献检索学等专业的学校。美国学生很推崇该校庞大的校友网络，该校有将近 300 个校友俱乐部为遍布全球的校友提供支持和帮助。

院系设置

圣母大学共有 12 000 多名在校学生，其中约有 3 935 名研究生。学校设有艺术学院、曼多佐商学院、理工和工程学院、建筑科学学院等。其中，研究所约有 30 个学科，约有 37% 的国际学生参与研究所课程。该校还设有文学院、艺术学院、商业管理学院、工程学院、建筑学院、理学院等研究生院以及辐射实验室、国际事务研究所、费米国家加速器实验室、材料科学实验室、人类学研究中心、当代社会研究中心、城市研究所等科研机构。

特色专业

圣母大学的著名专业包括会计专业、文化史研究、英语文学专业、政治学、管理学、运筹学等。学校的拓扑学专业也是排在全美前10名的。另外，金融专业的本科课程尤其受学生欢迎。

招生要求

◆**本科**

申请费：$75。

截止日期：(REA) 11月1日，(RD) 1月3日。

申请材料：SAT或ACT成绩(标化成绩选择性提交)，高中成绩单，教师推荐信(三封)，托福分数100或雅思分数7.5，申请文书。

◆**研究生**

申请费：各院系情况不同。

截止日期：各院系情况不同。

申请材料：学位证、毕业证，大学成绩单，GRE/GMAT成绩，推荐信，个人陈述，雅思或托福成绩。具体根据院系的不同而不同。

语言课程：无。

校园文化

圣母大学除了拥有浓厚的宗教特色之外，还有一个特点是学校的各类运动项目都很强。很多校园球队不仅在当地一流，而且全国闻名，如圣母大学的橄榄球队、篮球队和棒球队都很强悍，经常邀请职业队作为对手进行比赛，真是让人难以置信。这一点大家可以和杜克大学相比较。

张旭老师点评

圣母大学校风严谨、踏实、勤勉与刻苦。可以说，这所学校是一个保守派的学校，学生大都来自保守、笃信宗教而富有的家庭，学校内亚洲学生和黑人等族裔较少。在本科生录取方面，学校对学习成绩看得很仔细，审查很严格，这和另外几个宗教色彩较浓的学校(如乔治城大学)的作风一致，本科学生在申请时要格外注意。

学校设有文学院、工程技术学院、建筑科学院、艺术学院、商学院、理工科学院等学院，以及辐射实验室、国际事务研究所、物理实验室、材料科学实验室、人类学研究中心、当代社会研究中心和城市研究所等机构。学校有近 40 个优秀的学科专业，科研学术实力都很强，大部分可以提供硕博类奖学金。这里的中国学生人数不多，他们就读的专业集中在会计、哲学、商业金融学、社会学、分子生物学、有机化学、生物物理学、社会工作等专业。大家注意，本科生申请难度大，并不意味着研究生申请就难，还是那句话，看准教授和专业，根据学校的特点策划申请文件，才有成功获得录取和奖学金的可能。

我简单介绍社会工作和社会服务管理专业的申请和就业情况。大家对这个专业有一定的误解是可以理解的，因为中美国情不同，在中国由政府牵头的社会工作才刚刚开始起步，而在美国，政府和许多民间组织一样，只是从事社会工作和为社会民众服务的一个主体，而且大部分的社会工作专业毕业生在美国都不为政府打工。这个专业的中国学生毕业后往往去了国际性的非政府组织、美国当地的公益组织和民间机构、商业公司的人力资源或行政部门以及政府的福利管理和社会对外关系部门等。提醒大家注意，我们的调研结果显示，西部和西北部学校毕业的该专业同学就业比较困难，最后大多空降到东部和东北部落脚，这就很难与在当地就读的同学竞争了。我认为，具体原因是东部和东北部城市化程度更高一些，而且面临的社会工作问题与研究对象也更加丰富。所以，我建议申请的同学眼光往东看。那么国内什么专业的同学可以申请这个专业的硕博学位呢？文科和社科类基本都可以，我们也见到过读工程的同学拿到该专业奖学金的情况。大家在申请时要注意，这不是一个培养义工和小动物保护者的专业，不要强调自己爱心泛滥。社会工作、社会服务管理突出的是对纷繁复杂、需要处理的社会事务既有一种行为管理的眼光，又有综合学术背景的科学方法。因此，设定一个正确的申请策略至关重要。

范德堡大学

Vanderbilt University

地址： Nashville, TN 37240

电话： (615) 322-7311

传真： (615) 343-7765

网址： http://www.vanderbilt.edu

基本信息

学校性质：私立

建校日期：1873 年

学生人数：9 400 +

地理位置：田纳西州纳什维尔市

录取率：3.7%

学年学费及其他费用：$89 590

推荐理由

范德堡大学由海军将领范德堡于 1873 年出资建立，位于田纳西州的首府纳什维尔市(Nashville)，是一所以本科教育为主、研究院发展较快的综合性大学。它在全美大学的综合排名为第 14。该大学的所有机构设施都位于主校区，它同时拥有数个优秀的附属研究机构，包括戴尔天文台和地球研究院、公共政策研究院和范德堡大学应用医学中心等。该校历史上人才济济，是美国两位前副总统以及诸多州长和参议员的母校。宋美龄的父亲曾在此就读神学研究院。学校景色迷人，从 1988 年开始在此设置国家植物园，被誉为全美“最美丽校园”。范德堡大学的本科教育也是首屈一指的，录取率很低，基本上，申请的高中同学都会得到校友面试，学校也把面试环节看作关键的一环。

院系设置

范德堡大学在校学生约为 9 400 人，其中研究生 2 400 人。学校建有自然科学研究中心、自由电子激光中心、美术馆、天文观测台、约翰 · F. 肯尼迪人类发展和教育研究中心、范德堡公共政策研究所、生物实验站等科研机构。

学院设置：文理学院、工学院、法学院、医学院、教育学院(Peabody College)、音乐学院(Blair)、管理学院(Owen)和神学院等。

专业设置：艺术、商业、金融、会计、工商行政管理、电子工程学、历史、生物化学、生理学、病理学等一百多个学科专业。

特色专业

范德堡大学的所有学生无论修读哪个学科，均须修读人文学科、基础科学、历史及外文，以符合开明人文教育的通识原则和广博宗旨。在人文学科的课程中，学生们一般会选择美国历史和区域文化研究等，还有一些社会方法论的研讨会、基础科学中的生物、化学和工程类的基础也是要学的。想学习商科和建筑类专业的学生要先满足一些人文和外语的学分，才能参加这些学院的选课。范德堡大学的教育学院和全日制的工商管理教育在美国大学中堪称一流。当然，该大学的工程学院、医学院和法学院也有出色的实力和良好的声誉。

招生要求

◆本科

申请费：$50。

截止日期：（ED 1）11 月 1 日，（ED 2）1 月 1 日，（RD）1 月 1 日。

申请材料：SAT 或 ACT 成绩（对申请 2024、2025、2026、2027 年秋季入学的学生，标化成绩选择性提交），高中成绩单，教师推荐信（三封，辅导员推荐信 + 2 封学术老师推荐信），托福 100 分或雅思 7 分，申请文书。

◆研究生

申请费：各院系情况不同。

截止日期：各院系情况不同。

申请材料：学位证、毕业证，大学成绩单，GRE/GMAT 成绩，推荐信，个人陈述，雅思或托福成绩，GPA 3.60。具体根据院系不同而不同。

校园文化

学校所在的城市——纳什维尔非常有特点，号称“音乐之都”和“乡村和摇滚音乐的故乡”，市内有一个巨大的猫王音乐博物馆，每年这里都会举办大型的演唱会和音乐会。学校所在的地点民风淳朴，娱乐活动较多，不像很多大学城非常冷清，没有任何的人气。学校里也经常组织音乐会，学生乐团和地方乐团同台竞技，这也是范德堡大学的一大特点。

新生宿舍（The Commons）共有 10 栋宿舍楼，5 栋老楼有近百年的历史，5 栋新楼于 2013 年重建。每栋宿舍楼有自己的准则与文化。大一新生选择其中一栋入住，并有单人间、双人间可供选择。宿舍配备免费 Wi-Fi、空调、电视机、厨房等。

学校食堂菜色丰富。全校共有 20 个不同主题的餐厅。亚洲主题餐厅可提供中餐。

张旭老师点评

范德堡大学标榜自己的贵族特征和对古典欧式教育的坚持，大部分本科学生为中南部的富有家庭子弟。学校采取了半公开的政策优惠本州学生，并有本州学生的比例要求，因此，申请录取对中国学生来说有一定的难度。范德堡大学虽然拥有让人印象深刻的国家植物园，但是其植物学系却并不被人特别认可。

在该校，中国学生居少数，韩国学生倒是遍地都有。学校的学院和科研机构包括文理学院、法学院、商学院、医学院和护理学院、音乐学院、神学院、工程学院、教育学院、医学研究中心、人力资源和教育研究中心、生物实验中心、公共政策中心、自然科学研究中心等。中国学生就读的专业大多为历史、心理学、比较文学研究、教育学和教育管理、人力资源研究、机械工程、生物学等。由于 2013 年学校政策的转变，范德堡大学的研究实力已经得到很大加强，尤其是在社会科学和人文科学方面，学校的财力和在教师招聘上的巨大投入已经多次引起学术界的关注。因此，大家在申请相关专业时可以适当关注该校的人文与社科专业研究生的招生情况，原因很简单，研究的高投入会带来更多的奖学金。

我简单介绍教育学和教育管理专业的申请和就业情况。这个专业在美国就业很难，大家看看四周，即使很好的学校，教育学专业毕业的中国学生在美国也很难找到工作。为什么？原因很简单，在美国，私立的学校和教育机构招聘是认关系和背景的，简单地说，你最好有在教育界和政治文化圈子里的有力人士推荐才好办事，否则你怎么拉赞助和搞好校友关系？我们知道的为数不多的几个中国学生在学校的院系里做管理和文化宣传，根本原因还是因为他们读硕士时的指导教授很厉害，而且教授愿意帮忙强力推荐。再看公立院校和研究机构，这类机构主要依靠州政府拨款，在人员选拔上也非常依赖州政府的政策和偏好（如招聘本州居民），中国学生在这方面无优势可言。这也是近年有许多在美国一流名校就读的教育学硕士海归的原因（相当多这样的学生进入了留学中介公司）。大家注意，由于教育学院在很多学校是单独分割出来的，所以，这个专业的申请截止日期、录取标准和奖学金的发放都有可能与一些全校通用的标准不同。在国内学习英语、比较文学、哲学和很多其他社科类专业的学生都可申请教育学专业。但是，出国深造是为了更好地就业和发展，所以，大家在选择专业时一定要注意均衡考虑自己的兴趣爱好和未来的职业前途。在这些教育学的方向里，教育心理学、教育科技、网络教育研究、初高中（Juvenile）或特殊教育研究等比较适合中国学生。一些交叉类的学科方向（如教育新闻学、经济和教育学、教育管理和学校发展等专业）需要特定的专业背景才可以申请。

莱斯大学

Rice University

邮箱： PO Box 1892, Houston, TX 77251-1892

电话： (713) 348-7423, (713) 348-0000

网址： http://www.rice.edu

基本信息

学校性质：私立

建校日期：1891 年

学生人数：6 775

地理位置：得克萨斯州休斯敦市

录取率：7.9%

学年学费及其他费用：$86 279

推荐理由

莱斯大学位于得克萨斯州的主要工商业中心休斯敦市。1891 年由著名商人威廉・马歇尔・莱斯（William Marshall Rice）创建，学校也因此得名，这是一所逐渐受到中国学生青睐的美国南方最高学府，素有"南方哈佛"之称。在连续多年的《普林斯顿评论》中，莱斯大学都以"最佳生活质量"和"最佳价值"在私立大学中名列第一。学校的教学和就业满意度也一直深受毕业生好评。多年来，莱斯大学的管理、工程、科学、艺术、人类学在美国高校中享有很高的知名度。虽然莱斯有高水平的教学质量和教授，但由于地处南方，学费和生活费用相对较为低廉，这一点很受同学们的欢迎。学校还设有 200 多个体育项目的奖学金（保留一定名额给女性学生），由此吸引了众多经济条件一般的中产家庭学子前来求学。在美国华人的圈子里，这所大学备受推崇，被公认为美国大学中一所优秀、务实、严格而且物超所值的名校。

学校拥有 4 001 名全日制本科生和 2 774 名研究生，教授和高级研究人员约 855 名。其本科专业有生物学、数学、人文科学、社会科学、工程学和技术、建筑和环境设计、计算机和信息科学、艺术、音乐等 38 个。提供研究生学位的专业有天文学、应用数学、会计学、工商管理学、工程和应用科学、工业和职业心理学、国际商业、哲学、经济学、语言学、建筑工程、太空科学、统计学、教育学、材料科学、机械工程、地质学、地球物理学、地球化学、城市设计学、历史学、土木工程、生物化学、计算机工程、计算机科学、宗教学、法律学、人类学、电工学、环境工程、生物和生物医学科学、生物医学工程等。

特色专业

莱斯大学的理科和工程学科最具特色，工商管理、工业工程、民用工程、工业设计、景观设计、自然科学研究方法、文化研究、人类学等在美国高校中享有较高的知名度。其他一些热门学科有宇航学、太空和行星研究、天文观测、天体物理、应用物理和化学、化学工程、材料学、计算机科学、电子工程以及环境工程等。值得一提的是，莱斯大学的天文和航空航天相关专业得到了州政府的大力支持，每年获得相当惊人的研究经费，这些专业和相关的专业如材料、电子及人体生理学等都得到了很好的推动。

招生要求

◆本科

申请费：$75。

截止日期：(ED)11 月 1 日，(ED 2)1 月 4 日，(RD)1 月 4 日。

申请材料：SAT 或 ACT 成绩(标化成绩选择性提交)，高中成绩单，教师推荐信(三封)，托福(iBT) 100 分或雅思 7 分，申请文书。

◆研究生

申请费：$85。

截止日期：各院系情况不同。

申请材料：学位证、毕业证，大学成绩单，GRE/GMAT 成绩，推荐信，个人陈述，雅思 7 分或托福 90 分。具体根据院系不同而不同。

语言课程：无。

校园文化

莱斯大学校园不大，但是美丽和谐，这里的师生关系良好，是一所充满活力的学校。校园生活轻松自然，因为地处市区，交通方便，各种休闲的活动较多。如果要去俱乐部(club)听爵士乐、去艺术博物馆和自然博物馆观赏或者去附近的海湾、海滩游玩，只要拥有一辆自行车或驾车十多分钟便能轻松做到了。便利和便宜是莱斯大学的一大特点。

在课外活动方面，因为莱斯先生不赞成校园内有太多的“精英倾向”，因此兄弟会、姐妹会这类组织都被禁止。学生社交的中心是校园内的 11 个住宿制学院，每个学院里有大约 225 个学生，学生间关系亲密，对自己的学院认同感很强。

张旭老师点评

莱斯大学最为著名的是本科教育的高质量和严管理，这也是莱斯大学的风格。据调查，相当部

分的本科同学表示愿意回学校“再读一次”本科课程。我们的调查显示，能在毕业生中得到如此高的评价的，除了莱斯大学，就只有普林斯顿大学和达特茅斯学院。学校对本科生的录取要求非常严格，但由于莱斯大学的学制是学期制，且多年来一直保留小班上课的传统，让学习并不是特别枯燥和痛苦。休斯敦市可以说比奥斯汀市更加繁华，它集中了大量的石油、冶炼、工程机械、进出口商贸、理财、保险和地产公司，因而就业也是莱斯大学引以为傲的一个强项。学校规模不大，和一个较大的文理学院差不多。学校所拥有的学科专业涉及领域广泛，科研教学实力很强，几乎都可以授予硕博士学位。中国学生在这个小学校里的比例算是较高的，因为中国学生在工程和机械方面较强，这几个专业出国的人也比较多。中国留学生集中的专业有空间物理学、应用物理学、合成材料研究、环境工程、建筑工程、工程机械制造、电子工程、交通研究、生物化学、应用数学研究、统计学等。在此建议，就读社科类专业的同学如果数理知识的底子好，可以考虑申请应用数学和统计系。而且，大家拿到的奖学金基本上都是助教和助研金，由于学校规模小，研究生都要去讲课或带实验课，学校的资源也能完全调动起来。

我简单介绍电子工程和计算机科学这两个专业的申请和就业情况。这两个专业为什么放在一起介绍呢？很明显，它们在硕士阶段的课程安排很相似，甚至连论文提纲和博士资格考试的内容都大同小异。最主要的是，这两个专业最后找工作的方向也大致趋同。在国内读信息科学和计算机，甚至一般机械类、自动控制、工程类和电子类专业的同学都可以申请。一般来讲，大部分申请电子工程、计算机科学硕士的同学都会被录取，但不太可能获得奖学金。这里我要提醒同学们注意，这两个专业实践性太强，而且行业的更新脚步太快，如果去读博士，既浪费时间，又得不偿失，当然，想做老师的同学例外。那么申请时要注意什么呢？关键在于不要过多地强调自己的兴趣，而要将主要精力放在学科的实践经验上，以此结合申请学校的专业方向和特点来赢得申请委员会的注意。从就业的角度来说，这两三年由于印度学生的大量涌入和 IT 业的发展慢慢趋于均衡，中国学生的就业其实从 2003 年开始就有些困难了。找到工作的同学除了进入传统的软硬件公司、计算机厂家、网络公司，还涉足很多电子产品公司。还有一部分同学比较幸运（我说的是金融危机前），进入金融和证券机构担任后台网络安全、实时交易监控、风险管理操作等技术层面的工作。可以说，绝大部分忙碌于华尔街的中国人从事的就是这些工作。大家日后接触到这样的人，千万不要被他忽悠了，因为他很可能连债券是什么都不知道。

加州大学伯克利分校

University of California-Berkeley

地址： 110 Sproul Hall, Berkeley, CA 94720-5800

电话： (510) 642-3175, (510) 642-7405

传真： (510) 642-7333

网址： http://www.berkeley.edu

基本信息

学校性质：公立

建校日期：1868 年

学生人数：45 699

地理位置：加利福尼亚州伯克利市

录取率：11.2%

学年学费及其他费用：$82 950

推荐理由

加州大学伯克利分校是世界知名学府，学术声望在全美众多名牌大学里名列前茅。学校地处旧金山东湾伯克利市的小山上，是美国一所综合性的公立大学。加州大学伯克利分校拥有雄厚的师资，有 32 名诺贝尔奖获得者、5 名普利策奖获得者、140 名古根海姆奖获得者、22 名麦克阿瑟奖获得者、120 多名美国科学院院士。正因为学校优秀的教学质量和良好的声誉，众多优秀的学生每年都把申请的目光投向这所公立学校，伯克利的录取率很低，甚至比小型的常春藤大学还难申请，这也在很大程度上提升了学校的名誉，为该校吸引了大笔的科研资金。伯克利每年用于科研的经费高达 6 亿美元，足以证明其强大的科研实力。2009 年的诺贝尔奖评选中有 4 位教授与该校有关。伯克利图书馆共有 3 座主图书馆，藏书超过 1 300 万册，是北美地区第四大图书馆。在美国和世界媒体的评选中，伯克利多次荣膺"最佳大学"的称号。

院系设置

目前，加州大学伯克利分校在校学生有 45 000 多人，其中本科生 33 000 多人，研究生 12 600 多人。教授和高级研究人员约为 5 447 人。该大学以传统的多学科综合的文理学院为主，新兴学科和专业学院为辅。伯克利分校拥有全美最大的研究生部，提供了近 110 个专业的学位项目。全校共有 3 个法学院分部、5 个医学院部、17 个学院，大多数学院下面还设有系，主要的学院有商学院（金融工程、工商管理、法学与工商管理、管理学）、文理学院（生物学、基因学、免疫学、艺术学、戏剧学、法

语、德语、意大利语、天文学、地质地理、数学、统计学、历史、政治、心理学社会学、环境科学、法律制度、大众传媒、发展研究等)、工学院(电子工程、计算机科学、工业工程、运筹学、材料科学、采矿工程、机械工程、海上建筑、海岸工程等)、化学学院(化学、化工机械)、教育研究学院(语言文学文化教育、政策、组织、衡量和评价)、新闻研究院(法律、亚洲研究、拉丁美洲研究)、法学院(法学、法律博士、法律硕士课程、法律和社会伦理研究)、信息管理和系统学院(信息管理和系统、信息用户和社会、信息组织的管理和服务、信息经济学、信息检索、信息技术、系统分析和设计、信息政策等)、自然资源学院(农业和资源经济学、环境科学、营养科学、植物科学)、眼科学院(视力学)、公共保健学院(卫生统计、环境卫生科学、传染病研究、健康服务和政策分析、免疫学、微生物学、健康和药学、基因研究)、社会福利学院(社会福利)、公共政策学院。

特色专业

首先，加州大学伯克利分校研究院的很多学科在全美排名前列，各专业中最著名的有人类学、化学、建筑工程、历史研究、音乐、统计和生物统计、制药学等，均是业内翘楚。校内最受欢迎的课程是物理学、仿生学和生物学课程，这些专业的排名在全美研究院中均名列前茅，处于领先地位。其次，伯克利分校的商学院在纽约开设分校区，其金融工程、金融学等专业都是华尔街最为依赖的毕业生招聘来源，其毕业生受欢迎的程度也证明了伯克利学术能力的精湛。

招生要求

◆本科

申请费：$80。

截止日期：11 月 30 日。

申请材料：SAT 或 ACT 成绩不作要求，高中成绩单，教师推荐信(两封)，托福 80 分或雅思 6.5 分，GPA 3.91。

◆研究生

申请费：$155。

截止日期：各院系情况不同。

申请材料：学位证、毕业证，大学成绩单，GRE/GMAT 成绩，推荐信(三封)，个人陈述，雅思 7 分或托福(iBT)90 分。具体根据院系的不同而不同。

语言课程：无。

校园文化

伯克利分校的学生偏好的活动有登山、远足和游泳等，户外活动是大家关注的主要方向。从城市角度来说，伯克利这个城市没有任何特色，和正常的加州小镇差不多。而伯克利分校由于是学校，而且是加州的学校，靠近奥兰治县(Orange County)和湾区富人区，加上别的校区如洛杉矶分校不太欢迎影视圈的人去拍摄，这里就成了好莱坞拍摄大学校园青春剧的首选，大家在校园里可以看到三五成群的拍摄队伍。伯克利分校给人印象深刻的一点是，在校园里出没的人群很多不是学生，一些“职业”的抗议人士举着牌子风雨无阻地出现在这里，其中有退职的员工、乞丐或留着大胡子的老兵，都是校园一景。

张旭老师点评

美国加利福尼亚大学的学校系统有9个校区，其中以伯克利分校最牛气、实力最强。学校建立之初，仅有的几个学院为农业学、采矿和机械学院，校址经过多年的变迁，最后迁到了旧金山附近的伯克利小城，实际上还是归于旧金山地界内。伯克利分校的校风与哥伦比亚大学类似，开明、进取而且兼容并包，这在某种程度上也得益于旧金山轻快活泼的风气。可以说，伯克利分校已经发展成了一所以研究为主体的学校。该校历年来都从中国招收大量的学生，由于学校实行季度学制，对本科生每季和期末的论文要求以苛刻著称，学生们学习负担很重，非常辛苦。

学校的规模很大，学科范围广阔，除拥有全美最大的研究生部外，还设有多个国家级的实验室，如地震工程研究室、海洋实验室和空间科学实验室、农业实验室、癌症研究实验室等60个科研机构。伯克利分校设有110多个本科专业，绝大部分专业有能力授予硕博学位，研究生人数每年占学生总数的1/3还多。伯克利分校的中国学生人数很多，他们就读的专业集中在农业经济、社会学、文化人类学、科技历史、统计学、生物统计、生物化学、化学工程、地球物理、植物学研究、交通管理、计算机软件设计和开发、机械工程、理论物理学、发展经济学、德语和西班牙语等专业。

我简单介绍美国法学院的法律学位(JD)。美国法律教育奉行本科后的法律教育模式，要求学生在进法学院之前必须有一个非法律的第一学位，这个学位可以是本科、研究生、MBA，甚至博士，然后才可以攻读法律“职业学位”。一般来讲，JD相当于法律教育的“职业学位”，而非本科级别，因为美国法学院和大学在20世纪60年代后就不再设法律本科了，而且绝大多数法学院新生都是本科学位的拥有者，还有一些已拿到其他专业的硕士学位甚至博士学位。把法律教育放在大学本科毕业后进行，这实际上是把法律教育视为一种专业教育而不是一般的普通高等教育。法律教育是在完成了普通高等教育之后进行的职业教育或者第二学位的专业教育。从这个角度来说，JD有点像MBA，只不过读得更加辛苦，最后的BAR考试虽然不是毕业要求，但也相当于强制性的高难度硬性要求。在这种体制下，学生进法学院学习法律并非为了拿高学位，而是为了从事法律职业。所以，学生并不在乎3年法学院学业完成后自己要拿的学位叫什么。在20世纪60年代以前，美国法学院的这种学位也叫法律学士（Bachelor of Laws）或者LLB（大家看看现在很多上了年纪的老法官的学位就知道了），这些名称并不是因为不好听才改的，而是因为学的东西越来越繁杂，要求也高，更重要的是，作为就业市场的主要接收方——各大律师事务所逐渐提出更名要求，为避免尴尬局面，即一个提供高端服务的高收费职业群体不应该只是本科学历，因此将这种学位改为Juris Doctor，简称JD。国内对这种学位并没有合适的对应翻译，因为我国以前并没有这种学位，大多译为“法学（律）博士”，这实际上是不正确的，但确是一种约定俗成。我在刚刚回到国内工作时，就问过中国香港办公室的市场部和行政主管，这个翻译是否妥当，结果回答是：“这个翻译用了近20年，不可能更改。”再说，我就是一个Associate，也没必要在翻译上纠缠。有人说，美国律师协会（ABA）曾经明确规定获得法学院这种学位的人不能自称“博士”，但那是在英文环境里；在中文和外语翻译的环境下，ABA并没有明确的翻译指示。在美国，也并不是说，所有的律师、法官必须获得这种学位才可以从事法律工作，有相当部分的法官和律师是不用通过BAR考试就可以挂牌的，这样的情况往往由律师协会视情况而定（如已经在律师事务所内由律师指导实习超过3年等）。可以说，美国整个法律界的主体是JD，应该相当于加长和高难度版本的MBA。同时，一般的美国公众不会把这些法学院毕业生当作“博士”看待，但是会把他们当成律师候选人看待。

埃默里大学

Emory University

地址：201 Dowman Drive, Atlanta, GA 30322

电话：(404) 727-6036, (404) 727-6123

网址：http://www.emory.edu

基本信息

学校性质：私立

建校日期：1836 年

学生人数：15 889

地理位置：佐治亚州亚特兰大市

录取率：11%

学年学费及其他费用：$88 502

推荐理由

埃默里大学始建于 1836 年，学校位于美国历史文化名城佐治亚州的亚特兰大市内，是美国南方一所有着久远历史和强大学术能力的综合性学校，素有“南方最好大学”的美誉。它曾是全美历史上十大老牌名校之一。在近 20 年来的美国大学排行榜中，埃默里大学稳居全美 20 所顶尖名校之列。2018—2019 年，该大学的研究经费超过 4.1 亿美元。所在城市亚特兰大是一座国际化大都市，它的存在、资源和经济发展都为该大学的发展做出了重要的贡献。埃默里大学有 6 大图书馆，共藏书约 450 万册，拥有超过 20 000 册的电子图书馆杂志。

院系设置

埃默里大学有近 15 889 名学生，其中近 7 740 人为研究生，教授及高级研究人员达 1 222 人。其本科生学院有商学院、护理学院、牛津学院、埃默里学院（非裔美国人研究、人类学、考古学、天文学、生物学等）。提供硕士及以上学位的学院和学位有：法学院提供的法律博士、法科学博士 / 工商管理硕士（JSD/MBA）、法律博士 / 神学硕士（JD/MTS）、法律博士 / 公共卫生硕士（JD/MPH）、法学硕士（LLM）、司法科学博士（SJD）等；研究生学院提供的人类学、生物伦理学、医疗心理学、语言学系、流行病学等硕博学位；护理学院提供的护理、公共卫生等专业的硕博学位；商学院提供的工商管理硕士（MBA）、博士、管理教育等专业的硕博学位；医学院提供的医学博士（MD）、医生助理（MMSC）、医疗成像（BMSC）、麻醉学 & 患者监测、物理疗法等硕博学位；公共卫生学院提供的公共卫生、生物统计学等硕博学位；神学院提供的神学研究、浸礼教会研究、黑人教会研究、天主教研究、卫理公会研究、宗教教育等硕博学位。

特色专业

埃默里大学的学科众多，涉及领域广泛，其中的化学、化学工程、临床心理学、美国历史、历史哲学、数学、英语、医学、牙医学、法律等专业深受学术界的称赞。商学院、医学院、牙医学院、文理学院、法学院等研究生院也办得非常不错，备受业界和学生青睐。在美国媒体进行的世界顶尖商学院排名调查中，很多金融和商业从业者都将埃默里大学的戈伊祖塔商学院(Goizueta Business School)排在“最值得信赖的商学院”和“最佳商学院”的行列。埃默里商学院的各个研究项目中具有影响力的有银行管理、私人理财、国际金融和区域发展、宏观经济政策和货币等。

招生要求

◆**本科**

申请费：\$75。

截止日期：(ED 1)11 月 1 日，(ED 2)1 月 1 日，(RD)1 月 1 日。

申请材料：SAT 或 ACT 成绩不作要求，高中成绩单，教师推荐信(两封)，托福(iBT)100 分或雅思 7.5 分或多邻国 120 分，GPA 3.76，申请文书。

◆**研究生**

申请费：各院系情况不同。

截止日期：各院系情况不同。

申请材料：学位证、毕业证，大学成绩单，GPA 3.80，GMAT 680 分以上，GRE 315 分 + 4.0 以上，推荐信，个人陈述，雅思或托福成绩。具体根据院系不同而不同。

语言课程：无。

校园文化

从学校的风格上来看，埃默里大学与布朗大学很相似，强调良好的综合背景、思考和能动性，给很多到访和交流的学者庄重而温和的感觉。学校的校园不大，和其他几所在亚特兰大的学校一样，学校内的设施显得有些老旧，但是都很齐全，只是娱乐和运动的条件稍微差一点。另外，学校也因为和可口可乐公司的紧密合作而在业内闻名，被人戏称为可口可乐公司的附属学校。大学校园的 60% 左右被森林所覆盖。整个校园采用意大利风格的古典建筑形式，洋溢着地中海风情，古典而精致，漫步其中给人仿佛置身于美丽的南欧的感觉。所有的建筑物用大理石建成，几乎没有任何两栋建筑是雷同的。

张旭老师点评

埃默里大学设置的专业有数十种，涵盖社科和理工类，部分可以授予硕博学位。研究生院和机构包括文理学院、牙医学院、法学院、商学院、医学院、生物研究中心、社会学研究中心、人文科学研究所、公共卫生和保健研究所等。中国学生就读较多的专业有化学、医学材料、数学、生物学、生物统计学、组织行为学、金融、贸易管理、计算机科学等。绝大部分的学生既能获得录取，又能拿到奖学金。我们注意到，研究生中基本上没有拿过半额奖学金的同学，从一个角度说明，学校的实力和经费还是很强大和充足的。但是，总体来讲，学校录取的中国学生仅占很小比例，这可能与学校的研究生教学规模和研究投入有一定关系。

我简单介绍市场营销专业的学习和就业情况。首先，我要纠正一些学生和家长的错误看法，他们认为市场营销靠的是口才和对英语文化的了解，不适合中国人学习，而且，只有外向的孩子才能学习这个专业。这个看法很片面，市场营销(Marketing)的学位一般是硕士，由商学院提供这类学位和课程，也有传媒学院和公共关系学院提供这样的学位。市场营销已经告别了那种上门推销的时代，进入了媒体、公关和渠道的营销时代。所以，市场营销专业现在学习的重点是平台和渠道的整合，而不是具体的说话技巧和直销方式，如果只是后者，还不如留在国内读研究生。中国学生去美国读市场营销，大多数从网络销售入手，学习媒体和各种销售平台，研究新出现的销售模式、销售团队的打造和培训方法、销售体系的现代管理理念(尤其是跨国和跨行业的管理及分配)。这就与广告学、管理学和会计学有很密切的联系，也是在美国商学院学习市场营销的最大好处，即很多学科的知识都能深入地接触到。另一个错误的说法是，因为文化障碍等原因，中国人在美国营销方面的工作不太好找。这也是片面的，因为一个市场营销硕士毕业的学生，实践的第一步就是发展销售渠道和媒体投放等，学习这些跟着程序走的方式和方法，然后运用所学进行创新(这也是职业发展的后话)。因此，直接面对客户和反复咨询解答难题的机会并不多，这也完全不是企业和用人单位所看重的。市场营销毕业生就业的方向基本是公司的市场部门、调研和开发部门、公关部门、投资者关系维护，还有政府消费部门的研究所等。

乔治城大学

Georgetown University

地址： 37th and O Street, NW, Washington, DC 20057

电话： (202) 687-0100, (202) 687-3600

网址： http://www.georgetown.edu

基本信息

学校性质：私立

建校日期：1789 年

学生人数：21 359

地理位置：华盛顿特区

录取率：11.4%

学年学费及其他费用：$78 705

推荐理由

乔治城大学成立于 1789 年，是美国首都华盛顿特区名气最响的综合性大学，也是全美历史最悠久的大学之一，学校带有明显的天主教色彩。另外几所同地区的学校，如乔治·华盛顿大学、美利坚大学、特区大学等都不错，但是比起乔治城就相差甚远了。该校曾与哈佛大学、耶鲁大学、普林斯顿大学、斯坦福大学等一起被公认为全美最好的大学。该大学有"政治家乐园"之称，因为距离联邦政府的办公厅不远，所以，很多外国使节的子女都选择在此求学，从而使该大学更具国际色彩，美国前总统比尔·克林顿、菲律宾前总统阿罗约等都曾是该大学的学生。

院系设置

乔治城大学有超过 7 000 名本科生，超过 14 300 名研究生，教职员工约 2 166 名。该大学本科设有 4 大学院：外交学院、商业学院、医学及护理学院、艺术及科学学院。据美国新闻媒体与学术期刊的报道，乔治城大学拥有外交事务学院、商业管理学院、法律学院、语言和文学学院、护理学院、牙医学院、文理学院、医学院、高等教育和继续教育学院等研究生院。

特色专业

乔治城大学的外交事务学院有"政治家摇篮"的美誉；该大学的法学院是美国最好的 14 所法学院之一，在美国和世界法律界享有崇高的声誉；商业管理学院的 MBA 课程在全美排在前 30 名，一直备受青年学子的青睐并获得诸多著名公司的高度评价。学校每年都有很高比例的学生去国外留学一年半载，其中，比例最高的是语言及语言学和外交学院的学生。

乔治城大学的国际关系研究被学界评为美国最佳之一，该校也被全美各大学的国际关系教授们评为对国际关系感兴趣的本科生和研究生就读的最佳学校之一。另外，较优秀的学科还有政治学、美国研究、政府研究和历史等。

招生要求

◆本科

申请费：$75。

截止日期：(EA)11 月 1 日，(RD)1 月 10 日。

申请材料：强制要求标化成绩，SAT 总分 1 440 分或 ACT 总分 32 分，高中评述报告(包含高中成绩单)，年终成绩单，班级排名报告，教师推荐信(两封)，托福分数或雅思分数，GPA 3.065，申请文书(两份)。

◆研究生

申请费：$90(艺术及科学学院)，各院系情况稍有不同。

截止日期：各院系情况不同。

申请材料：学位证、毕业证，大学成绩单，GRE/GMAT 成绩，推荐信，个人陈述，托福 80 或 100 分或雅思 7 或 7.5 分。具体根据院系不同而不同。

语言课程：无。

校园文化

乔治城大学的校园活动丰富，主要是学校周边提供了大量的文娱活动机会。可以说，校园是半开放的，学生可以自由地参与华盛顿特区各种各样的交流和文化活动：在酒吧参加乐队演出，在路边的肯尼迪总统故居旁的小书店流连，参加多种多样的政治社团和读书会(如“左派美国青年 5 月书社”)，也可以到众多的歌剧院、话剧社和演艺厅去观看演出。在校内，这样的活动也是以多种形式出现的。

张旭老师点评

学校规模不大，但是由于位置显赫，申请人很多，尤其是本科的入学竞争非常激烈，研究生入学相对好很多。同时，大家要知道，很多驻华的美国签证官都是在这里学的中文(还有一所学校也承担这样的任务，在美国中部的密苏里州，即华盛顿大学圣路易斯分校)。华盛顿特区的就业前景非常好，商业、保险、金融、政治研究和政府和非政府的研究组织都给中国毕业生提供了大量具体的职业方向。唯一可惜的是，华盛顿特区有些区域治安欠佳，白天没事，到了晚上就有点恐怖。我们曾听到不少同学的午夜惊魂故事。

乔治城大学师资力量雄厚，聚集了很多世界知名的教授，有管理学院、法学院、外交学院、教育和继续教育学院、语言和文学学院、牙医学院、文理学院、医学院等研究生院，其中，外交和管理两个学院不仅提供专业学位，而且有大量的硕博连读的机会和奖学金，如管理学研究、外交政策、东亚政治研究等。此外，学校还设有人类学研究所、癌症疾病研究中心和儿童发展研究中心等机构。这里设置的数十个学科专业中，很多都是文科和社科类专业，大部分都具有较强的科研学术实力，可以授予硕博学位。要提醒读本科的同学注意，由于学校带有耶稣会的色彩，你如果要毕业，就必须修够一定数量的哲学与神学学分，这是毕业要求，不能避开。就读的中国研究生一般会选择社会学、东亚研究、国际政治关系、教育学、人类学、区域文化、统计学、生物学、分子生物学等专业。

我简单介绍申请商科的情况。中国学生可以申请的商科专业无外乎金融、会计、市场营销、人力资源管理、管理科学、风险管理和控制、信息工程管理等。很多同学在咨询留学美国读商科时，我认为他们都不适合学习金融和商科专业，原因很简单，很多同学不仅没学过商科，甚至对商科做什么都不了解，突然就信誓旦旦地说："张老师，我要投身于伟大的金融行业，做出我应有的贡献！"这连我都不相信，你就别浪费时间，也别欺骗学校了。我以前讲过，很多同学对金融、会计、HR 和物流等专业都一知半解，甚至抱有错误的想法，仅仅觉得这些专业听起来不错，也许就业会很好，自己拍拍脑袋就说要申请这些专业的研究生。在这里，一个简单的问题就可以测试你对这些专业的了解：请你说说，当你到了美国上第一节金融课或会计课时，你会学到什么？还有，你觉得一个第一年的分析员或咨询师（First Year Associate/Analyst）在投行和基金或会计师事务所里主要做什么工作？很多同学都回答不出来，更不用提以后的就业和职业发展规划了。这一点在我看来是很致命的缺陷，且不说你能不能申请成功，更关键的是暴露了一个重大的问题，就是个人选择比较盲目，而机会永远是留给有心人的（Chance favors prepared minds）。

留学美国的成功和意义对于一个学习商科专业的人来说，就是毕业后顺利找到一份年薪满意的工作，并且解决你的 H-1 工作签证。就是这么简单、直接，同时也让人感到振奋和压力。所以说，从你开始下定决心出国攻读商科专业，准备考 GMAT、了解美国学校时，我说的这个目标就应该牢牢地印在你的脑海里，督促你早做准备，主动出击，用知识和实践尽早武装自己。留学美国一切的一切，都必须也必然为就业做好准备。不然，你费这么大力气干什么？填个表去澳大利亚，弄个雅思跑英国不就好了吗？我有时候遇到这样想不清楚而且又想依靠某个无良中介一飞冲天的同学，就很是不解。那些有志申请的同学，必须做好面对激烈竞争的准备，从第一天开始，制订一个严格的实习和自学的计划，否则不要考虑排名靠前的金融或会计专业的学校。首先，由于缺乏相关的专业课背景，你必须在剩下的时间里采用选课、旁听和讲座的方式去学习一些必备的课程，尤其是会计方面，比如基本的高等数学和会计原理等。要学习金融的同学，这时候就必须到学校的财经学院旁听和到图书馆阅读相关书籍，所有的这一切必须详细地制订计划、列出书单及时间表。其次，多参与实践，开始寻找实习机会(通过家人和学校的院系老师介绍)，注意，是相关的实习，像参加在国内举行的上市峰会就是很好的机会。再次，主动参与一些经济方面的社团活动，例如与金融和会计相关的研究和课题项目。记住，机会永远都是存在的，要自己去挖掘和主动出击。一个典型的例子就是，有位同学的经济学老师是兼职教授，在外面的公司任职，要做一个关于市场上与房地产有关的金融衍生品的研究，我就建议这位同学主动联系老师，毛遂自荐做老师的研究助手。其实，这没有什么坏处，因为对一个本科生来说，申请一个热门的、注重实践的商科专业，挑战就在于如何通过自己的努力来使自己的简历和经验丰富起来，不然，你拿什么和别人竞争？且不说竞争，就连基本的申请文书你都没有任何内容可以写。仅凭一个很高的 GMAT 分数就想进卡耐基 · 梅隆大学读金融工程或者得克萨斯大学奥斯汀分校读会计，千万不要以为自己不努力，通过中介包装一下，就乌鸡变凤凰了。说实话，即使变了“凤凰”，毕业后若找不到工作，还是很失败。

弗吉尼亚大学

University of Virginia

地址： Charlottesville, VA 22904

电话： (434) 982-3200

传真： (434) 924-3587

网址： http://www.virginia.edu

基本信息

学校性质：公立

建校日期：1819 年

学生人数：23 721

地理位置：弗吉尼亚州夏洛茨维尔市

录取率：18.7%

学年学费及其他费用：$79 574

推荐理由

弗吉尼亚大学创建于 1819 年，是由美国开国元勋托马斯·杰弗逊总统于美国弗吉尼亚州创建的一所公立综合性研究型大学。业内公认弗吉尼亚大学和加州大学伯克利分校就是美国公立大学中的哈佛和耶鲁。弗吉尼亚大学校风严谨、求实、自由、探索，很多专业如天文学、哲学、伦理学、建筑工程等均是由弗吉尼亚大学首先创立的。弗吉尼亚大学图书馆在全美研究型图书馆里排名前 20。学校共有 13 个图书馆，总藏书逾 400 万本，有 47 000 多种期刊和报章杂志，另外，学校还建了 5 个设备先进的电子图书馆中心。作为第一所将教育独立于教会的高校，弗吉尼亚大学在全美最佳大学中排名第 25，公立排名仅次于加州大学伯克利分校。

院系设置

目前，弗吉尼亚大学有在校生 25 000 人左右，其中本科生约 17 000 人，其余均为研究生，教职员工 17 000 人。学校目前设有 9 所学院：法学院、医学院、文理学院、建筑学院、柯里教育学院、达顿工商管理学院、工程与应用科学学院、麦金太尔商学院和护理学院。另外还有一个医疗中心。法学院主要有法学的各个专业；医学院包括医学、神经病学、解剖学、生物化学、生物物理、微生物、药理学、心理学、外科学等专业；护理学院设护理学专业；文理学院的主要专业有非洲研究、人类学、区域研究、艺术、亚洲研究、天文学、生物学、化学、戏剧、经济学、环境科学、外国事务研究、比较文学、英语、法语、德语、西班牙语、意大利语、历史、艺术史、语言学、数学、音乐、哲学、物理、心理学、公共管理学、宗教研究、斯拉夫语言文学、社会学等专业；建筑学院的主要专业有建筑史、建筑、环境美化建筑、规划等；柯里教育学院主要有管理与监督、临床心理学、顾问教育、课程与指导、教育学、教育心理学、卫生与体育教育、高等教育、特殊教育、语言障碍病理学及视觉学等专业；达顿工商管理学院主要有商学、管理学等专业；工程与应用科学学院包括宇航及宇航空间、应用数学、应用工艺、生物医学、化学制品、计算机科学、电气科学、工程物理、材料科学、核子、系统学等专业；麦金太尔商学院主要有会计学、商学、管理信息系统等专业。目前，该校有 52 个专业可以授予学士学位，55 个专业可以授予博士学位，109 个专业可以授予硕士学位。

特色专业

天文学、哲学和伦理学、建筑设计等专业均是由弗吉尼亚大学首先创立的，也是其最有特色的专业。该大学的健康科学中心是美国非常著名的学术医疗中心，与霍普金斯大学医院遥相呼应，有美国最优秀的医生及良好的医疗环境，不仅是美国最好的医院之一，也是顶尖的教学医院之一。药学、医药研究、病理学和医药制药合成、生化制药等在本校也是实力很强的专业。

招生要求

◆本科

申请费：$70。

截止日期：(EA) 11 月 1 日，(ED) 11 月 1 日，(RD) 1 月 5 日。

申请材料：SAT 或 ACT 成绩(标化成绩选择性提交)，高中成绩单，年终成绩单，班级排名报告，教师推荐信(两封)，托福 94 分或相应的雅思分数，GPA 4.0，申请文书。

◆研究生

申请费：各院系情况不同。

截止日期：各院系情况不同。

申请材料：学位证、毕业证，大学成绩单，GRE 320 分或 GMAT 680 分，推荐信(两封)，个人陈述，雅思各小分不低于 7 分或托福(iBT) 90 分，GPA 3.0。具体根据院系不同而不同。

语言课程：无。

校园文化

弗吉尼亚大学位于美国弗吉尼亚州中部的夏洛茨维尔市(Charlottesville)，据说是美国最适合生活的十佳城市之一，可以和西海岸的波特兰市相媲美，风景秀丽，恬静安逸，感觉有殖民时期美国小镇的色彩。另外，美国的许多报纸、杂志和网络评论评述夏洛茨维尔是美国排名第 7 的开展事业的城市。处于这样的地理位置，学校得到了巨大的好处，无论是从资源共享，毕业生就业，还是娱乐、医疗、交通和环境便利上，弗吉尼亚大学的进一步发展都得到了极大促进。

张旭老师点评

弗吉尼亚大学所处的地理位置相当优越，开车到首都华盛顿不到两小时，距离其他重要城市如弗吉尼亚州首府里士满也不远。令人印象深刻的是，学校的校园就像一个巨大的古希腊风格建筑公园，高大的立柱和隐藏的石雕都在炫耀着这所学校的传统、古典风格。由于附近的几个州(如马里兰州、特拉华州、西弗吉尼亚州等)是美国传统的工商业和政治中心，该校毕业生的就业出路非常被看好。这里也提醒大家看看这几个州的其他几所学校的相关专业及课程设置，以作参考。

学校教学和科研设施先进，科研学术实力很强。中国学生传统上就读的专业以理工为主，近几年来，获得社科类奖学金的学生也在慢慢增多，值得一提的是，弗吉尼亚大学在文学和社科类专业上名头更响亮。较多中国学生就读的专业包括建筑、应用化学、机械制造、生物化学、生物物理学、微生物学、环境保护、经济学、历史、东北亚研究和亚洲语言、区域文化研究、教育管理等。

我简单介绍一下土木工程和建筑设计专业的申请和就业情况。从专业角度讲，土木工程偏重基础能力，对建筑力学等基础课程要求很高，同时要争取到奖学金，土木工程专业要求学生在申请文件里提供作品和相当于毕业设计的方案。建筑设计专业也向土木工程专业的学生开放，有研究生学位或正在读研的同学申请建筑设计的奖学金比本科生要有优势，在很多学校里，这个专业实际上是和土木系在一起的。这些专业的申请侧重点稍有不同，但关键在于申请人作品的展现和能力的凸显。可以这么说，GRE 或托福考高分的重要性远远比不上参加一次设计比赛的经验(即使你无数次落选或失败)。同时，本科学土木专业的同学在申请硕博时要注意突出一个特点：自己的可塑性和适应性。这非常关键，必须适当而突出地表现，不是说给教授寄一本作品集就搞定了，没有人是天生的贝聿铭。我建议从自己学校专业的设置和自己的学习感悟入手，就是一个很好的表现角度。至于就业，无外乎就是学校的教职、设计师事务所、建筑公司的内部安全、论证和监控部门，还有政府的相关交通和建筑事务管理处。在美国，从事建筑以及建筑设计的高端人才待遇都相当不错。

卡耐基·梅隆大学

Carnegie Mellon University

地址：5000 Forbes Avenue, Pittsburgh, PA 15213

电话：(412) 268-2000, (412) 268-2082

网址：http://www.cmu.edu

基本信息

学校性质：私立

建校日期：1900 年

学生人数：14 500

地理位置：宾夕法尼亚州匹兹堡市

录取率：17%

学年学费及其他费用：$86 812

推荐理由

卡耐基·梅隆大学（CMU）位于宾夕法尼亚州的老工业城市匹兹堡市，与它一桥之隔的就是在同城的另一所大学——匹兹堡大学。卡耐基·梅隆大学是一所偏重数理的研究实力较强的私立大学，前身为卡耐基技术学院（后改名为卡耐基理工学院），由安德鲁·卡耐基于 1900 年创建，专门培养技术人才，后慢慢由本科和技术培训向以研究为主的大学转变。越南战争爆发后，学校与附近的梅隆学院合并为卡耐基·梅隆大学。该校曾被《美国新闻与世界报道》评为“全美明星级大学”，并获得《纽约时报大学指南》四颗星的学术评分。如今，卡耐基·梅隆大学已从一所单纯的技术性学校逐步发展成为一所享誉世界的顶级综合研究型大学。

院系设置

卡耐基·梅隆大学拥有在校学生 14 500 名，大学部学员基本上占一半比例，教职员工 1 300 多名。大学下设 7 个学院，分别如下：

卡耐基工程技术学院——该院由 6 个系组成：化学工程系、民用工程系、电子学和计算机工程系、工程与公共政策系、系统工程系、金属工程和材料科学系。

艺术学院——它培养的学生涵盖从建筑设计到表演艺术和视听艺术等广泛领域，由建筑系、艺术系、设计系、戏剧系、音乐系组成。

计算机科学学院——该院只设计算机科学系。

工业管理研究生院——下设工业管理系、工业工程系、工业设计专业研究所。

人文和社会科学学院——该院下设经济学系、英语系、历史系、哲学系、心理学系、社会和决策学系、统计学系。

梅隆理学院——该院下设生物科学系、化学系、数学系和物理系。

城市与公共事务学院——下设专业为城市规划、公共政策、公共关系和公共管理。

特色专业

卡耐基·梅隆大学拥有全美第一所计算机学院，其计算机专业与麻省理工学院、斯坦福大学和加州大学伯克利分校并列排名榜首。该校的软件工程专业更是领先于其他名校，在全美始终排名第一。在卡耐基·梅隆，与金融结合在一起的金融工程和计算金融学得到了最佳的发展基础和组合。同时，这所大学的机器人科学、自动控制、美术、工业管理、心理学、统计学、应用数学、决策科学、生物统计学等都在全美名列前茅。另外，其艺术学院享誉世界，戏剧学院更是举世公认的该领域内的王牌学院。

招生要求

◆本科

申请费：$75。

截止日期：(ED 1)11 月 1 日，(RD，仅限戏剧和音乐申请)12 月 1 日，(RD)1 月 2 日。

申请材料：SAT 或 ACT 成绩(标化成绩选择性提交，申请计算机学院的强烈建议提交)，申请文书(一份)，高中成绩单，教师推荐信(两封)，托福 102 分(单项不低于 25 分)或雅思 7.5 分(单项不低于 7.5 分)。

◆研究生

申请费：各院系情况不同。

截止日期：各院系情况不同。

申请材料：学位证、毕业证，大学成绩单，GRE/GMAT 成绩，推荐信，个人陈述，雅思或托福成绩。具体根据院系的不同而不同。

语言课程：无。

校园文化

卡耐基·梅隆大学校内有超过 150 个学生组织和大量的学生出版物，学生事务处为在校的所有学生提供各种活动项目，包括去国外做研究、实习、生活体验和个人发展，学生们通过这些途径学习到的知识远远超过了课堂上所学到的。有人甚至这样说，卡耐基·梅隆大学的学生走出课堂，身份便成了运动员、志愿者、作家、艺术家或创新者。在校外，学生们可以分享匹兹堡市内的博物馆、图书馆和娱乐设施。卡耐基·梅隆大学和匹兹堡市的许多其他学校一起，实现了学生间的频繁交流，便于学生们讨论和组成独立的社团甚至公司，实践自己喜爱的项目和研究。卡耐基·梅隆大学近年来新建了不少宿舍、足球场、停车场、体育馆和学生中心等设施。学生在校内遇到任何问题都有相关部门帮助解决，例如，紧急医疗服务、学生健康服务、心理咨询服务、校务政策、环境健康与保险。学校提供校内、校外多种住宿形式，大学宿舍内的设施非常方便和人性化，学生足不出户便可借阅无穷无尽的图书馆资料。

张旭老师点评

卡耐基·梅隆大学的办学方式灵活，在纽约、波士顿、芝加哥等重要城市均设有分散教学点。学校设 100 多个本科专业，涉及领域很广，但大部分仍然是偏重理工和计量的学科，其中一半以上的专业可以授予硕博士学位。不难看出，就读这所学校的中国学生的专业大体上包括化学、化学工程、计算机科学和软件、认知科学、计量金融、电子工程、统计学、公共政策、应用物理学、生物学等。由于学校的校友网络和工业界的大力支持，卡耐基·梅隆是为数不多的几个慷慨授予硕士生奖学金的美国学校之一，大家在申请时请格外注意这一点。

下面，我简单介绍计量科技学专业的申请和就业情况。金融工程现在也叫计量科技学，名字很高深，但是基本课程内容是一样的，即学一部分的计算机课程和软件编程，加上一部分数学模型和金融建模运算，再辅以一定的金融、会计和交易常识，很快就读出一个硕士。大家注意，这个专业属于短期投资、急功近利的华尔街专业，即使在金融危机的背景下，就业前景仍然很好，因为多年的交易和投资都是这么做的，行业基础暂时不会有太大改变。因此，根本没必要读博士，人家也懒得设一个博士专业。在近两年的时间里，很多中西部有实力的大学，如加州大学伯克利分校、加州大学洛杉矶分校（UCLA），还有卡耐基·梅隆大学等纷纷开设这样的课程，短平快，读完马上开工，非常适合华尔街的口味。有咨询我们的同学问，这个专业和运营管理专业是否相似？其实两者没有太大关系，课程也不一样。由于专业的设置特点，这个专业没有奖学金，学费由开课的学校而定，没有太多申请条件的限制。有志读这个专业的同学，我建议首先在经费上要做好准备，其次要重点看看纽约、芝加哥、夏洛特等几个美国金融中心城市的学校和在这几个城市开设课程的学校，均衡选择，然后规划自己的申请策略，得到录取就应该比较有把握了。

加州大学洛杉矶分校

University of California-Los Angeles

地址：405 Hilgard Avenue, Los Angeles, CA 90095

电话：(310) 825-3101

传真：(310) 206-1206

网址：http://www.ucla.edu

基本信息

学校性质：公立

建校日期：1919 年

学生人数：46 676

地理位置：加利福尼亚州洛杉矶市

录取率：9%

学年学费及其他费用：$76 259

推荐理由

加州大学洛杉矶分校通常缩写为 UCLA，是一所位于美国加利福尼亚州洛杉矶市的公立大学，在加州大学系统的众多大学中，就数 UCLA、斯坦福大学和加州大学伯克利分校最出名。作为整个加州最大的大学和美国最好的公立大学之一，UCLA 是美国商业金融、高科技产业、电影艺术等专业人才的摇篮，先后共有 8 名教授与 7 名校友获得过诺贝尔奖。

UCLA 历来以优良的学术水准和独特的办学风格深受诸多青年学子青睐。它拥有藏书 800 万册以上的图书馆、获奖连连的体育团体以及卓越的表演艺术课程。UCLA 的学术成绩可与加州大学伯克利分校媲美，UCLA 传统的运动项目如篮球、田径及美式橄榄球的成绩可以说称霸全美，如果你想要找的是一所拥有高知名度、优良的学术水准及疯狂的美式运动项目的大学，UCLA 绝对是你梦寐以求的最佳目标。

院系设置

UCLA 现有本科生约 33 040 人、研究生 13 636 人，教职人员 5 464 人。学校主要学院如下：UCLA 文理学院，法律学院，安德森管理学院，公共事务学院，艺术与建筑学院，教育与信息科学研究生学院，亨利 · 施姆里工程与应用科学学院，戏剧、电影与电视学院，神经 / 精神病学研究所，大卫 · 格芬医学院，护士学院，牙科学院，公共健康学院等。

特色专业

UCLA 课程的多样化闻名全美。无论是为人熟知的会计、精算、市场营销和管理学、社会学、人类学、文学、语言学、心理学、艺术史、哲学、物理学、数学、天文学、地理、东亚研究、电子工程、机械工程、计算机、数学金融、传媒、公共关系、公共政策、女性研究、工程学、生物化学、材料、有机化学、法医学，还是电影电视制作、公关和广告以及传媒研究等科系，都被认为全美最棒，更被誉为位于好莱坞娱乐圈边上的精英摇篮。

招生要求

◆**本科**

申请费：$80。

截止日期：11 月 30 日。

申请材料：SAT 或 ACT 成绩（标化成绩选择性提交），高中成绩单，托福 100 分或雅思 7 分，GPA 3.93以上。

◆**研究生**

申请费：$140。

截止日期：从 10 月 2 日到 12 月初，不同院系有不同的截止日期。

申请材料：学位证、毕业证，大学成绩单，GRE/GMAT 成绩，推荐信，个人陈述，托福 87 分或雅思 7 分。具体根据院系的不同而不同。

校园文化

UCLA 的地理位置在洛杉矶西木区，是一个安全、充满购物乐趣及交通方便的地区，在如公园般的 UCLA 校园中，学生可以很方便地到达洛杉矶各个角落。UCLA 因其拥有许多优美建筑和风景而举世闻名。整个学校被大致分为南北两个校园，北校园为原校园的中心，也是社会科学、艺术、人文、法律和经济等学科的中心，建筑以意大利文艺复兴时期的风格闻名，其中的鲍威尔图书馆是好莱坞电影的最佳拍摄场景之一。北校园的中心是橡树环绕的迪金森广场，这个广场也曾在许多电影中出现。南校园的建筑比较新，风格与北校园截然不同，这里是自然科学的中心，主要学科有物理、生物学、数学、工程和建筑。医学院和它的附属建筑既不算南校园，也不算北校园。校园西部容纳了近 8 000 名学生，UCLA 的研究生宿舍在校园外可以容纳近 50% 的研究生。社团活动丰富，已注册的社团有 700 多个，包括政党组织、校友会、宗教组织和少数民族以及国际学生联合会等。

UCLA 的图书馆共有 820 多万册的藏书，在整个美国国家图书馆中排名第 10 位，其收藏数据的广泛性与高利用率在世界上也是首屈一指的。从中世纪的彩色抄本到现代的电子科学刊物；从奥杜邦的画作到《洛杉矶时报》的带图片的档案；从诺贝尔和平奖得主 Ralph Bunche 的文本式新闻数据到 Richard Neutra 和 Lloyd Wright 的建筑设计图纸，只要进入该大学的图书馆，就可以尽情分享这里庞大的信息资源。图书馆还提供各种客户咨询，在研究、教学、课程编制、课堂教育等诸多方面提供服务。

由于毗邻好莱坞，有着得天独厚的地理位置，UCLA 吸引了不少电影摄制组。Gotcha!（1985）、Higher Learning（1995）、Legally Blonde（2001）、Old School（2003）、The Nutty Professor（1995）、Erin Brockovich（2000）、How High（2001）、National Lampoon's Van Wilder（2002）、American Pie 2（2001）、Bring It On: Again（2004）等影片均在此地拍摄。

张旭老师点评

洛杉矶是美国西部商贸业、金融服务业、高科技产业和电影文学艺术的核心城市。UCLA 大部分的学生就业均在洛杉矶和湾区一带，就业的轻松与便捷也是闻名全美的，甚至加拿大众多院校的毕业生也蜂拥到洛杉矶寻找工作。相对于西雅图等城市，洛杉矶的优势在于早在 20 世纪 70 年代就已经建立了完善的金融、贸易和科技的基础。

另外，学校强大的研究实力和科研基础使得学校有多名教授先后获得诺贝尔奖。由于学校就业和位置的优势，UCLA 国外留学生的入学竞争非常激烈。现在，UCLA 有大约 45 900 名学生，学校提供 118 种不同科系的本科学位，其中超过半数可以授予硕博学位。该校的专业学院和机构有法学院、商业管理学院、医疗工程研究所、牙医学研究所、医学院、脑科学研究所、工程与应用科学学院、环境科学实验室、地球物理学院、行星物理学研究所、分子生物研究所、生物医学研究室。在众多专业中，中国学生就读的专业主要集中在医疗工程、牙科材料学、土木工程、电子工程、化学、经济学、人类学、德语、西班牙语和数学等。近年来，金融学和计量经济学也成了中国学生就读较多的专业。另外，提醒大家，由于地处好莱坞边缘，这所学校还有一个在美国不多见的专业：艺术管理。中国学生对它了解不多，这其实也是一个边缘学科，课程既包括艺术理论、文化与商业，又有一部分管理知识与技能的培训，毕业后的就业方向是进入相关的电影电视文化中心、机构以及影视文化中介公司等。进入画廊和拍卖行做经理人也是一个不错的选择，对于非艺术专业的同学或无艺术专业背景、同时又有兴趣从事艺术工作的申请人，这个专业值得考虑。

南加州大学

University of Southern California

地址： University Park, Los Angeles, CA 90089

电话： (213) 740-1111

网址： http://www.usc.edu

基本信息

学校性质：私立

建校日期：1880 年

学生人数：47 000

地理位置：加利福尼亚州洛杉矶市

录取率：10%

学年学费及其他费用：$95 225

推荐理由

南加州大学（简称南加大）创建于 1880 年，是西部地区较早建立的高等学校之一，坐落于美国加利福尼亚州的洛杉矶市。南加大是一所充满生机与活力的综合性大学，现今已成为美国最具竞争力的大学之一，在全美大学评比中排名第 27 位。虽然只有 100 多年的历史，南加大的课程水平颇受学术界的认可，商学院、电影、传播、建筑、医学及理工学院等科系在美国大学中特别出色，享有很高的知名度，电影学院更是全美同类院系中的佼佼者。根据卡内基教育基金会公布的大学分类，南加大被归类为特高研究型大学，而在美国 4 383 所高等学府中，只有 96 所获此殊荣。同时，南加大还是获得美国联邦政府“研究与发展”经费最多的 10 所美国私立大学之一。这所学校的名气在中国一直不太响亮，但是在美国的学界与业界可以说是为数不多的几所最好的西部地区大学之一。

院系设置

南加州大学拥有约 21 000 名全日制本科生和 26 000 名研究生。该大学拥有文理学院、研究生院和 22 个专业学院，具体为会计学院、建筑学院、法学院、商学院、电影艺术学院、艺术科技产业学院、新闻传播学院、牙医学院、教育学院、工程学院、艺术和设计学院、老年学研究所、药学院、医学院、音乐学院、公共政策学院、社工学院、戏剧学院、舞蹈学院、职业研究学院、职业治疗学院和物理治疗学院。

特色专业

南加州大学的科系齐全，各具特色。工商管理、电影研究、娱乐管理、大众传媒、新闻学、建筑结构学、工程学等都特别受学生欢迎，业界的知名度也非常高，很多任课的教授都是领域内理论框架和方法思路的创建人，实力雄厚。电影学院值得一提，它造就了不少电影界的奇才，最著名的校友是电影《星际大战》的导演乔治·卢卡斯、《达·芬奇密码》的导演朗·霍华德、《阿甘正传》的导演罗伯特·泽米吉斯以及著名导演大卫·沃尔普，这些校友在功成名就后给予学校大量的资金赞助，是校方丰厚的财源之一和积极发展的动力来源。

招生要求

◆本科

申请费：$85。

截止日期：(EA)11 月 1 日；(RD)12 月 1 日(需作品集或试镜的专业)，1 月 15 日(其他专业)。

申请材料：标化成绩选择性提交，高中成绩单，推荐信，简历，托福 100 分或雅思 7 分，GPA 3.65，申请文书(一份)。

◆研究生

申请费：各院系情况不同。

截止日期：各院系情况不同。

申请材料：大学成绩单，GRE 或 GMAT 成绩，推荐信，个人陈述，雅思成绩(硕士 6.5 分，小分 6 分，博士 7 分，小分 6 分)或托福成绩(硕士 90 分，小分 20 分，博士 100 分，小分 20 分)。具体根据院系不同而不同。

校园文化

南加大主校区位于洛杉矶市中心，享有地利之便，是南加州商业、文化和旅游所在地，而且非常靠近好莱坞，拥有世界最优秀的影视艺术学院，所以，对于制片人来说，这里有非常棒的校园场景，曾被拍摄用于数以千计的电影、电视、广告和 MV。

南加州大学是美国第一所授予电影艺术学士学位的大学，学院最初的教职员包括道格拉斯·范朋克、大卫·格里菲斯、Cecil B. DeMille、恩斯特·刘别谦、Irving Thalberg、Darryl Zanuck 等人。南加州大学电影艺术学院在美国电影、电视、电影研究、动画、纪录片、广告以及交互媒体等方面都颇有建树。因此，学校一直在全美各大电影学院中排名第一。学院的校友包括了全世界各专业院校的学者、艺术家、技术人员、编剧、导演以及电影工业的行政人员。许多校友都是各自领域的佼佼者。

南加大是美国大学体育联盟（NCAA）第一类组、太平洋十大学联会的一员，并且总共赢得 84 个 NCAA 团队冠军。南加大（USC）和宿敌加州大学洛杉矶分校（UCLA）的对抗是极为著名且疯狂的，两者在学术上都有杰出的成就，在体育上的竞争也相当激烈。南加大与圣母大学的竞争要再早上三年，它们之间的竞争主要来自每年一度的美式橄榄球赛，其激烈程度堪称全国之最。

南加大的运动风气兴盛，美国各大职业联盟里都有一些鼎鼎大名的球星是从南加大毕业的，例如多年前轰动一时的著名美式橄榄球运动员 O.J. 辛普森、前圣路易红雀队破纪录的全垒打王马克·麦奎尔及亚利桑那响尾蛇队的明星投手蓝迪·强森等。

张旭老师点评

南加大和加州的其他学校一样经历了美国资本主义在西部的高速发展，也融入了高科技的发展和网络神话的创造。与同城的 UCLA 一样，南加大的发展与洛杉矶紧紧结合在一起。洛杉矶面积广，近年来发展得就像一个平平铺开的大乡镇，公共交通极为恶劣，可以说等于没有。南加大的校园也是平铺开去，基本没有太高的楼。但是从就业的角度上看，南加大相对于其他加州的学校要好得多，这在很大程度上得益于它在洛杉矶的历史和声誉中处于核心的位置。

现在学校有 49 000 多名学生和 4 600 多名教授，研究生较本科生多一些，学校设置了近 100 个学科专业，大多数可以授予硕博士学位。就读的研究生集中在以下研究所和院系：成像过程研究所、信息科学研究中心、化学合成研究所、激光技术研究中心、疾病研究中心、通信技术研究所、医学院、牙医学院、工程学院、艺术和设计学院、建筑学院、文理学院、社会科学研究院、公共政策学院、管理学院、教育学院、法学院等。中国学生就读较多且有获得奖学金的传统的专业有电机工程、计算机科学、病理学、药理学、工程学、社会学、伦理研究、会计、统计学、金融学、计算金融学等。

南加大距离好莱坞非常近，近水楼台先得月。借介绍南加大的机会，我简单介绍影视专业的学习。世界电影正处于“第四次”技术革命的浪潮之中，技术成为制胜的最关键因素。同时，因为受好莱坞电影的影响，想去美国学电影的学生越来越多。在此推荐对电影、视觉艺术、创意产业、动漫设计等领域有兴趣的中国学生，可以选择到美国的相关高校就读相关课程，以期首先从技术上缩短和美国的差异，而后利用技术支持具有中国特色的创意产业，这样才能催生出真正的良性循环。

美国的电影相关教育专业按照学位的发放大致分为两类。一类是专门的艺术类院校，有点类似北京电影学院，例如美国电影学院（American Film Institute）、纽约电影学院（New York Film Academy）、加州艺术学院（California Institute of the Arts），这些艺术类院校提供非常细化的影视类专业，如导演、影像、制片、动画、光影、剪辑、制作后期、录音、灯光和特技等。但这些学校一般不颁发学士学位，而是一种职业教育的性质，颁发 Associate Degree（副学士学位，也可以叫专科学位）。这类学校偏重专才培养，和业界联系较紧密，偏业务型。另外，CG 类的学习科目如计算机制图和动画连接制作也逐渐受到追捧，开始大行其道。另一类是大学里的影视专业或电影学院，如纽约大学、哥伦比亚大学、加州大学洛杉矶分校等，不过这些院校的影视专业并不如第一类那么细化，大多只是区分了制作（Production）和编剧（Screenwriting）两大类。还有少数综合类大学的 Film School 开设了制片、动画或新媒体专业。这类学校的学术氛围更浓一些，同时，这些专业和学校可以发放博士学位，当然，只有极少数的人去攻读最后的博士学位。要注意的是，这些专业虽然属于艺术类，但大部分颁发文学学士学位（少部分职业和艺术学院提供艺术学学士学位，个别艺术学院的设计和数字媒体专业提供理学士学位）。研究生阶段的理论性较强，分为文学硕士（MA）和艺术学硕士（Master of Fine Arts，MFA）。一般 MA 多为 1~2 年的电影学方向，主要研习电影理论知识。MFA 多为电影制作方向，主要从事电影的制作、统筹、写作和后期制作等。目前，美国的电影学博士研究有威斯康星大学麦迪逊分校、哥伦比亚大学、得州大学奥斯汀分校、加州大学洛杉矶分校、南加州大学、纽约大学等知名院校。

在此提醒有意愿去美国学习电影相关专业的中国学生，如果要学电影，第一，要有兴趣；第二，看电影和拍电影是两码事，要去美国学电影，最好要有一定的艺术基础，因为很多学校会要求申请的学生提供作品集。因此，根据自身情况，设计最适合的留学和职业规划是赴美留学生首要考虑的问题，并且在美国想加入电影制作的圈子，英语和对英语文化的理解是关键，在学习的过程中一定要开阔视野，加强语言和文化的理解和学习，否则很难被接受为艺术、电影和 3D 制作的专业人才。

塔夫茨大学

Tufts University

地址： Medford, MA 02155

电话： (617) 627-3170

网址： http://www.tufts.edu

基本信息

学校性质：私立

建校日期：1852 年

学生人数：12 219

地理位置：马萨诸塞州梅德福市

录取率：10.1%

学年学费及其他费用：$91 988

推荐理由

塔夫茨大学创办于 1852 年，坐落于马萨诸塞州，分为 4 个校区。塔夫茨大学严肃的学习氛围和高质量的教学态度形成了其独特的办学风格：以质取胜、注重革新。塔夫茨大学从教师的教学、学生录取到学术研究、教学和科研设施的建立以及对教师的业绩评估等都设立了严格的质量标准，因此，其出色的教学和研究在世界范围内享有盛誉。2018 年，该大学在《美国新闻与世界报道》杂志的美国大学综合排名中位列第 28 名。该大学的领导者具有前瞻性眼光，在“全球化”对于人们还是一个新概念时，他们已经开始考虑怎样把自己的学生培养成世界公民了。这所学校主要招收愿意到海外留学的学生，并在中国、智利、德国和加纳等国设有海外中心。因此，该校在招收新生时对其外语要求比较高。

院系设置

塔夫茨大学现建有生物技术研究中心、环境管理研究所、电子和光学技术研究中心等科研机构，另外有文理学院、国际关系学院、工程学院、杰克森学院、营养科学学院、法学院、医学院、牙医学院、兽医学院、生物医学院等 10 多个学院。

特色专业

塔夫茨大学所有的学科中，国际政治、法律、医科、牙科、职业治疗学等最著名，国际关系、生物学、戏剧、儿童研究、政治学、英语文学和工程类专业也非常突出。众多院系中，最受本科生欢迎的是电子工程基础、海洋生物学、环境工程和能源、戏剧表演和中近东关系研究等课程。另外，该校拥有北美唯一一所营养学研究生院，拥有全美最大的老年营养研究中心（Jean Mayer USDA Human Nutrition Research Center on Aging）以及世界上第一个临床营养诊所及世界有名的营养师培训基地（The Frances Stern Nutrition Center）。

招生要求

◆本科

申请费：$75。

截止日期：（ED 1）11 月 4 日，（ED 2）1 月 6 日，（RD）1 月 6 日。

申请材料：SAT 或 ACT 成绩（标化成绩选择性提交），高中成绩单，教师推荐信（两封），托福 100 分或雅思 7 分，GPA 3.8，申请文书（三份以上）。

◆研究生

申请费：各院系情况不同。

截止日期：各院系情况不同。

申请材料：学位证、毕业证，大学成绩单，GMAT/GRE 成绩，推荐信，个人陈述，雅思或托福成绩。各院系情况不同。

校园文化

吉祥物：塔夫茨大学的官方吉祥物是一头大象 Jumbo，象征着勇气和力量。大象的故事可以追溯到 1885 年，当时的一位马戏团演员巴纳姆向大学捐赠了大象的完整皮毛。在那之后的 86 年中，大象 Jumbo 一直站立在巴纳姆大厅，成为校园中一道独特的风景。学生、家长和其他校园游客会在 Jumbo 的躯体中放入硬币。而拖拽 Jumbo 的尾巴成了为考试和体育比赛祈求好运的传统。

塔夫茨大学的主校区位于胡桃山顶，校园有一种神秘而古老的气氛，红色落叶营造了静谧的氛围，在漫长的冬季经常能欣赏山顶雪景。由于学校地理位置的特殊性，很少有陌生人进入校园，学校非常安全。在山顶平台还可以眺望对岸的高楼大厦、车水马龙。而学校的医学院邻近中国城，不少喜爱中餐的留学生能大饱口福。关于饮食方面，有许多学生批判学校食堂的 Meal Plan 价格较高。不过，学校食堂的自助餐品种多样，营养搭配还是比较丰富的。

张旭老师点评

塔夫茨大学的4个校区中3个校区位于大波士顿区，相互距离都不远，除了波士顿校区外，其他两个校区都是大学城一样的镇区。由于马萨诸塞州工商业、科技、金融、贸易和制造业很发达，而且也不受州内地理分布的影响，塔夫茨大学毕业生的就业优势非常明显，加上学校强有力的校友网络和很好的口碑，就业一直是学校强调的优势。另外，提醒申请本科的同学注意，申请时也要了解在马萨诸塞州的其他本科文理学院，这些学院名气很大，架子也很大，根本不屑于做研究生的教育，而是埋头于本科培训，如史密斯学院等十几所在新英格兰地区的学院。很多中国学生不知道也不了解这些学院，是非常遗憾的，详细内容与排名请见本书附录E。

塔夫茨大学设有多个工程研究所、计算机科学研究院和应用科学中心、环境管理研究所、生物技术研究中心、电子和光学技术研究中心，另外还有文理学院、工程学院、医学院、牙医学院、生物医学院、营养科学学院、兽医学院等10多个学院，在学校的数十个学科专业中，部分可以授予硕博学位。学校现有研究生5 781名，中国学生就读的专业集中在牙科材料、生物、生物医药、国际关系、政治学、社会工作、英语语言文学、环境保护、机械工程、电子类专业等。

我简单介绍公共健康管理专业的申请和就业情况。随着申请和就读的学生的增加，这个专业逐渐成为一个较热门的边缘专业。学习生化、医学、药学、营养学和护理等专业的同学都可以申请。申请时，大家要注意这个专业并不是要求你在某个基础医学专业方面很强，如内科或传染病学。院系教授看重的是你的基础是否牢固，能否接受并适应更深一层的应用和管理方面的学科内容。大家注意，这个专业的特点不是上街喷消毒药水，而是做研究报告、分析数据、提供决策和有效参考，最终的目的是制定卫生政策。因此，在别的申请人都强调自己的专业扎实、会用软件、研究能力强时，你要思考如何规划申请策略才能脱颖而出。关键在于从自己的经历中提炼和表现出你的分析能力和宏观能力，在此基础上强调与申请学校专业的紧密切合。值得注意的是，公共卫生和公共卫生管理专业的学生读硕士的多于读博士的。单从就业方面来看，硕博学位确实没有明显的差距。很多中国学生毕业后留在本系被聘用为研究人员，有部分学生去了医药公司下属的市场和行政部门，还有部分学生为独立研究机构、媒体相关部门、政府的资源部门（如水务、交通）工作。

维克森林大学

Wake Forest University

地址： Box 7305, Reynolda Station, Winston-Salem, NC 27109

电话： (336) 758-5201

网址： http://www.wfu.edu

基本信息

学校性质：私立

建校日期：1834 年

学生人数：9 121

地理位置：北卡罗来纳州温斯顿塞勒姆市

录取率：22%

学年学费及其他费用：$91 266

推荐理由

维克森林大学始建于 1834 年，原本位于维克森林小镇，学校因此得名，后来主校区迁至美国北卡罗来纳州的温斯顿塞勒姆市。该大学是一所文理兼收的四年制名牌私立大学，强调学术自由的教育理念。学科专业数量较少，学生人数也少，在校学生约为 8 900 人，其中研究生 3 650 人，全校都能实现小班教学，有利于学生和教授之间近距离的互动。维克森林大学建有大学植物园、布鲁斯湖冷却站、高原生物站等科研设施，并以其丰富的高科技研究资源在全美大学中颇受好评。

院系设置

维克森林大学设有数十个学科专业，涉及领域较广，主要有教育学、免疫学、物理学、哲学、医学、解剖学、人类学、生物、生物计算机、数学、微生物学、分子遗传学、植物学、经济学、化学、工商管理学、病毒学等。部分专业具有较强的科研学术实力，可以授予硕士、博士学位。较好的专业有经济学、商科、英语、生物学和心理学等。

特色专业

维克森林大学的学科设置较为完善，其中管理学、经济学、心理学和商科的专业在业内都很有名气。其科学类专业，如理工类的计算机、数学、物理、植物学、分子遗传学、化学、生物化学、生理学与药理学等实力很强，均可授予硕博学位。另外，维克森林大学建有布鲁斯湖冷却站、大学植物园、高原生物站等科研设施和文理学院、管理学院、医学院、法学院等研究生院。

招生要求

◆**本科**

申请费：$85。

截止日期：(ED 1，EA) 11 月 15 日，(ED 2) 1 月 1 日，(RD) 1 月 1 日。

申请材料：SAT 或 ACT 成绩(标化成绩选择性提交)，托福 100 分或雅思 6.5 分，GPA 3.75，高中成绩单，学校报告，申请文书，教师推荐信(两封)。

◆**研究生**

申请费：各院系情况不同。

截止日期：各院系情况不同。

申请材料：大学成绩单，GRE 315 分或 GMAT 680 分，推荐信，个人陈述，雅思 7 分或托福 95 分。具体根据院系不同而不同。

校园文化

维克森林大学是引领纳米技术发展的领军人物。由于得到巨额资助以及一位教授的归来，维克森林大学几乎一夜之间就成为新兴的纳米科技领域的主要参与者。维克森林大学物理系的纳米科技中心位于该大学校园附近的 Deacon Boulevard，由十五个高薪的专业人士操作。随着纳米科技从实验阶段向纺织业、医药、电信通讯和航天领域的应用发展，新兴公司在派德蒙特科技园的潜力将变得很明显。维克森林大学纳米科技中心将会加快温斯顿塞勒姆市向科技经济转变的速度。

张旭老师点评

维克森林大学是一所文理兼顾的小学院，历史上，本科教育是该校的重点，现在学校对研究院的投入也逐渐增大。学校在校学生约为 8 900 人，其中研究生已经增到 3 400 多人。全校共有 800 多名教师，研究学院有文理学院、管理学院、医学院、法学院等，提供学位的专业有约 40 个，部分专业实力很强，可以授予硕博学位，如医学、防疫学、病理学、生物学、微生物学、生物应用科技、化学、人类学、数学、经济学、管理学研究、教育学、哲学等。

维克森林大学里就读的中国本科学生以往只有几个，现在由于大家对学校的了解加深，而且学校开始重视中国学生并加大了在中国的宣传，中国学生就读本科和研究生的人数逐年增加，但是从学生的比例上讲，维克森林大学仍然是一个生源以本州和美国南方居民为主的学校。在这个学校就读的中国研究生选择较多的专业为医药研究、数学、化学、植物学、生物学、经济学、人类学、教育学和英语文学等。大家注意，维克森林大学管理学院提供多个非 MBA 项目的硕士研究生学位，如会计学研究、管理科学研究、财政学研究等，学生毕业后授予科学硕士学位。维克森林大学的这几个专业都很不错，在业内较有声誉。经济条件允许的同学甚至可以在此期间转入 MBA 课程就读。

2009 年，有两个高中毕业申请维克森林大学被录取的同学，他们的 SAT 分数都不高，但是参与的活动很多、经历很丰富。这也说明了申请美国名校本科的一个特点：经历和表现很重要。在 3 月 14 日，麻省理工学院放榜时，很多同学和家长就问为什么选择这一天，其实这是取圆周率 $\pi = 3.14$ 的意思。提到这个的关键不在于此，而是在于，和 MIT 一样，很多排名前 30 的名校，如维克森林大学，在 3 月 15 日前后就已经做了录取的初步决定了，最后一轮的筛选只是要复议一下个别需要增加的面试反馈和额外审查（最多的就是学生们补交的成绩单）。所以，4 月 1 日出结果只是时间问题，部分学生的申请都是在 3 月中旬就有了结果。

我想着重强调高中毕业申请本科的三个注意事项：

首先，家长应慎重考虑孩子和自己选择学校的排名的定位。追逐名校需要跨越很多障碍，而且获得录取越来越难，综合性的大学在面对发放奖学金和给予录取的选择上会更加谨慎，前几年那种有了不错的成绩就自己胡乱操作、随便写写申请文书、在成绩单上做点手脚的“好日子”就要过去了。

其次，家长应重新考虑孩子和自己所选专业的定位，把这个和选校结合在一起。是学新闻还是学工程？是不是一定要现在定下来？什么是热门专业？现在为了虚荣挤破脑袋而让孩子申报完全陌生、毫无兴趣的专业是否理性？考虑美国综合性大学的个别专业师资力量、业内名气和学期选课灵活度等因素要远远比死死盯住某个专业重要。

最后，家长应重新考虑孩子和自己选择学校地区位置的定位。个别家长比较看重学校的位置是否在安静的小大学城，声称这是出于学生安全考虑，其实是片面的看法。最近咨询留学的同学和家长，我认为慢慢开始两极分化，一边偏爱大城市，一边喜好偏远的寄宿类学校。我觉得应该更多地从孩子学什么专业、有什么兴趣爱好出发，多考虑该校在美国的名气和受欢迎程度，不要一味强调其在中国的名气问题。说实话，在中国出名的也就那么几所学校，谈这个没有意义。像维克森林这样的学校，在美国的名声如日中天，在中国，很多家长却不屑一顾，真是本末倒置了。

密歇根大学安娜堡分校

University of Michigan-Ann Arbor

地址： Ann Arbor, MI 48109

电话： (734) 764-7433

网址： http://www.umich.edu

基本信息

学校性质：公立

建校日期：1817 年

学生人数：51 823

地理位置：美国密歇根州安娜堡市

录取率：20%

学年学费及其他费用：$80 142

推荐理由

密歇根大学由 3 所独立的大学分校组成，其中，安娜堡分校（University of Michigan-Ann Arbor）于 1817 年建立，它是密歇根大学最好的分校，在美国乃至世界范围内享有盛名，也是美国十佳的综合性大学之一，被誉为“公立的常春藤院校”和公立大学的学术典范。

密歇根大学历史悠久、师资优良、学风纯正、声名远播，特别是拥有全美最高的研究预算以及顶尖的文理学院、法学院、商学院、医学院及工学院。它开设有 15 000 多门本科课程，几乎涵盖了所有的学科领域，是美国课程设置最丰富的大学之一。在美国国家研究委员会（National Research Council，简称 NRC）对美国各大学研究生院 41 个学科的评估中，密歇根大学总分排名第 3。多项调查表明密歇根大学超过 70% 的专业排在全美前 10 名，是当之无愧的美国“学术重地”。

院系设置

密歇根大学安娜堡分校约有本科生 33 840 人，研究生约 18 335 人，教职员工近 6 600 人。该大学设有 19 个学院，分别为法学院、文理学院、医学院、商学院、牙医学院、教育学院、工程学院、建筑与城市规划学院、艺术设计学院、拉克哈姆研究生院、信息与图书馆研究学院、音乐戏剧学院、自然资源学院、护理学院、药学院、运动学院、公共卫生学院、福特公共政策学院和社会工作学院。

特色专业

密歇根大学各学院的学术水平堪称一流，其中商学院、牙医学院、法学院、公共卫生学院及社会工作学院均列美国高校同类学院的前 5 位。商学、工程、医学、护理、法律、公共事务、心理学、社会学和历史等许多学科专业排名全美前 10 位。在运动方面，该校的篮球、曲棍球与美式橄榄球也都相当突出。

知名科系除了教育心理、营销、企业管理、课程设计、电机、工业工程、新闻、景观建筑及大众传播之外，还有大学部的预医科 (Pre-Med) 及预法科 (Pre-Law)，其中前者的毕业生是美国医学院录取率最高的。

招生要求

◆本科

申请费：$75。

截止日期：(RD) 2 月 1 日，12 月 1 日（音乐、戏剧和舞蹈学院），(EA) 11 月 1 日。

申请材料：SAT 或 ACT 成绩（标化成绩选择性提交），高中成绩单，学校报告，教师推荐信，托福 100 分（听力和阅读不低于 23 分，口语和写作不低于 21 分）或雅思 7 分（单项不低于 6.5 分），GPA 3.75，申请文书（两份）。

◆研究生

申请费：各院系情况不同。

截止日期：各院系情况不同。

申请材料：大学成绩单，GRE 320 分或 GMAT 700 分（2022—23 年度不强制要求），推荐信，个人陈述，雅思 6.5 分或托福 84 分，GPA 3.30。具体根据院系不同而不同。

语言课程：有。

校园文化

对密歇根大学的了解不应只停留在学术的范畴，这里同样也是文化和交流的中心，近千个学生社团及组织让人眼花缭乱，各种性质的活动丰富多彩。另外，大学的多所博物馆、剧场、音乐中心、艺术中心、公园等也是学生课余休闲的好去处，校园生活异彩纷呈。附近的公寓主要有两种（On-Campus 是指住在学校建的住房内）：宿舍和合作式公寓租房。宿舍分布在北校园和中心校园，主要住的是一、二年级的本科生，几人一间。合作式公寓租房虽然也分布在北校园和中心校园，但它的形式介于宿舍和公寓之间，有自己的卧室，空间比较狭小，同时卫生间和洗衣机等设施需要和其他同学共用。

张旭老师点评

密歇根大学由 3 所独立的大学分校组成，分别位于安娜堡市、迪尔伯恩市和弗林市，这 3 个校区的经济都不是很发达，安娜堡市稍好，另两个城市的建设和发展都大大落后于美国一般的地区。

近年来，随着美国汽车工业的逐渐下滑，五大湖地区的工业已经不再具有美国历史舞台的中心地位，密歇根州毕业生的就业和工作前途已大不如前，特别是底特律市区，破败得让人吃惊，很多地方简直成了一片废墟。要注意的是，位于密歇根的州府兰辛的是密歇根州立大学，与安娜堡分校在学术和名声上的差别都很大。安娜堡分校实行三学期制（Trimester），相对于实行季度制（Quarter）的学校来说稍微轻松一点，但又比实行学期制的要紧张一些，主要表现在对学生的考试和学期中论文的要求上。因此，申请就读本科的同学要注意这个学制的差别。

现在，学校提供120个专业的教学，绝大部分都可以授予硕博学位。从历史上来说，学校有招收中国留学生的传统。中国学生获得录取和奖学金的专业集中在政治学、人类学、心理学、教育管理学、药学、公共卫生、公共政策研究、工业工程、民用工程、生化工程、组织行为学、工业关系、生理学研究、物理等。大家要注意，密歇根大学是美国为数不多的几个半公开实行按比例录取州内学生的学校，即在面对相同或相似条件的申请人时，学校会偏向本州内的申请人，这样做是违反美国宪法的。2006年，密歇根大学曾被落选的一名学生告到了法院，该学生认为这不是择优录取，而是对外州居民强加歧视。官司打到了最高法院，密歇根大学在官司中败诉，但是后来校方换了一种方式，还是照做不误，只做不说，闷声发财。因此，对于中国学生来说，如果政策不变，外国申请的学生越来越多，竞争只会更加激烈。

我简单介绍人类学、人种学和文化研究这几个专业的申请和就业情况。这几个专业，尤其以人类学研究为代表，是社会科学专业里中国学生留美的传统专业。特点是比较研究和定性分析，近年来也有往定量化发展的趋势。由于学科强调比较研究的角度，大部分中国学生与这些专业的切入点是在院系教授的指导下做与中国有关的研究课题，这不仅是我们的强项，而且也是该院系发给我们奖学金的一个重要考量方式。但并不是说这几个专业就很容易申请，我们申请奖学金时面临的问题同样是如何在申请中结合自己的中国背景和在国内学科的准备，向教授明确地表明自己的目的，即借助教授的理论和方法论把自己的课题做好做强。这里有两个考量，一是教

授持什么样的理论观点，二是院系、教授使用什么样的方法论。把握了这两个要点，对申请人类学以及其他社会科学专业都至关重要。必须提醒大家的是，人类学、人种学和文化研究这几个专业都是冷门专业，因此，奖学金是丰富的，但是就业的门路相对狭窄，大部分同学除了到学校任教以外，一般是到博物馆、亚洲文化研究机构、独立的研究机构等地方工作。因此，我也提醒大家，在申请学校时，首先考虑自己未来的职业取向，想干什么工作，做什么样的事情，其次考虑是继续学习本专业还是转另一个专业，对这些都必须有一个清楚的认识和规划。我也强调一个原则，即社科中非经济类专业的同学不建议转入经济类专业，理工科的同学不建议由工程和应用类转入物理、化学等基础类专业。并不是说转专业就犯了大忌、绝对不行，而是因为在申请过程中必须要说明转专业的原因和理由，这样一来，要跨越的障碍会有很多，所以，我一般不推荐违反这个原则的转专业申请。

北卡罗来纳大学教堂山分校

University of North Carolina at Chapel Hill

地址：South Building, CB #9100, Chapel Hill, NC 27599

电话：(919) 966-3621

传真：(919) 962-3045

网址：http://www.unc.edu

基本信息

学校性质：公立

建校日期：1789 年

学生人数：32 234

地理位置：北卡罗来纳州教堂山市

录取率：22.6%

学年学费及其他费用：$60 040

推荐理由

北卡罗来纳大学（University of North Carolina，简称 UNC）被中国学生简称为北卡，创办于 1789 年，是美国最早创立的公立大学之一。北卡罗来纳大学系统有众多分校，其中最古老和最著名的就是教堂山分校，也是被列入公立常春藤的几所大学之一。它是北卡罗来纳大学系统的领头羊机构，其国际名声、研究成就和教育水平都处于领先地位，被美国大学评论和媒体多次评为一级国家级大学，学术排名领先。《纽约时报》曾给予其最高的五颗星学术评分。除此之外，该大学的生源和师资都相当不错。校园的设施齐全，拥有现代化的教学大楼、配备了现代化器材的科学研究办公室、实验室和物理、天文、化学、工程研究室。藏书丰富的图书馆以及配套设施齐全的校舍、体育馆和医院都提升了学校的名声和形象。

院系设置

UNC 在校学生为 32 000 多人，其中研究生 11 553 人。学校开设了文理学院、研究生院、Kenan-Flagler 商学院、牙医学院、教育学院、政府学院、法学院、药学院、公共健康学院、医学院、信息与图书馆科学学院、新闻与大众传媒学院、护理学院、社会工作学院等。

特色专业

在北卡的商科中，审计、管理学、分析金融享有很好的名声。该校社会科学中的历史研究、社会分层和社会运动研究、人类社会学等也有很强的实力，深受业内推崇。另外，本科学生对生物、生物医学、大众传播、广告学、新闻及相关专业、心理学、工程物理等专业的评价也很高。在研究所专业中，医学院、法学院、信息与图书馆科学学院、公共健康学院、药学院、新闻与大众传媒学院、牙科学院、护理学院、教育学院、政府学院和 Kenan-Flagler 商学院都享有很高的声誉。

招生要求

◆本科

申请费：$80。

截止日期：（EA）10 月 15 日，（RD）1 月 15 日。

申请材料：标化成绩选择性提交（2025 和 2026 年秋季的申请人，如果 GPA 低于 2.8，则需提交 SAT 或 ACT 成绩，且 SAT 高于 930 分或 ACT 高于 17 分），初三、高中成绩单，教师推荐信（两封），托福 100 分或雅思 7.5 分，GPA 4.0，申请文书（两份）。

◆研究生

申请费：各院系情况不同。

截止日期：各院系情况不同。

申请材料：学位证、毕业证，大学成绩单，GRE 315分/GMAT 680分，推荐信，个人陈述，雅思或托福成绩。具体根据院系不同而不同。

语言课程：无。

校园文化

北卡罗来纳大学广袤、优美的校园由两大中心四方广场构成，坐落于校园中心的是帕特森广场钟楼，在整点时刻钟声会鸣响。广场举办的活动比较频繁，甚至音乐会也在这里举办，这些活动使校园变得有趣而充满生机。学校的几个主要图书馆是北美最大的科研图书馆，藏书丰富，拥有 400 万册的藏书量，便于这里的学生获得非常庞大的学习资源。

张旭老师点评

北卡罗来纳大学教堂山分校的位置距离杜克大学很近，开车不到20分钟就到了，因而，两所学校的中国学生会的活动经常联袂举办。当然，它和杜克大学一样，是被较为贫困的黑人和拉丁族裔聚集区包围的一块区域，学校安全方面在近两年出了一些问题，但总体上还是可以的。另外，很多中国学生对这所学校有着不切实际的误解，认为该校很一般，甚至只是普通的州立大学。其实教堂山分校比在夏洛特的分校要好得多，特别是在医学、社科类专业和一些理工科方面，教堂山分校都居于领先的地位。虽然说在本科教育方面稍微逊色了一些，但是在美国的学术界，教堂山分校的很多专业都有非常好的口碑。

现在，学校教师的数量为5 000人左右，学校提供约120个专业，大部分专业都可以授予硕博学位。主要的学院有教育学院、政府学院、信息与图书馆科学学院、公共健康学院、药学院、护理学院、医学院、牙科学院、新闻与大众传媒学院、法学院等。中国学生传统上拿到奖学金较多的专业包括药理学、病理研究、医药器材、生物化学、政府研究、公共政策、大众健康、公共卫生管理、经济学、人口学、计算机和信息科学和城市规划。值得一提的是，2010年有同学就读护理学专业。护理学、医学和药学专业在教堂山分校多年来一直都是排名靠前的领军专业。具体的护理学专业方向包括残障儿童护理、高端护理、特殊护理研究、医疗护理等。需要强调的是，这个专业与护士学校所学的护理不同，就业方向也大相径庭。

北卡教堂山分校的本科录取机会是前30名学校中比较困难的一个，文书的题目比较多，每年还有一些小的文书题目要申请人作答，这就难倒了很多人。现在申请该校的高中生人数已经翻了好几倍，下面简单总结申请本科的四个注意事项。

2018年度申请本科的情况不是特别乐观，名校申请的难度明显提高。在我们看来，现在慢慢进入了一个“后SAT时代”，即使有较高的分数和大型的活动经验（包括交流和访问），也不能帮你进入美国前 20 名的学校了。

首先，SAT 分数对于排名前 20 的综合性大学和排名前 20 的文理学院已经较去年提高近 100 分。除了个别申请早的同学，前 20 的学校基本要求 1 500 分的 SAT 成绩，个别文理学院如前 5 名的学校甚至提高要求至 1 550 以上的分数。在 2017 年申请年度里，有 1 550 分被斯坦福拒绝但被杜克（Duke）大学录取的，也有 1 450 分拿不到面试机会，最后被纽约大学（NYU）录取的。这两个学生由我亲自上 SAT 课和操作，所以印象很深刻。

其次，A-Level 课程变得普遍和重要，尤其是对纽约大学、莱斯大学、杜克大学和加州的学校来说。这是一个加分的台阶，以前很多学生都忽略了 A-Level。2018 年申请的学生里，有托福仅考了 90 分，但是 A-Level 表现非常优秀的学生申请到了伊利诺伊大学香槟分校（UIUC）或者加州大学洛杉矶分校（UCLA）。

再次，文书的重要性凸显。个性化写作和编排的文书显得尤为重要。不要贪图几个已经变得常见的活动，如模拟联合国、世界青年领袖峰会、奥运会志愿者等俗套。当然，这些都比不上很多同学都“迷恋”的一个模板：班长和学生会干部。写这些本身没有问题，但是，必须写出自己的特色和感悟才能有升华，否则就落入俗套。2018 年申请的同学里，有两位同学只考了托福，高中成绩比较一般，却有独特的文书：一个有完整的地产商业计划书；另一个有自己的诗集和小说出版。他们都拿到了如华盛顿大学西雅图校区或南加州大学的录取通知书。

最后要格外注意的一点是高中期间学习和各项活动的安排，如我前面所说，在申请美国大学本科时，活动多的同学比活动少的有优势；活动和学习安排有针对性的（即有明显兴趣取向的）比安排凌乱的有优势；活动完成后有佐证的比空口说的有优势；最后，参加活动不影响高中正常学习的尤为可贵。近年来，我发现某些家长的一个错误倾向就是过于关注课外活动，安排一大堆活动给孩子，结果没有一个是有很好体验的，全部是两星期结束，走马观花，这样不对。2018 年申请的同学里，有一位同学分数中等，高中在班上排 20 名左右，但是活动安排错落有致，表现和连贯性都很好（有点像体操表演），最后申请的学校基本上都得到了录取，尤其是拿到了罗切斯特大学、南加州大学、伊利诺伊大学香槟分校和一个排在第 17 名的文理学院的奖学金。

波士顿学院

Boston College

地址： 140 Commonwealth Avenue, Chestnut Hill, MA 02467

电话： (617) 552-3100

网址： http://www.bc.edu

基本信息

学校性质： 私立

建校日期： 1863 年

学生人数： 15 025

地理位置： 马萨诸塞州波士顿市

2021 年秋季录取率： 16%

学年学费及其他费用： $89 348

推荐理由

波士顿学院建于 1863 年，位于马萨诸塞州波士顿西郊的切斯纳特希尔。该校也是一所由耶稣会教友建立的大学，这样的大学在美国还有几所，而且形成近乎联盟一样的组织，其中包括纽约的福特汉姆大学、南方的芝加哥洛约拉大学等。该校历史上共有 63 位诺贝尔奖得主。在波士顿学院，教授们最重要的责任是教学和研究，并且在最近十年都获得过研究的奖励及认可，为学校不断创下新的纪录。最近几年，学校获得来自社会各界的自愿捐款达几十亿美元之多，而学校也在着手用这些资金整顿校务，改造校园形象。

院系设置

波士顿学院注册的学生在大学部有 9 000 多人，研究所则近 6 000 人。主要学院（波士顿学院的各个专业学术领域部门可称为“学校”，与一般大学的“学院”同一概念）设置包括神学院、艺术与科学学院、艺术与自然科学研究所、商业管理学校、教育学校、护理学校、 社会工作学校、波士顿学院法学院、继续教育进修学院等。

特色专业

波士顿学院的众多专业在新英格兰地区乃至美国都堪称一流专业，如公共关系、哲学、 工商管理、贸易研究、经济学等。社会工作学院也提供最优秀的专业教育和培训，深受学生的欢迎。在理工科方面，建筑、材料科学、植物学等专业处于美国国内排名靠前的水平。学校的护理学专业也是非常好的一个专业。波士顿学院的会计、商科、法律经济与自然科学都不错，其 MBA 项目立足波士顿， 面向全球， 学校的品牌效益及其优质的校友资源可更好地提升学员的竞争力。另外，该校在《美国新闻与世界报道》2014 会计硕士项目排名中位列第 19，在英国《金融时报》2013 全球 MBA 项目会计排名中位列第 1。波士顿学院还是 CPA 注册会计师考试通过率最高的 15 所大机构之一。

招生要求

◆本科

申请费：$80。

截止日期：（ED 1）11 月 1 日，（ED 2）1 月 2 日，（RD）1 月 2 日。

申请材料：波士顿学院附加申请表格，申请作文，高中成绩单，年终成绩单，班级排名，教师推荐信（两封），托福 100 分或雅思 7.5 分或多邻国 130 分，SAT 总分 1 960～2 400 分或 ACT 总分 29 分（标化成绩选择性提交），GPA 3.65，申请文书（一份）。

◆研究生

申请费：各院系情况不同。

截止日期：各院系情况不同。

申请材料：学位证、毕业证，大学成绩单，GRE/GMAT 成绩，推荐信，个人陈述，雅思或托福成绩。具体根据院系不同而不同。

语言课程：无。

校园文化

在校园里，随处都可以感受到波士顿学院特有的人文气息，或许因为是教会学校，这里对学生的穿着打扮会有较多的规定，但也因此塑造出庄重的校风。在波士顿学院几乎看不到热裤、拖鞋、小背心等服装，甚至在下课时间，也不会有人大声喧哗。端庄、宁静而轻松的气氛，就是波士顿学院留给外界的第一印象。波士顿学院有“小哈佛”之称。

张旭老师点评

波士顿学院传承的是实践、应用和研究的基本精神。它距离哈佛大学和麻省理工学院等学校很近，相比之下波士顿学院在学校声誉和实力上丝毫不逊色。可以毫不夸张地说，每年都有相当数量的学生从外校（包括常春藤学校）转学到波士顿学院。同样，与其名相近的波士顿大学（Boston University）在研究实力和教学声誉上就不如这所挂着学院名号的小兄弟。有一个不为人知的事实是，很多美国本科学生在其他学校读了一年后，都想转学进入哈佛大学和耶鲁大学，但是，对于波士顿学院来说，每年都会发生的事是经常有哈佛大学的学生转学到波士顿学院来，不禁让人暗暗称奇。

波士顿学院近年的招生情况很火爆，本科部和研究生院的入学申请增加了很多，学校也因此开始调整和设置了一些新的项目来满足学校发展的要求。学校大约有 50 个学科的专业设置，其中大多数可以授予硕士、博士学位，并以人文学科为主。我们比较关注的学科有以下几个（这几个也是录取中国学生进入学院较多的专业）：政府研究及政策分析、公共关系学、广告学、大众传媒和新媒体研究、机构金融学、金融学、经济学、英语语言文学、政治学、历史学、社会学、人种学和专属文化研究、东亚文化研究、哲学。

我简单介绍保险和精算专业的申请和就业情况。这个专业现在和将来都是在美国就业前景较好的专业。在新英格兰地区或整个东北部地区，再向西到明尼苏达州，本专业的中国学生就业前景都很好。精算专业有就业的优势，同时，专业的学习与研究本身就对数理能力有很高要求，对于不擅长使用英文的中国学生来说是一个很好的选择。一般来讲，本科生读不了这个专业，硕士生有很多，我们调查的对象里还没有读博士的。保险和精算专业对原专业要求不高，但是基本的数理要求是有的，所以，文科的学生要申请也可以，但是注意要切实证明自己学过一定的数学和统计的课程或者有这方面的操作经验。近年来，由于这个专业招生规模越来越大，很多学校在增加学位课时，提供必修的基础数理课程来满足同学的要求，所以，很多数学基础不是很扎实的申请人也可以获得入学资格。那么毕业的中国学生一般去哪里就业呢？具体的方向包括各大保险公司、汽车租赁、保险理赔代办公司、私人精算师事务所、会计师事务所、私人理财以及借贷抵押机构等。大家注意，对于精算专业来说，北美精算师有一个资格考试与资格认证的程序，而纯粹做保险业务，如市场、营销、管理与服务业务，就没有这方面的强制要求。

纽约大学

New York University

地址：70 Washington Square S, New York, NY 10012

电话：(212) 998-4500

网址：http://www.nyu.edu

基本信息

学校性质：私立

建校日期：1831 年

学生人数：53 576

地理位置：纽约州纽约市

2020 年秋季录取率：21.1%

学年学费及其他费用：$83 250

推荐理由

纽约大学成立于 1831 年，是全美最大的私立大学之一，也是美国唯一一所号称“没有校园而把整个纽约城视为校园”的学校。纽约大学的特色是注重理论与实务结合，培养学生将所学知识灵活运用到实际挑战中的能力。拥有先进的研究设备及图书数据，总图书馆拥有 300 万册以上的藏书、当代期刊、各式文献手稿和一个现代化的视听中心。这里地处纽约市中心，常有来自世界各地的作家、学者和金融家等齐聚一堂，形成了国际化的人文艺术特色。该校人才辈出，迄今为止，共有 36 名诺贝尔奖得主、30 名普利策奖得主、56 名国家科学奖章得主和 30 名奥斯卡金像奖得主等。它曾连续 4 年被《普林斯顿评论》评为美国高中学生最向往的名校。

院系设置

纽约大学目前共有 18 个学院，包括文理学院、文理研究院、法学院、医学院、牙医学院、斯特恩商学院、教育学院、帝势艺术学院、公共管理和行政学院、公共服务学院、护理学院、个人研习学院、社会工作学院和坦登工程学院等。

特色专业

纽约大学的众多专业在美国是执牛耳的领军专业，生物、数学、统计、工程物理、城市规划、工商管理学、比较法学、税法、哲学等专业堪称一流。另外，它的艺术、影视、人文和哲学方面的专业蜚声全美，尤其为人称道。工科专业实用、高效、针对性强，如计算机科学、建模技术、软件设计和语言开发等专业同样处于领先水平。

纽约大学较为偏重人文艺术及社会科学，《纽约时报大学指南》指出，纽约大学下属的帝势艺术学院是全美最佳艺术学院之一，它的电影、电视、戏剧、舞蹈和摄影等专业都非常优秀。此外，商学院的本科和研究生课程，尤其是会计最受好评。其他较好的文科科目有英文、历史和政治科学。

纽约大学在世界大学学术排名中位列第 27 名。商科研究生院排名第 13。在世界大学学术专业排名中，金融列第 1 名。研究生分科排名中，美术是全美第 1 名；新闻学、法语列前 3 名；而运筹学、财务金融学、市场学、会计学、俄语、工商管理、经济都在前 10 名之列；工业心理学、计算机科学、英语、临床心理学、语言学、社会学、古典文学、德语、物理学、生物化学、心理学、人类学都排在 30 名前后。

招生要求

◆本科

申请费：$80。

截止日期：(RD) 1 月 5 日，(ED 1) 11 月 1 日，(ED 2) 1 月 1 日。

申请材料：SAT 总分 1 480 分或 ACT 总分 30 分（标化成绩选择性提交），高中成绩单，年终成绩单，班级排名，教师推荐信（两封），托福 100 分、多邻国 130 分或雅思 7.5 分，GPA 3.58，申请文书。

◆研究生

申请费：各院系情况不同。

截止日期：各院系情况不同。

申请材料：学位证、毕业证，大学成绩单，GRE 1 300 分或 GMAT 650 分，推荐信，个人陈述，托福 100 分。具体根据院系不同而不同。

语言课程：无。

校园文化

虽然纽约大学没有自己的校园，却拥有几个设备良好的运动场（有一个在地下），包括室内游泳池、健身房、室内外网球场、桑拿室等，使得学生们在努力学习课业之余，可以有一个良好的场所去锻炼身体。校方在曼哈顿有 4 500 个宿位，可以保证学生四年都有宿舍住，但由于地处寸土寸金的曼哈顿，消费水平首屈一指，大学宿舍的房租和伙食都较一般大学昂贵许多。

纽约是世界名城，曼哈顿是纽约的精华所在。华尔街、联合国总部、自由女神像、大都会博物馆、时代广场、中央公园、第五大道、洛克菲勒中心、百老汇剧院区、唐人街均云集于此，还有著名的哥伦比亚大学、茱莉亚音乐学院等学府争相辉映。纽约大学位于市中心的华盛顿广场与格林尼治村，从紫罗兰和白色的校旗上就能分辨出纽约大学的校区。华盛顿广场、格林尼治村是全球艺术交流互动的重镇之一，曾是马克·吐温(Mark Twain)、爱伦·坡(Edgar Allan Poe)等著名作家和诗人的居处，附近的人文景色都被生动地描绘于他们的作品之中。纽约大学的教授和学生约 12 500 人被安排在广场附近的 21 幢宿舍中居住，学生可乘坐大学的巴士到校园上课。

张旭老师点评

纽约大学的校区在曼哈顿，非常分散，这也是没办法的事情，不然就要像哥伦比亚大学一样挤在很小的一块区域内。另外，也是因为纽约市地价太贵，租用楼层的价钱在其他州简直可以买下大片农场。对于中国学生来说，直接的好处就是实习和实践机会很多，邻近的华尔街和纽约市多样化的人群对于社科类和金融类的同学来说是一个天然的优势。但是劣势也很明显，纽约的生活费用很高，全额奖学金的数额虽然也很高，但仍然难以负担良好的生活条件。这两年到纽约大学读本科的学生人数有所增加，很多本科生开始进入设计、电影和艺术类专业，这些专业也是纽约大学的强项所在。

现在，纽约大学在读人数有 53 500 人左右，分属于 14 个不同的学院，研究生约 23 000 人。作为综合性学校，纽约大学提供了我们常见的大多数文理专业和工科课程，专业有超过 100 个，绝大部分都提供硕博学位。中国研究生就读最多的几个专业包括语言文学和语言教学、新闻和传媒研究、大众健康和疾病防治、酒店管理、公共卫生管理、计量金融学、金融研究、证券交易和衍生品研究、政治历史学、政治社会学、人类学、教育学、生物医学、物理学、计算机、电子工程、化学工程、生物医学、病理学、药理学等。

我简单介绍金融专业的申请和就业情况。这个专业有一个很明显的特点，经济好的时候就业非常容易，一旦赶上高科技泡沫、房地产泡沫或衍生品泡沫破裂，就业问题很让同学们人心惶惶。原因很简单，金融专业的大多数同学读的是硕士，极少人读博士，读的课程是金融基础知识、理财、会计和实务操作，但时间太短，而且用人单位也很急，最后成了半生不熟的“中间”人才。这样的人群在经济周期中就很容易受到影响，一方面，他们不能像物理或计算机的博士那样建立复杂的交易模型；另一方面，要他们搞市场和后续服务又存在成本核算太高的问题，所以，大多数同学毕业后做了投行、券商基金和投资中介的分析员。由于这个特点，金融危机到来时首先受到冲击的就是他们。应对的措施其实很简单，在读期间可以适当选择会计、统计、保险理财等课程做准备，就业时也要考虑一些新兴的行业，如金融软件公司、私人理财公司和金融保险业务等。总的来讲，由于专业的实用性强，我还是比较看好这个专业的。那么，哪些同学可以申请呢？这个专业近年来有些偏好理工科背景的同学，有社科类专业背景的同学申请时必须注意强调自己的数理运用、统计基础和实际相关经验。值得一提的是，我曾帮助学音乐的同学拿到该专业的录取通知书，这也并不是什么奇闻怪事。

威廉与玛丽学院

College of William and Mary

邮箱： PO Box 8795, Williamsburg, VA 23187-8795

电话： (757) 221-4223

网址： http://www.wm.edu

基本信息

学校性质：公立

建校日期：1693 年

学生人数：9 517

地理位置：弗吉尼亚州威廉斯堡市

2021 年秋季录取率： 37%

学年学费及其他费用：$71 080

推荐理由

威廉与玛丽学院建立于 1693 年，学校位于著名的小城威廉斯堡，是美国年代最久远的学校之一。顾名思义，该学院是由英国国王威廉三世和女王玛丽二世创立，是英国在美国殖民地创立的第二所大学。1776 年，该校与英国脱离关系，1906 年成为公立大学，1967 年逐渐发展成为一所现代综合性大学。学校的硬件和软件环境都超一流，近年来，在美国大学中排名 30 前后，连续三年被美国新闻媒体评为最好的小型公立大学。作为八大公立的名牌大学之一，该校以低廉的学费和高质量的教学著称。曾是多位美国总统，如托马斯 • 杰弗逊的母校，故也被称为“美国的母校”。

院系设置

威廉与玛丽学院总共有 6 500 多名注册大学生和 2 900 多名研究生，主要院系分别如下。文学院：美国文化研究、艺术系、英语系、语言学系；音乐学院：哲学系、宗教学系、戏剧和舞台表演系、妇女研究等；商学院：会计系、金融系、管理系、市场和管理系、旅游及酒店管理系；教育学院：咨询、教育心理学系、特殊教

育系、教育管理系、体育教育科学系等；工程学院：农业工程系、土木工程系、电子工程系、计算机科学系、材料系、机械工程系、系统科学系等；人类生态学学院：家庭及儿童生态环境系、食品科学与营养学系、生活环境与设计系等；医学院：药学系、外科学系、小儿科学系、心理医学系、医学教育与研究系、家庭医疗学系等；传播科学学院：广告系、听力与声学系、新闻学系、电信系、公共关系学系、传播学系等；自然科学学院：生物化学系、植物学系、化学系、地质系、数学系、微生物学系、生理学系、物理系、天文学系、统计学系、动物学系等；社会科学学院：经济学系、刑事司法学系、劳动人事关系学系、政治学系、心理学系、社会工作系、社会学系、城市规划系等；兽医学院：动物医学技术系、大动物临床科学系、小动物临床科学系、病理学系、毒理研究所；农学与资源学院：农业经济系、作物及土壤学系、森林学系、包装学系等；法学院：国际法专业、国际法律比较专业、税法、知识产权法等；还有 James Madison 政治学学院、护理学院等。

特色专业

威廉与玛丽学院的理论物理专业、工程物理、核能物理专业是业内最为推崇的研究方向。城市规划专业、教育学和临床心理学研究在全美排名也非常靠前。本科生在学校选课时，一般关注较多的是农学和资源学、法学理论、社会学、动物学和化学等专业的课程，这些课都是由一流的研究人员亲自讲授，因而很受欢迎。

招生要求

◆**本科**

申请费：$75。

截止日期：(RD) 1 月 5 日，(ED 1) 11 月 1 日，(ED 2) 1 月 5 日。

申请材料：SAT 总分 1 360–1 520 分或 ACT 总分 31–34 分（标化成绩选择性提交），初三、高中成绩单，教师推荐信（一封），托福 100 分或雅思 7 分或多邻国相应分数，GPA 4.0，申请文书（五份以上）。

◆**研究生**

申请费：各院系情况不同。

截止日期：各院系情况不同。

申请材料：学位证、毕业证，大学成绩单，GRE/GMAT 成绩，推荐信，个人陈述，雅思 7 分或托福 100 分。具体根据院系不同而不同。

语言课程：无。

校园文化

校内很多建筑斑驳陆离，颇有沧桑的感觉。校园不大，城市也不大。大家有机会注意看看学校建筑的墙根，藏着很多历史悠久的铭牌和刻画。这所学校和很多企业的关系很好，经常可以看到汽车企业、咨询企业、电子公司和饮料公司在校内举行由同学参与的活动和竞赛，这样的活动是实习和锻炼的机会，学校毕业生通过设计比赛、现场的互动活动和企业论坛等找到了工作。

张旭老师点评

威廉与玛丽学院和土伦大学、里士满大学、理查森学院等南方学校皆有一个共同点，就是遵循着把本科教育做好，兼而发展研究生教育的原则方向。学校的建校宗旨是注重传统的、优质的本科教育，尤其是人文、宗教和历史方面。在近20年来的发展中，学校也拓展了研究生教育和研究机构的建立。

现在，威廉与玛丽学院共有6 500多名注册大学生和2 900多名研究生，教师有800多人。多名教授在文学、经济和教育方面久负盛名，这也是广大社科博士毕业生挤破脑袋都想进去教书的一所好学校。对于中国学生来说，专业选择大部分集中在文史和财经类专业，例如伦理学、语言学、管理学研究、新闻学、理财、财务和精算类、社会发展史、人类学、人文艺术、旅游管理等。也有相当一部分中国学生就读生物学、营养学、生物医学、环境工程和林业学类理工类项目。

我简单介绍政治学和政治研究专业的申请情况。这个专业申请成功和拿到全额奖学金的中国学生一直很多，因为很多大学的政治系都有中国研究的方向，所以对中国政治和中国体制的研究构成了美国政治学研究很重要的一块，各大学的政治系也就顺理成章地成了研究中国政治的学者的聚集地。本科的同学读这个专业的也不在少数，绝大多数的美国院校均有较好的政治理论和实践教师，很多学校还提供机会让同学们参与两党竞选、议员候选人活动及其他政治集会。更重要的是，这个学科的本科考试注重的是课堂的讨论、研究方法论和论文写作的初步介绍，所以，对好学的中国学生来说，考试的通过和成绩基本不是问题。申请硕博学位的同学要注意，政治学作为一门学科，无论是经典理论的研究还是现当代的理论思维都已经很难有大的扩展空间。所以，在申请时，大家要注意结合申请院系的特点，突出自己做某个特定实证研究的长处和经验，不能也没必要强调你能把《资本论》倒背如流之类的特长。不管你的理论基础如何扎实，到了学校，你也要重新认真学一遍基本理论。这里说的特定研究很有学问，一是你对专业的理解，还有就是中国的教育、生活和文化背景。如何讲好中国的历史时代变迁和政治课题的涌现，然后结合教授的专业方向看自己的申请切入点，是申请全额奖学金的关键。至于选学校，我觉得除了看同校东亚语言文学的专业设置，还要看学校交叉学科和联合或双学位的设置，这样，自己心中就会对选什么学校有一个非常明确的概念。

布兰迪斯大学

Brandeis University

地址： 415 South Street Waltham, MA 02453

电话： (781) 736-3500

传真： (781) 736-3536

网址： http://www.brandeis.edu

基本信息

学校性质：私立

建校日期：1948 年

学生人数：5 558

地理位置：马萨诸塞州沃尔瑟姆市

2021 年秋季录取率：34%

学年学费及其他费用：$87 624

推荐理由

布兰迪斯大学建于 1948 年，位于波士顿郊区的沃尔瑟姆市。这所大学的名字据说来自美国第一位犹太族裔的最高法院法官布兰迪斯，对此我们持保留态度，因为这与法官任职和离任的时间都是对不上号的。值得注意的是，布兰迪斯大学是一所自然科学和社会科学并重的私立学校，虽然建校时间不长，规模相对较小，但是强有力的研究实力和众多的研究成果让业界人士刮目相看。

院系设置

布兰迪斯大学的在校学生中本科生有 3 591 人，其余均为研究生；全职老师 390 人，兼职老师 150 人，其中有 158 人已经是教授级别。有本科学院和 4 个研究生院：文理研究生院、布兰迪斯国际商学院、海勒社会政策与管理学院、密奇通计算机学院。

特色专业

布兰迪斯大学的理科专业最为出色，很多理科的基础学科都深受好评，如生物化学专业在全美排名靠前，物理专业排名前 15，生物学和古生物学也具有很高的认可度。其他学科如音乐、比较文学、亚洲文化和非洲研究、计算机科学、英语写作、经济学、金融学、国际关系、政治学等，也是相当不错且广受欢迎的专业。

招生要求

◆本科

申请费：$80。

截止日期：(ED 1)11 月 1 日，(ED 2)1 月 2 日，(RD)1 月 3 日。

申请材料：SAT 总分 1 480 分或 ACT 总分 29 分(标化成绩选择性提交)，高中成绩单，年终成绩单，学校报告，教师推荐信(两封)，托福 100 分或雅思 7 分，GPA 3.77，申请文书(一份)。

◆研究生

申请费：各院系情况不同。

截止日期：各院系情况不同。

申请材料：学位证、毕业证，大学成绩单，GRE/GMAT 成绩，推荐信，个人陈述，雅思 7 分或托福 100 分。具体根据院系不同而不同。

语言课程：无。

校园文化

布兰迪斯大学所在的沃尔瑟姆小城附近有几个美国内战的古战场，风景秀丽，距离波士顿城区也很近，开车进城和购买中国食品很方便。值得说明的是，该校有一半多的学生来自犹太中上阶层家庭，因此，来自伊斯兰教家庭或同情阿拉伯国家的学生都不太适合申请该校。

布兰迪斯大学的教学特点是崇尚小班授课。大学课程大致分为两种，讲座(lecture)一般由教授讲课，有若干助教(TA)，人数为 20～300 人。讨论式课程(discussion)一般由研究生或博士生授课，有时也会有教授讲课，人数一般在 20 上下。由于师生比例较高，一般情况下找老师问问题都是没有困难的。

布兰迪斯大学拥有世界级的教学团队和教授资源，共提供 44 门主修课、51 门辅修课以及 24 门跨科系课程供学生选择，而研究生所在的 23 个领域里也提供 33 门学位课程，学校主要强调各学科间的跨领域学习与实务的解决方法，在人文、艺术、自然科学及物理科学研究方面享有盛名。毕业生在离校后可以顺利地在各领域找到

称心的工作，开始各自的职业生涯，也可以在全国领先的研究性机构或专业院校继续深造。

同时，由于布兰迪斯大学靠近美国的重要航运港口和制造业中心波士顿，受到其经济模式的巨大影响，布兰迪斯大学的经济学专业在全美也有着很大的影响力，从本科生就业机会上来看，也有着很不错的前景。其地理位置对于学生的实习、就业与深造都有很大的帮助。

张旭老师点评

学校现有本科生人数不多，研究生人数增长很快，主要分布在几个学院和研究中心内。学校的课程设置平衡了自然科学和社科类专业，有大约 40 个学科专业，相当部分可以颁授硕博学位。以下专业有录取中国学生且发放奖学金的传统：理论物理、应用物理、化学、生物化学、分子生物学、历史学、历史社会学、美国研究、经济学、计算机科学等。值得强调的是，历史和经济学是布兰迪斯大学近几年具有很强实力和影响力的学科，大家在申请这所学校时可以考虑。

我简单介绍历史和历史研究专业的申请和就业情况。可以毫不夸张地说，最早到美国留学的中国学生除了读工程和物理之外，就是读历史和哲学了。现在很多赴美读本科的学生最后也选择了历史专业，所以，这可以说是咱们的传统奖学金专业。本科生读历史专业后，到了社会上还是很好找工作的，因为美国大学本科和文理学院的课程设置和学校培训是通识教育，用人单位也不会太计较你究竟读了什么，关键是你在学校里受到什么熏陶和教诲。但是，对于读硕博（尤其是读博）的学生来说，就业选择就显得相对有限，不是到大学教书，就是到研究机构如学会和文化社团等就业。历史专业的毕业生就业的关键是仰仗导师的名气，导师能不能推荐、做什么样的推荐、推荐到哪些学校和机构，对于学生的就业来说都是关键。所以，我们在选学校时还要依靠前面讲的方式，把教授的考虑放在首位，其次才是学校的专业排名。那这么说，中国学生申请时的策略就很明显了：是选择说你对历史或哲学的理解和激情呢，还是有目的、有分寸地讲讲你对某个历史研究方向的理解？我觉得后者才更像要读博士的人说出来的话，也更容易打动教授。同时，文书的设计和写作也显得尤其重要，因为中国学生很难拿到面试机会，文书就成了展示研究经历、研究实力和研究目标的最佳工具。因此，与其找一个无聊的留学中介要一个辞藻华丽的模板套在自己头上，还不如踏踏实实地用平实、到位的语言来表达自己喜欢的研究方向与感想。

佐治亚理工学院

Georgia Institute of Technology

地址：225 North Avenue NW, Atlanta, GA 30332

电话：(404) 894-4154

网址：http://www.gatech.edu

基本信息

学校性质：公立

建校日期：1885 年

学生人数：39 772

地理位置：佐治亚州亚特兰大市

2020 年秋季录取率：21%

学年学费及其他费用：$61 462

推荐理由

佐治亚理工学院创建于 1885 年，总部位于美国佐治亚州首府亚特兰大市，是一所综合性公立大学，也是全美最好的理工学院之一。该学院的工程学闻名世界，其工程学院是全美最优秀的工程学院之一。在《美国新闻与世界报道》给出的研究生院排名上，佐治亚理工学院的工程学院曾连续四年名列第 4。近年来，该学院发展迅速，各学科排名稳步上升。在美国新闻媒体的评选中，该校的商学和管理学院进入全美排名最佳商学院前 30 强。该校在其相对薄弱的学科（如自然科学）上也加大了投入，使得化学、物理学等学科快速发展，并取得了非常突出的成果。

院系设置

佐治亚理工学院现有本科生 16 562 人，研究生 23 210 人左右，教职员工 900 多人。主要学院有计算机学院、工程学院、理学院、设计学院、商业管理学院、艾文艾伦人文学院等，为学生提供近 200 个学位专业课程。

特色专业

佐治亚理工学院有不少于 15 个名列全美研究院排名前 10 名的专业，这里列举几个出类拔萃的专业和科研项目：工业工程是全美最好的专业，生物医学工程包括海洋生物研究、生物科技、纳米技术、生物医疗器械等在美国也是数一数二的。学校的材料工程、航天材料、航天工程、航天器设计、环境工程、土木工程和机械工程都是位列前5名的专业。在实用科学专业方面，电子工程的通信和光纤方向、计算机工程包括硬件开发和语言项目等均稳居全美前10名之列。学校开设的专业还包括：建筑、工程管理、工业设计、城市区域规划；计算机科学、信息安全；航空航天工程、生物医学工程、化学工程、土木工程、环境工程、工业与系统工程、材料科学与工程、电气与计算机工程、聚合材料、纺织与纤维工程；生物、生物信息学、生物化学、地球与大气科学、数学、物理学、心理学；管理学、技术管理；数字媒体、经济学、科技史、信息设计与技术、国际关系、公共政策；算法、组合数学以及优化论、生物工程、人机互动、计算金融学、统计学等。

招生要求

◆本科

申请费：$85。

截止日期：(EA 1)10月15日，(EA 2)11月1日，(ED)1月6日。

申请材料：SAT总分1 500分或ACT总分28分，教师推荐信(两封)，成绩单，托福69分（79分为佳）或雅思6分（6.5分为佳），GPA 3.81，申请文书(两份)。

◆研究生

申请费：各院系情况不同。

截止日期：滚动截止日期。

申请材料：学位证、毕业证，大学成绩单，GRE/GMAT(657分)成绩，推荐信，个人陈述，雅思或托福成绩。具体根据院系不同而不同。

语言课程：无。

校园文化

佐治亚理工学院的面积不大，去过的人大多对学校印象不深，这是有原因的。首先，南方的城市大多没有纽约和芝加哥那么繁华和疯狂，学校所在的亚特兰大市本来就平淡无奇、老旧失修，闹市区还不如纽约的皇后区热闹。其次，南方的金融和服务业中心不在亚特兰大，而是在北卡罗来纳州的夏洛特城。同样，比起迈阿密这样的地方，亚特兰大又输了一头。值得一提的是，该学院与著名的可口可乐公司和贝尔南方总部相距不远。

佐治亚理工学院以工程、计算机、科学、建筑、管理等学科的学位课程闻名于世。众所周知，该学院的工程学科在美国是顶尖的。其科研能力不容小视，下属的航空航天系统设计实验室

(Aerospace System Design Laboratory，简称 ASDL)承担了美国政府、军方和大型企业的一些重大科研项目，例如帮助航空航天制造公司攻克设计先进飞机的技术问题，为美国国会制定详细的登陆月球和火星的预算以及为美国空军研发最先进战斗机等。

佐治亚理工学院被人称作“美国南方的麻省理工”(“MIT of the South”)。不过 Georgia Tech 的学生自尊心太强，奋起反击，反而公开喊出了“MIT：Georgia Tech of the North”(麻省理工：北方的佐治亚理工学院)的口号，流风所及，连 MIT 的人也不时幽默一把，称自己的学校为“Georgia Tech of the North”。

张旭老师点评

佐治亚理工学院是一所坐落于美国南方、与东北部的麻省理工学院遥相呼应的著名理工学院。学校虽小，但功能齐全，除了提供很多常规的理工专业培训以外，学校还在很多社科专业如经济学、公共关系和政策研究、管理科学、决策学、文学写作、英语和外语研究方面有很高的声誉。学校的具体专业大约 200 个，其中有代表性的也是中国学生主要考虑的有建筑工程、土木工程、工程设计和管理、工业设计、城市规划学、计算机科学、电子工程、信息管理和信息应用科学、生物、生物医学工程、生物信息学、生物化学、化学工程、环境工程、工业关系和组织行为研究、材料科学、气象学、数学、物理、心理学、经济学、新兴媒体研究、国际关系、公共政策、金融学、统计学、语言学、英语文学写作等。中国学生获得录取和奖学金的专业集中在建筑工程、工程设计和管理、电子工程、信息管理和信息应用科学、生物医学工程、生物化学、工业关系、公共政策、金融学、统计学等。

我简单介绍工业工程管理和建筑管理专业的学习和就业情况。大家要注意，这两个专业都由本身的工业设计、流程设计、信息管理、建筑材料划分和投放等实际工科专业发展衍生而来。正是因为从技术行业诞生，它们的课程设置偏重于工程类，因此，没有建筑和土木课程基础的同学，不建议申请建筑管理专业。同样，没有工程学或材料力学背景的同学，也不建议申请工业工程管理专业。当然，在发展的过程中，这些专业中慢慢加入了如物流、仓储、资源配比和流程最优化等因素和学习内容，也就是管理方面的学习内容慢慢和工程内容结合在一起了。毕业生一般进入建筑公司、物流公司和工业制造业企业的代表处工作，对于学习工程类专业，但是又不想一门心思马上就做工程师的学生来说，我觉得这两个专业无论从学习内容、专业设置，还是就业的方向来看，都是非常合适的。

在佐治亚理工学院的众多专业里，很多工程类的专业都提供了管理类课程和工管类研讨会的学习机会，真是难能可贵，因为这也给了学习工程和理科的同学一个很好的机会去体验和理解宏观角度的工业发展模式是什么，对未来的职业取向有更好、更清楚的了解。

里海大学

Lehigh University

地址： 27 Memorial Drive W, Bethlehem, PA 18015

电话： (610) 758-3100, (610) 758-3075

传真： (610) 758-5283

网址： http://www.lehigh.edu

基本信息

学校性质：私立

建校日期：1865 年

学生人数：7 263

地理位置：宾夕法尼亚州伯利恒市

2021 年秋季录取率：45%

学年学费及其他费用：$82 200

推荐理由

里海大学始建于 1865 年，位于美国宾夕法尼亚州的伯利恒市，是一所历史悠久的综合性私立学校。学校师资雄厚，设备先进，每年都会有很多慕名前来的访问学者加入其中，极大地增强了这里的科研实力。该大学曾被《纽约时报大学指南》给予四颗星学术评价，在 2009 年的各项评比中，美国媒体和学术界把它评为大学本科最有价值排名中的第 27 位。

院系设置

里海大学本科在读学生 5 451 人、研究生 1 800 人左右，师生比例为 1∶9。该大学共有工程与应用科学学院、商科与经济学院、文理学院、教育学院 4 个学院，设有 100 余个学科专业，涉及领域极广，主要有生物学和生物医学科学、工商管理学、化学工程学、化学、土木工程学、计算机工程学、计算机科学、信息科学、电子通信技术、咨询学、经济学、教育学、教育管理学、电机工程学、工程技术和应用、英语、地质学、政府和政治学、历史、工业工程和管理工程学、材料工程学、材料科学、数学及应用、机械工程学、力学、物理学、公共政策和管理、系统工程学等。

特色专业

自创建以来，里海大学一直以工科为主，其工程学在全国素享盛誉，尤其是材料科学、材料工程、工业工程和工程管理专业，在美国业内都是首屈一指的强悍专业。此外，商科专业也十分出色，尤以会计、财务和信息管理为最好。其他学科如建筑设计、心理学、文学评论、新闻系和传播学系等也值得赞扬。理科方面，选课的同学尤其喜好化学和数学两门专业课。学校设置的专业还有生物学和生物医学科学、工商行政管理学、化学工程学、化学、土木工程学、计算机工程学、计算机科学、信息科学、电子通信技术、咨询学、经济学、教育学、教育管理学、师范教育、电子工程学、工程技术和应用、金融学、会计学、英语、地质学、政府和政治学、历史、工业工程和管理工程学、材学工程学、材料科学、数学及应用、统计学、机械工程学、力学、物理学、聚合物科学和塑料工程学、公共政策和管理、阅读、系统工程学。

招生要求

◆**本科**

申请费：$70。

截止日期：(RD)1 月 1 日，(ED 1)11 月 1 日，(ED 2)1 月 1 日。

申请材料：SAT 总分 1 350 分或 ACT 总分 27 分(标化成绩选择性提交)，初三、高中成绩单，年终成绩单，学校报告，班级排名，教师推荐信(两封)，托福 90 分或雅思 7 分或多邻国 110 分，GPA 3.65，申请文书(一份)。

◆**研究生**

申请费：各院系情况不同。

截止日期：各院系情况不同。

申请材料：学位证、毕业证，大学成绩单，GRE/GMAT 成绩，推荐信，个人陈述，雅思或托福成绩。具体根据院系不同而不同。

语言课程：有。

校园文化

里海大学的口号是“努力学习，尽情娱乐”，进入大学后，大部分学生的学习压力都较为沉重。学校依山而建，风景优美。学校的运动场也是人满为患，很多学生喜欢自行车、慢跑、登山和划船等运动。由于大部分宿舍都建在山坡上，可以开玩笑地说，在里海读书，无须特意锻炼身体，每天往来于宿舍与教室之间便是最好的运动。

里海大学的学生和学者在严谨的学术氛围中锻炼着自己的创造力、创新精神和互动能力并使之蓬勃发展。里海大学的学生总是让人感觉充满活力，他们的想法充满想象力和新的思维，其创造能力随着环境不断积极地变化，这和校方长期以来实行的开创性的跨学科研究和教育密切相关。其学院之间紧密合作，不断引导学生进行跨学科学习，从理论应用研究到实践，因此从里海大学毕业的学生往往都有很强的实践应用能力。学生在学习过程中有很大的灵活性，既可以探索科目主要的研究方向，也可以利用新的知识和方法在科目范围以外的领域探索新的知识。在里海大学，学术活动超越了教授和学生所在的学校社区，延伸到了校园外更广阔的世界，学校鼓励学生通过不同的国际交流、交换和研修项目追求不同的教育经历和理念。里海的学生有很多国际学习机会和实习机会，有助于培养他们全球领导者的技能。同时，活跃的校园生活也为学生提供了丰富的体验，包括 150 多个俱乐部和组织以及 25 种 NCAA 的体育竞技项目，校内的各种活动为里海大学营造了一个充满活力的校园环境。

张旭老师点评

里海大学提供综合性课程，近两年到该校读书的中国本科生越来越多。学校的地理位置不错，既有田园风光，距离费城和纽约这样的城市也不远，开车几小时内即可到达。城市和匹兹堡差不多，早年是工业和矿业发达的基地，现在工矿逐渐搬离，但是学校的工程和建筑类专业一直很强悍。学校设置 100 多个专业，大部分专业授予硕士、博士学位，本科的学生学工程学科的居多，读硕博的研究生也是这样。

学校主要有固体实验室、材料科学研究室、化学实验室、结构工程实验室、化工材料研究中心、文理学院、商业管理学院、经济学院、教育学院、工程技术与应用学院等。学校的代表性专业有机械工程、建筑工业、土木工程、电子工程、化学工程、工业工程应用、政府和管理研究、化学、数学、英语语言文学、会计、财务管理、经济学、工业关系、宗教学、心理学等。中国学生就读的专业大部分集中于工程类专业，如机械工程、建筑工业、土木工程、电子工程等，物理、生物和化学等基础学科也有中国学生就读。另外，会计、理财、精算保险、经济组织研究和心理学也是中国学生传统上能拿到奖学金的专业。

我简单介绍会计这个专业的申请和就业情况。可以负责任地说，在美国找不到对口的工作时可以去赌场做发牌手，待遇也很不错，每天还管饭。对于会计，其实道理一样。在 1998 年和 2003 年经济危机时，很多在美国的中国 IT 从业者和华尔街人士被裁员，他们怎么办？就近找个学校去读会计，待经济稍微好转，摇身一变成了四大会计师事务所的成员，倒是很划算。这里也给大家支一个打假的招，大家去无良留学中介咨询时，问问他们，会计工作如何？赚多少钱？记住，把会计工资说得越高、前景说得越漂亮的越假。在美国，会计师工作最辛苦，加班是必然的，而且没有补助，薪水也少，年薪 5 万、6 万美元（税前）很常见，现在据我们观察，薪酬居然有进一步下降的趋势。当然，一般人工作 3 年后摆脱残酷的财务审计、争取做会计师楼的咨询业务就很不错了，但是这样的职位对中国学生来说，竞争起来有难度。

那么读会计的好处是什么呢？首先是就业有保证，读完硕士基本上都有工作；其次是读的时间短，一年都可以搞定（拼命吧），所以机会成本不大；学费一般不高，中国学生都可以接受。有人问，什么样的背景可以申请会计呢？这个专业对原专业背景不太重视，强调自己的数理基础、相关经验就可以了。需要提醒大家注意的是，如果你不挑学校，就想读个会计硕士，那么你在找工作时就要与来自纽约、波士顿、费城、芝加哥及华盛顿本地的会计专业毕业生竞争。因此，你要认认真真地考虑自己到底去哪个城市读会计。

罗切斯特大学

University of Rochester

地址：Wilson Boulevard, Rochester, NY 14627

电话：(585) 275-3221

网址：http://www.rochester.edu

基本信息

学校性质：私立

建校日期：1850 年

学生人数：11 741

地理位置：纽约州罗切斯特市

2021 年秋季录取率：35%

学年学费及其他费用：$89 326

推荐理由

罗切斯特大学创建于 1850 年，原先是一所教会学校，后来各种不同来源的资本进入，促使学校逐渐改制成为一所宗教色彩不太浓的、偏理工的学校。学校位于纽约州西部的工业城市罗切斯特。罗切斯特大学的图书馆有约 330 万册藏书，分散在 11 座图书馆，其中，罗斯里斯图书馆主馆是最大的图书馆，建筑风格古色古香。在该校教师和校友中有 13 名诺贝尔奖获得者、12 名普利策文学奖获得者、7 名美国科学院院士、18 名美国文理研究院院士。美国国防部每年向其赞助超过 1 亿美元的科研费。该大学曾于 2007 年被美国新闻媒体和大学评论提名为 25 所新晋常春藤院校之一，该名单提名了新的能以自身的教学和学生质量与传统常春藤学校竞争的后起之秀。而在很多的大学排名中，罗切斯特一直表现不俗，始终排在前 30 位，同时也名列美国最受欢迎大学排名中的第 35 位。

院系设置

罗切斯特大学有 6 521 名本科生、5 220 名研究生及终身教职人员 1 200 多名。学校主要有七大学院：本科文理学院、伊斯曼音乐学院、华纳教育及人文发展学院、工程及应用科学学院、赛门企业管理学院、护理学院、医学和牙医学院。

特色专业

学校的工科专业如光学、计算机、通信工程、化学工程、药学等在全美大名鼎鼎，在业内享有很高的声誉。该校不仅培养了大批的技术从业人员和科学家，还培养了许多杰出的技术行业领袖人物，这些校友对学校也慷慨捐赠，大力支持。另外，音乐、外语研究、初级护理等专业也闻名遐迩。本科生比较喜欢的选修课是政治学、物理学、经济学、心理学和编程理论等课程。学校的商科专业中，金融、会计和市场营销的排名都非常靠前。

招生要求

◆本科

申请费：$50。

截止日期：(ED 1)11 月 1 日，(ED 2)1 月 5 日，(RD)1 月 5 日。

申请材料：SAT 总分 1 450 分或 ACT 总分 32 分(标化成绩选择性提交)，高中成绩单，年终成绩单，班级排名，教师推荐信(两封)，托福 100 分(写作 25 分、口语 24 分、阅读 26 分、听力 25 分)或雅思 7.5 分或多邻国 120 分，GPA 3.8，申请文书(两份)。

◆研究生

申请费：各院系情况不同。

截止日期：各院系情况不同。

申请材料：学位证、毕业证，大学成绩单，GMAT/GRE 成绩，推荐信，个人陈述，雅思或托福成绩。具体根据院系不同而不同。

语言课程：有。

校园文化

罗切斯特市四季变化明显，春、秋是最好的季节，6～8 月的夏季也不热，一年之中约有半年是冬季。这里的交通基本上不会出现塞车，小城约有 100 万人口，是全美最适合居住的城市之一。罗切斯特市被称为世界影像中心，因罗切斯特大学尖端的光学专业和柯达公司而著名，加之罗切斯特大学优越的学术条件，这里是一个非常适合读书及工作的地方。学校附近有一家韩国杂货店、三家中国杂货店和大型美国超级市场。大部分学生住在学校宿舍，宿舍内装有暖气设备，上课均有免费校车可搭乘。

张旭老师点评

罗切斯特大学与纽约州立大学水牛城分校和雪城大学一样，学校设备和师资力量都很强大，奖学金也很丰厚。唯一的不足就是天气太冷，有时不仅学生们的车会被雪埋了，甚至连车门都打不开。学校放假时，整个城市看上去就像一座空城。但是，中国学生去美国是为了求学发展，所以，这一点是可以克服的。

罗切斯特大学开设200多门学位课程，很多学科都可以授予硕士和博士学位，其中应用音乐系、护理学、化学系、哲学系、社会学系、分子生物学和微生物学、心理学系、工程学系、计算机科学系、经济学系、光学系等久负盛名。学校虽小，但学校的很多老师是美国科学院院士和美国文理研究院院士，现任和退休返聘教授里有多位是诺贝尔奖获得者。中国学生获得录取和奖学金的专业大部分集中在英语研究和语言文学、心理学研究、历史学和社会学、民用工程、分子生物学和有机生物学、数学、统计和基础物理等。

我简单介绍材料科学的留学申请和就业情况。这个专业是美国政府多年来一直重金投入和扶持的项目，这种凭借良好的生活环境和优厚的待遇吸引第三世界国家人才以维持竞争优势的做法，只有实力很强的国家才有能力做到。申请材料科学的同学包括本科学材料和工程类专业的学生，学化学和生化的学生也可以申请生化材料专业，至于分子材料、航空材料和纳米技术等则要求申请人有相关的对口专业。在准备申请策略时，要注意结合这个专业的教授的研究方向和你所了解的专业发展趋势来组织材料，不要过分强调自己上过的相关课程，而要强调你是如何注意到某个研究，如何看待某个研究，为什么觉得这个研究有前途等。这就需要你仔细规划自己的申请和职业方向，因为越是基础的、枯燥的学科，发展趋势的变化越是日新月异。可以毫不夸张地说，各个学校材料科学院系的学术带头人在位时间都不长久，原因就是研究的细化导致竞争的激烈程度已经到了白热化的地步。我相信，大部分同学都能在专业的指导下准确地把握这个“细化”的方向，从而轻松地从众多申请人中脱颖而出。材料科学专业的同学毕业后，除少部分同学留恋学校继续担任教职外，大部分同学都去了航空公司、汽车生产企业、美国的各个国家或州立实验室还有石油产品公司从事研究开发工作。

加州大学圣地亚哥分校

University of California-San Diego

地址： W9500 Gilman Drive, La Jolla, CA 92093

电话： (858) 534-4831

网址： http://www.ucsd.edu

基本信息

学校性质：公立

建校日期：1959 年

学生人数：39 037

地理位置：加利福尼亚州圣地亚哥市

2021 年秋季录取率：38%

学年学费及其他费用：$64 913

推荐理由

加州大学圣地亚哥分校（University of California-San Diego，简称 UCSD）又常译为圣地亚哥加州大学，位于南加州圣地亚哥市的拉荷亚社区。虽然建校时间不长，只有短短几十年，但是它已经发展成为一所以研究科学为主的美国顶尖级研究型公立大学。此间，学校被誉为“公立常春藤”之一，同时也是美国重要的学术联盟美国大学联合会的成员。《美国新闻与世界报道》评选的 2017 年美国最佳大学中，该校名列第 35 位。在 2018 年的美国公立大学排名中位列第七。曾有 16 名该大学的成员获得过诺贝尔奖，其中 9 名现在还在该校工作。就拥有的美国国家科学院成员的数量而言，该大学排名第六位。

院系设置

加州大学圣地亚哥分校拥有 31 842 名本科生、7 195 名研究生和 3 200 多名教职员工。该大学拥有 7 个学士学院（罗杰•瑞威学院、约翰•缪尔学院、瑟古德•马歇尔学院、厄尔•沃伦学院、埃莉诺•罗斯福学院、第六学院、第七学院）、58 门硕士学科、45 门博士学科、2 门专业证书课程。主要的系如下：生物科学系、社会科学系、工程科学系、物理科学系和艺术与人文科学系。

特色专业

加州大学圣地亚哥分校的专业以理工科为主，其物理学、数学、神经科学、海洋地理学、生物工程和生理学等专业在全美大学中处于领先地位。学校的神经科学和医学研究一直很有实力，得益于加州大学圣地亚哥分校的医院提供了一个完好的实践和操作平台。学校也与多个区域研究中心紧密相连，如索尔克生物研究所和斯克里普斯研究所(The Scripps Research Institute)。学校的生物学、化学工程和机械专业也受到了在校学生和业内的较高评价，尤其是生物工程专业，是研究生申请的热门专业，多位著名教授的加盟是其实力大增的直接原因。

招生要求

◆本科

申请费：$80。

加州大学统一截止日期：11 月 30 日。

申请材料：SAT 均分 1 257 分或 ACT 均分 29 分(标化成绩选择性提交)，高中成绩单，年终成绩单，班级排名，托福 83 分或雅思 7 分或多邻国 115 分(仅限 2021 秋季和 2022 秋季)，GPA 3.4，申请文书(不少于四份)。

◆研究生

申请费：各院系情况不同。

截止日期：各院系情况不同。

申请材料：学位证、毕业证，大学成绩单，GRE/GMAT 成绩，推荐信，个人陈述，雅思或托福成绩。具体根据院系不同而不同。

语言课程：有。

校园文化

圣地亚哥市多次被评为加州最美丽的海滨城市，也是美国海军的主要基地之一，和旧金山一样，风景秀丽，气候宜人，市内的交通和市政设施虽然不像加州城市那么先进，但是对于圣地亚哥的城市规模来说已经够用了。另外，这也是一个历史文化氛围浓郁的城市，加州大学圣地亚哥分校的很多活动都和这个著名城市联系在一起，学校的学生是城市的义务讲解员，也是市立交响乐团的主要成员和支持者。同学们参与的很多海洋研究、沿太平洋经济发展研讨、当地墨西哥移民的政治权益问题等一系列活动，也成为圣地亚哥市不可分割的一部分，所以，有人说，加州大学圣地亚哥分校其实就是圣地亚哥市政府的学校，而非属于加州的公立学校。

张旭老师点评

和许多美国州立大学系统中的分校一样，该分校在 1980 年以前基本上是默默无闻的，现在的知名度逐年攀高。学校位于圣地亚哥市的拉荷亚，交通和生活方面还算便利，气候和居住环境也比较好。该城市是西海岸重要的物流和贸易港口城市，在就业和居住方面一直都是中国学生比较青睐的城市。据我们调研得知，该校入学竞争的激烈程度与斯坦福大学不相上下。

学校的科研机构包括音乐实验中心、语言研究中心、认识科学研究所、人口信息管理研究中心、空间研究所、地球物理学和行星物理研究所、海洋资源研究所、海洋学院、自然科学和应用科学研究所、天文物理学和空间科学研究中心、生物学研究中心、癌症研究中心、能源研究中心、巨型计算机研究中心、拉丁美洲研究中心、墨西哥研究中心、国际关系研究中心和医学院等。学校的大部分专业都颁授硕博士学位，包括的专业有化学、化工、微生物学、力学工程、电子工程、认知科学、语言学、物理学、心理学和数学等。中国学生申请和获得录取的专业大多为化学工程、力学、英语研究、物理学、心理学、历史和统计学等。

我简单介绍 GPA 与成绩单的情况。加州大学的录取对高中和本科的学分要求比较严格，可以这么说，加州大学圣地亚哥分校最好的几个专业录取研究生时对本科学分成绩的重视程度比很多排在前 10 名的学校都要高。在中国教育体制下，学术成绩有时并不能很好地反映学生真正的学术水平，有的学生的 GPA 可能并不高，但本人有很强的钻研能力，这样的学生在准备文书时怎样规避自己的劣势呢？对于这些学生，我们分为三类。第一类就是比较厌恶中国教育体制、不好好学但很聪明的学生，这样的学生在清华大学、同济大学和中科大里面都有很多，学分绩点往往是 2.3 左右，但他们做了很多研究项目。第二类就是一开始确实没有走好自己的文化学习道路，在大一和大二没有认真学习，后来迷途知返、浪子回头，很多专业课一下子都考高分了，但是平均来看，总体的学分绩点还是低了些。第三类就是专业课学得很好，公共课学得很差，如马克思主义哲学、社会主义建设理论、哲学、诗词研究等。这三类学生必须要弥补自己在学分方面的不足，因为美国大学对申请学生的 GPA 要求还是相当严格的，即学分不能太差，至少 3 学分。如果一个学生连 3 学分都达不到，说明无论学校的评分标准是多么严格和苛刻，至少这个学生的学习态度和方法是有问题的。设想如果你在一个环境里不能适应，不能好好表现你的基本能力，那么你到了另一个新的环境中岂不是更加不适应？

这种情况怎么弥补呢？我建议必须找到系里或院里的老师，做一个专门的专业课的成绩单，或者只列出自己学得好而且体会深刻、也非常感兴趣的课程。另一个办法就是在申请文件里或和老师的交流中大胆地说出自己的学分是多少，直接找到教授介绍自己的学习情况并提供一下合理的解释，在申请文书和论文样本、实验报告的样本、研究成果汇编这几方面做一下弥补。其中，关键在于如何解释这段时间学分偏低的情况，同时又有力而且合适地介绍自己的研究经历、研究实力和研究目标这三个最重要的方面，例如，微观经济学学得不好，解释一下你的看法和心得，但是发展经济学这块就学得特别好，这里也必须很积极地向教授或学校介绍自己，这样才能在一定程度上弥补这个缺陷。

凯斯西储大学

Case Western Reserve University

地址： 10900 Euclid Ave, Cleveland, OH 44106

电话： (216) 368-4450

网址： http://www.case.edu

基本信息

学校性质：私立

建校日期：1967 年

学生人数：12 069

地理位置：俄亥俄州克里夫兰市

2020 年秋季录取率： 30.3%

学年学费及其他费用：$88 686

推荐理由

凯斯西储大学是俄亥俄州的第一学府，也是一所在美国居于领导地位的中型私立研究大学。它于 1967 年正式成立，由凯斯理工学院和西储两所学校合并而成。该大学的图书馆拥有藏书 190 余万册，读者均可以通过网络查询。建校以来，该校有十几位校友和教授获得过诺贝尔奖。凯斯西储大学在全美拥有良好的声誉，吸引了来自全美和世界各地的许多优秀学子。

院系设置

凯斯西储大学拥有 5 792 名本科学生，其余为研究生和继续教育学生，教职员工约有 3 144 人。

凯斯西储设置本科专业的学院如下：艺术与科学学院、国际关系学院、媒体和公共事务学院、公共健康和健康服务学院、商学院、工程与应用科学学院等。

凯斯西储设置研究生专业的学院如下：孟德尔社会应用科学学院、魏德海管理学院、牙医学院、凯斯工程学院、法学院、药学院、弗兰西斯・佩恩护理学院、研究生院等。

特色专业

凯斯西储大学的工程和生命科学专业在美国多次被评为最佳专业，排名也稳定在前 10，相关专业有医学工程、药学、生命科学、有机化学、疾病研究、艺术、科学伦理和社会研究、民用工程、健康管理和公共卫生、护理学和材料学等。另外，一些实用的专业如商科专业、法律、管理学和运筹学等均受到业内的推崇，在凯斯西储学习这些专业课程也是学生们在业内确立自己职业地位的开始。

招生要求

◆本科

申请费：$70。

截止日期：(EA)11 月 1 日，(ED 1)11 月 1 日，(ED 2)1 月 15 日，(RD)1 月 15 日。

申请材料：SAT 总分 1 350～1 490 分或 ACT 总分 30～34 分(标化成绩选择性提交)，高中成绩单，年终成绩单，学校报告，班级排名，教师推荐信(两封)，托福 90 分 / 雅思 7 分 / 多邻国 115 分 /PTE 61 分，GPA 3.5，申请文书(一份)。

◆研究生

申请费：各院系情况不同。

截止日期：3 月 1 日(秋季入学)；12 月 1 日(春季入学)。

申请材料：学位证、毕业证，大学成绩单，GRE/GMAT 成绩，推荐信(三封)，个人陈述，雅思 6.5 分或托福 79 分。具体根据院系不同而不同。

语言课程：有。

校园文化

克里夫兰市是俄亥俄州最重要的城市，集中了美国相当规模的机械制造业、农产品加工业和保险业等。相当数量的克里夫兰居民是学校的教职员工和学生。克里夫兰也有较大的华人集聚区域，生活设施还算健全，但是城市给人的感觉是比较萧条，娱乐场所除了为数不多的几个音乐厅之外，乏善可陈。

校园内的活动很多，集中于体育和各种体验不同文化的活动，学校西边有几个较大的酒吧和活动场所，多为同学们周末的聚集地。校园内新增的众多新派雕塑和大型艺术结构成了校园和克里夫兰市区的一景。

张旭老师点评

学校的主要研究生院有管理学院、研究生院、护理学院、艺术与科学学院、牙医学院、工程学院和社会应用科学学院。研究生选择的主要科系有商业管理、统计学、美国文化研究、国际关系、政治科学、材料科学、女性研究、体育、健康科学、大众传媒、工程、历史学、工业工程、英文、护理、地质学、古典文学、数学、生物学、应用科学、经济学、文学、人类学、社会学、生命科学、艺术史、物理、宗教学、公共关系、亚洲研究、化学、考古学、营养学和哲学等。要特别说明的是，这所学校的中国籍教授很多，中国学生获得录取和奖学金较多的专业为大众传媒、工业工程管理、历史学、数学、微生物学、经济学、商科、人类学、社会学、应用物理、亚洲研究和化学等。

我简单介绍信息工程管理专业的特点。该专业与电子工程和计算机科学基本上是一致的，请大家参考这两个专业的申请和就业情况。作为一个商科专业，信息工程管理与电子工程和计算机科学的差别究竟在什么地方呢？很简单，这个专业的课程设置与专业思想带有分类管理、资料检索和资料管理的特点。虽然课程也包括计算机编程、C 语言等，但是课程的深度有所不同，远远不及电子工程和计算机科学。大家在申请这个专业时，应注意各院系的不同侧重点，不必过多强调这个专业与电子工程和计算机科学的差别。至于学校的选择，建议大家也要看看明尼苏达州、俄亥俄州、内布拉斯加州和威斯康星州的学校，一般来讲，这几个州的学校的信息专业的研究实力一直很强，这和分布在这些州的很多联邦和州立实验室有关。大家要注意的是，信息工程管理专业大多数时候放在商学院和管理学院下面，也有的挂在工程学院下面，独立成系的情况不多。在调研学校的信息管理专业时，几个院系都要查看一下。另外，信息专业和其他专业的交叉在美国大学的专业设置中是很普遍的，例如，和统计学或社会工作专业的交叉。当然，最主要的表现还是在与管理科学的交叉上。

加州大学戴维斯分校

University of California-Davis

地址： 1 Shields Avenue, Davis, CA 95616

电话： (530) 752-2971

网址： http://www.ucdavis.edu

基本信息

学校性质： 公立

建校日期： 1905 年

学生人数： 39 075

地理位置： 加利福尼亚州戴维斯市

2021 年秋季录取率： 38%

学年学费及其他费用： $78 996

推荐理由

加州大学戴维斯分校（英文缩写为 UCD）成立于 1905 年，当时学校只是一个大学农场，直到 1959 年，UCD 才正式成为加州大学系统中光荣的一员，成为公立大学。该校是世界农业与环境科学研究和教育中心所在地，其农业与环境科学相关的学科在全美名列前茅。该校采用 Quarter 制，将一个学年分成几个学期，每个学期平均时间约为 11 周。该校的校风积极向上、教学节奏明快，其雄厚的师资力量、追求真理的办学理念、活跃的学术气氛和所培养出来的学生素质都表明了其强大的教育实力。同时，该校拥有加州最高水准的研究设备和各式体育设施，学校的多元化学生社团组织在全美也很有名。在美国媒体和评论所进行的美国公立大学排名中，该校排名第 11，多次被学生和家长以及教育机构评为全美最著名和最有价值的学府。

院系设置

现在，加州大学戴维斯分校有在校生 39 075 人，其中本科生 31 162 人，其余均为研究生；教职员工 1 800 多人。该校目前共有 107 种本科的主修课程及 101 种研究生课程，设有下列主要的学院：农业及环境科学学院、文理学院、法学院、生物科学学院、管理学院、工程学院、摩尔护理学院、教育学院、医学院。

语言中心介绍：

过去 35 年来，加州大学戴维斯校区的国际课程（International Programs）向国际学生提供专业英

语训练及在职进修的课程。主要的课程项目包括：衔接课程(Bridge Program)、职业及学术课程、年度的语言课程、加州大学法律系的合作课程。

加州大学戴维斯校区的密集英语课程开设于学校的校园内，上课地点邻近学校的图书馆、室内和户外的各式体育中心以及学生的实验农场。语言中心设置有25台多媒体资源中心(Multimedia Resource Center，MRC)，是全美大学英语教学的模范，戴维斯校区的英语老师编了许多专业教科书并制作了CD，享誉国际。此外，两个计算机教学中心拥有40台网际网络计算机供学生使用，可以摆脱传统式的只坐在课堂学习的窘境。

特色专业

学校的管理、健康科学、农业科学、社会学、人文学科和艺术等科系在全美处于顶尖地位，其中医学院在世界排名前10，环境科学也排在前列。最重要的是，该校从作为立校根基的农业逐渐发展出了目前强大的生物科学、兽医学、生物科技及机械工程学等专业，并在这些领域都有独特的贡献和重要的影响。

招生要求

◆本科

申请费：$80。

加州大学系统统一截止日期：11月30日。

申请材料：SAT总分1 390分或ACT总分30分(标化成绩选择性提交)，高中成绩单，年终成绩单，托福80分或雅思6.5分或多邻国115分(仅限2022秋季和2023秋季)，GPA 3.4。

◆研究生

申请费：各院系情况不同。

截止日期：各院系情况不同。

申请材料：学位证、毕业证，大学成绩单，GRE/GMAT(673分)成绩，推荐信，个人陈述，雅思7分或托福68分，GPA 3.92。具体根据院系不同而不同。

校园文化

加州大学戴维斯分校委托加州最大的WISE基金会安排住宿家庭接待国际学生，学生拥有自己的房间，可选择每日包两餐或三餐，有利于进一步体验美国的家庭生活。当然，加州大学戴维斯分校会提供学生宿舍给入校的同学，但将视申请先后次序及床位供给情况决定，学生将被安置在双人宿舍，餐饮则安排在校内学生餐厅。学生可加入学校的活动和娱乐中心，使用健身设备、参加多种多样的俱乐部，如厨艺、陶艺和跆拳道。戴维斯同时也是一个让人激动的城市，附近有许多户外设施，不论是攀岩、自行车，还是高尔夫球运动，都是很盛行的。邻近的加州首府萨克拉门托开车去也很近，在那里可以享受大都市生活，并欣赏 NBA 比赛的盛况。

张旭老师点评

加州大学戴维斯分校是一所著名的公立大学分校，是加州大学的众多所分校之一。国内不少早年出国的教授和访问学者都就读于这所学校。虽然建筑样式平平，没有惊世骇俗的外表，该校的学术能力与研究实力却给人与众不同的感觉。现在在校的本科生、硕士生和博士生日渐增多，已经超过 3 万人。在加州大学系统下的各分校中，戴维斯分校校园面积最大，有 5 000 多英亩，是加州大学占地最广的校区。

戴维斯分校是世界农业与环境科学研究和教育中心，其农业和环境科学相关的学科，包括植物科学、动物科学、兽医科学与农业经济和管理科学，都被誉为全美最好的专业。该校目前有多个专业学院，包括医学院、工程学院、管理学院、教育学院、法学院、农业及环境科学学院、兽医学院、生物科学学院、文理学院等。从学校整体氛围来看，戴维斯分校注重和鼓励培养学生独立自主的学习习惯与学术创新。该校获得的研究经费预算也相当充裕，学校鼓励教学与学术革新。目前在该校的中国学生就读较多的专业为农业经济、生物科技和生物工程、社会学、运筹学 / 决策学、动物学、工程类专业、国际关系等。

我简单介绍申请商学院金融学博士的几个注意事项。对于这个专业的博士申请，要注意录取的人数，商学院博士录取主要参考 DBA（Doctor of Business Administration）的在读人数。当然，它的发展脉络是很清楚的，由刚开始的 Finance 到 Math Finance 和 Analytical Finance 以及最后的 Computational Finance 和 Financial Engineering，要求越来越理工化、模型化。数学、编程和分析的能力是申请的三个主要组成部分，加上一个良好有序的职业规划（Career Development Path），你就有机会被这个专业录取，如果运气好，全额奖学金会降落到你的头上。一般来讲，不推荐金融相关专业的同学申请博士，因为竞争太激烈，名额太少。如果你下定决心要做一个商学院教授，那就可以考虑，否则最好作罢。每年，金融学博士的申请都是很多人向往但又望尘莫及的。可以说，这个专业在美国顶尖大学商学院获得全额奖学金录取比一些社会科学专业要难上两个数量级。一般情况下，我不建议没有相关工作经验，但具有较为丰富的金融、投资或计量工作经验的同学申请。另外，我也不建议没有一定数理或理工背景的同学申请，因为这需要一定的逻辑训练和工科思维能力。的确，现在在顶尖级美国商学院内攻读金融、会计学和管理学博士的学生，大多数是已经拿到或准备获得生物、化学或物理博士学位的人，或者是有相当工作经验的证券分析师和软件工程师。应届生有没有机会呢？当然有，但是必须比同届申请人有更好的金融研究或实践经历，否则很难和这些人竞争。

加州大学圣塔芭芭拉分校

University of California-Santa Barbara

地址： Santa Barbara, CA 93106

电话： (805) 893-2485

网址： http://www.ucsb.edu

基本信息

学校性质：公立

建校日期：1891 年

学生人数：26 068

地理位置：加利福尼亚州圣塔芭芭拉市

2020 年秋季录取率：33%

学年学费及其他费用：$78 768

推荐理由

加州大学圣塔芭芭拉分校是一所位于加州圣塔芭芭拉市的公立大学，是加州大学分校系统中的一所，位于洛杉矶以北 120 英里（约 192 千米）处。学校靠近大海，不远处就是太平洋，气候四季温暖宜人。圣塔芭芭拉分校的办学理念是：聘请最优秀的教授，吸引最优秀的学生。它在美国公立大学的排名是第 5 位，被誉为“一所公立的常春藤盟校”。该校拥有 10 个世界知名研究中心，其中 7 个由美国国家科学基金会赞助。学校有 6 位诺贝尔奖获得者、45 位美国艺术和科学院院士、39 位美国科学院院士、29 位美国工程院院士。美国的媒体和大学评论杂志多次将圣塔芭芭拉分校评为 12 所最热门的大学之一。

院系设置

加州大学圣塔芭芭拉分校的 5 个学院（本科、硕士、博士）分别为工程学院、创造科学学院、文理学院、布莱恩环境科学和管理学院、戈薇茨教育学院等几个主要的研究中心。各个研究中心的专业设置有社会学、环境科学、社会科学、数学、历史学、通信、电子工程、生物化学、人类学、经济学、哲学、地理学、计算机科学、语言学、心理学、舞蹈、音乐、物理学、化学工程、生物学、人文研究、商业、机械与环境工程等。

特色专业

加州大学圣塔芭芭拉分校有相当多的专业排名靠前，尤其引人注意的是它的生物、医药学、疾病研究和化学合成等专业，热门专业还包括政治学、信息管理、贸易经济学、临床心理学、计算机科学、文艺复兴研究、英语文学、机械工程、法律和社会学等。

招生要求

◆**本科**

申请费：$95。

加州大学系统统一截止日期：11 月 30 日。

申请材料：SAT 总分 1 400 分或 ACT 总分 30 分（标化成绩选择性提交），高中成绩单，年终成绩单，班级排名，托福 80 分或雅思 6.5 分或多邻国 115 分，GPA 3.4，申请文书（四份以上）。

◆**研究生**

申请费：各院系情况不同。

截止日期：各院系情况不同。

申请材料：学位证、毕业证，大学成绩单，GRE 成绩/GMAT 700 分，推荐信，个人陈述，雅思或托福成绩，ESL/ELPE。具体根据院系不同而不同。

语言课程：有。

校园文化

圣塔芭芭拉是一个迷人的城市，这里全年阳光灿烂，地貌多样，风景优美，文化丰富，是人们理想的求学和旅游去处。加州大学圣塔芭芭拉分校的校园可划分为三部分：主校园、西校区和史托克校区。中国同学主要居住在西校区，因为该校位于洛杉矶以北 120 英里处，两面环海，紧临太平洋，有着美丽迷人的海滩和令人陶醉的美景。这里的户外活动如游泳、风帆、冲浪、钓鱼、赏鲸等都非常热门，同时，这里也有歌剧、音乐会、演奏会等各项庆典活动，真可谓异彩纷呈，深受全美学生欢迎。

张旭老师点评

近年来，加州大学圣塔芭芭拉分校的名气提升很快，这与学校的几位教授连续获得诺贝尔物理学奖、化学奖关系密切。该校的硬件设备相当先进，师资也非常值得称道，学校聚集了一批知名学者，每年还有大量的访问学者来到这里。因此，该校具有很高的科研学术实力和良好的学术声誉。学校另一个吸引人的地方是夏天可以就近冲浪，冬天可以到离学校不远的几个著名滑雪场去滑雪。

现在学校共有在校学生 26 179 人，其中研究生仅有 2 900 多人，是一所以本科生教育为主的综合性大学。学校设有自动化设备研究中心、聚合物和有机研究中心、环境研究中心、海洋科学研究中心、海洋生物实验室、社会发展研究所、量子研究中心、文理学院、工程学院和教育学院等研究机构和研究生院。近年来，去这所学校读本科的中国学生比往年翻了好几倍。中国学生基本上选择读商科、管理学、工程类、经济学、心理学、环境保护、生物学和东亚语言文化等专业。攻读硕博学位的中国同学除了选择与本科同学类似的专业外，还集中选择了人类学、物理学、公共关系、海洋生物学、材料学、分子生物学和政治学等专业。

我简单介绍医学和牙科专业的学习情况。进入美国大学的医学院对中国同学来说是很艰难的。一般来说，有以下几个途径：一是参加正常的医学院入学考试 MCAT，然后准备 5 年的学费。这是很难实现的，一般不考虑。二是进入医学院的研究和研发部门或机构读研究项目，如癌症研究、病理学、毒理学、检验检测。牙科医学的同学也基本如此，学习牙科材料和牙科器械等研究型专业，然后需要参加 GRE 考试并进入正常的申请程序。三是在国内先进行一定级别的研究(研究生),然后申请到美国医学院做访问学者或博士后,例如,到洛克菲勒大学或加州大学圣塔芭芭拉分校的医学院研究部做心脏医疗的博士后研究等。在国内,大部分学习药学的同学可以选择制药化学、制药学、药剂学等专业,也是一样的出发点。学习中医医药的同学可以考虑选择传统医学和药学或者理疗专业和生理学专业。

伦斯勒理工学院

Rensselaer Polytechnic Institute

地址：110 Eighth Street, Troy, NY 12180-3590

电话：(518) 276-6216

网址：http://www.rpi.edu

基本信息

学校性质：私立

建校日期：1824 年

学生人数：6 912

地理位置：纽约州特洛伊市

2020 年秋季录取率：57%

学年学费及其他费用：$79 434

推荐理由

伦斯勒理工学院（Rensselaer Polytechnic Institute，简称 RPI）地处纽约州首府奥尔巴尼附近的特洛伊市，建于 1824 年，是美国最早也是最著名的一所工科大学。学校位于山丘之上，哈得逊河在校园中穿流而过，校园开阔、景色宜人，是留学深造的理想之地。虽然该校相对于美国其他学校而言规模不算大，但它以其雄厚的师资、先进的教学设施、严谨的学风和高质量的校园生活一直在美国的工程技术界、教育界及学术界享有特殊地位。因为对美国航天事业的发展有突出贡献，它的校旗曾被放置在月球之上。在过去的 100 多年中，该校培养出众多的创新科技行业的专业人才，对整个美国的科技产业、制造工业甚至世界的科学发展都产生过非常大的影响。

院系设置

伦斯勒理工学院现在有 5 579 名本科学生和教职员工 449 名。本科专业如下：心理学、医学预科、法律预科、物理学、哲学、运筹学、核工程、机械工程、数学、材料工程、制造工程、人文研究、地质学、环境卫生工程、工程、工程物理学、电器、电子、通信、经济学、计算机信息科学、计算机工程技术、交通、公路工程、社会科学、科学技术与社会科学、视觉和表演艺术相关、交通、公路、通信研究、土木工程、化学、化工、工商管理、生物医学工程、生物学、生物与物理学、航空航天工程。

研究生专业如下：人文研究、地质学、环境卫生工程、环境科学、工程与相关科学、工程物理学、工程力学经济学、计算机信息科学、计算机工程技术、通信研究、土木工程、化学、化工、商业、市场相关支持服务、工商管理、工程、社会科学、心理学、物理学、哲学、运筹学、核工程、机械工程、数学、材料工程、制造工程、生物医学工程、生物医学技术、生物学、天文学、建筑及相关、建筑学、应用数学、航天航空工程。

特色专业

自创建以来，伦斯勒理工学院一直以工科为主，其环境工程学、计算机工程、机械工程、工业工程 / 制造工程、航天工程、化工、生物医学工程、材料工程等专业在全国素享盛誉。另外，多媒体 / 视觉、传媒研究、通信和电子、应用数学、城市规划在伦斯勒理工也是首屈一指的实力专业，这些专业多次被评为全美最佳和最贴近实际行业需要的专业。

招生要求

◆本科

申请费：$70。

截止日期：(ED 1) 11 月 1 日，(EA) 12 月 1 日，(ED 2) 1 月 3 日，(RD) 1 月 15 日。

申请材料：SAT 总分 1 460 分或 ACT 总分 30 分（不强制要求），高中成绩单，年终成绩单，班级排名，教师推荐信（一封），托福 88 分 / 雅思 7 分 / 多邻国 115 分 /PTE 59 分，GPA 3.5，申请文书（一份）。

◆研究生

申请费：各院系情况不同。

截止日期：1 月 21 日（秋季入学），8 月 15 日（春季入学）。

申请材料：学位证、毕业证，大学成绩单，GRE/GMAT 成绩，推荐信，个人陈述，雅思成绩或托福 100 分。具体根据院系不同而不同。

语言课程：无。

校园文化

伦斯勒理工学院坐落的特洛伊市仿佛取名于《荷马史诗》中的著名城市。这个城市虽小，但是五脏俱全，各种活动、娱乐和服务设施都很齐全，中国店也很多。学校拥有设备先进的多媒体和表演艺术中心，还有新建的生化技术研究中心。新建的学生宿舍、音乐实验室和学生活动大堂都让同学们的生活多姿多彩。该校还提供各种娱乐场所，每个宿舍内都有健身设施，学校拥有多个俱乐部和其他众多学生组织，所有这些都是其吸引优秀学生的重要因素。

张旭老师点评

学校在中国的名气不大，但绝对是一流中的一流。举个很简单的例子，很多在常春藤名校读了一个理工博士学位的人才，最后都愿意到这所学校再读一个硕士，就是因为伦斯勒理工学院的优秀和工业界校友对学校的支持。很多纽约和新泽西的科技和工程公司每年都花费大量金钱支持员工在伦斯勒理工学院在职读一个学位，学校影响力可见一斑。伦斯勒理工学院对美国航天事业做了很大的贡献，该校与许多美国著名的公司（如通用电气、Lucent、IBM、AT&T、Motorola 等）也有着广泛的联系，它既向这些公司输送大批高质量的毕业生，又从这些公司获得多方面的支持和资助。学校规模不大，在美国属于规模较小的大学。伦斯勒理工学院以其雄厚的师资、先进的教学设施和注重理论与实际结合的校风，多年来在美国的教育界、学术界和工程技术界享有盛名。伦斯勒理工学院提供 10 余个科系的本科及研究生教育，其中包括生物医学工程、化学工程、民用建筑、决策及系统工程、电力系统、电气及计算机工程、材料科学、机械与航天工程、环境与能源工程以及应用物理。伦斯勒理工学院拥有多位美国工程科学院院士，学院对申请学生的数理化成绩要求较严格。中国学生到了伦斯勒理工学院后多数读的是博士学位，主要在建筑工程、计算机科学、电子工程、能源科技应用、理论物理、人机工程学等专业。

我简单介绍工业组织关系、决策学和运筹学等专业的申请与就业情况。首先，工业组织关系这门学科不是新兴的学科，和经济学有一定的历史渊源，中国学生读这个专业并攻读硕士的居多，课程设置也是由基本的经济学理论、运筹学、统计与会计、工业管理基本知识等课程构成。其次，决策学和运筹学就包含了一定量的数学和数据分析课程，主要目的是为企业和工业组织决策和组织行为提供依据。就读这两个专业的中国学生比较少，不过，近年有逐渐增多的趋势。大家注意，由于刚才我们说的渊源问题，一般来讲，经济学系和金融学研究实力较强（或者排名较靠前）的学校中，这两个专业较受中国同学欢迎，而且申请录取的比例也会提高。同样，由于这些专业的数理基础要求，本科或研究生学理工科的同学都可以申请。至于就业方面，我们调研的工业组织关系和决策学专业的同

学毕业后大多集中在芝加哥和纽约的大型跨国公司总部、化工企业、商品销售连锁企业（百货）以及商品进出口贸易公司就业，这些公司与机构都倾向于雇用获得了硕士或以上学位的同学。这两个专业多数情况下挂在管理学院或商学院下面，公共管理学院也有这方面的课程，但是往往不提供学位，这也是大家要注意的。个别学校单独列出这两个专业为独立的科系。我要提醒大家注意，申请时了解清楚学校的要求，多数学校的这两个专业都是同时收取 GRE 成绩和 GMAT 成绩的，但有必要在申请前检查一下信息的准确性。

加州大学欧文分校

University of California-Irvine

地址： Irvine, CA 92697

电话： (949) 824-6703

网址： http://www.uci.edu

基本信息

学校性质：公立

建校日期：1965 年

学生人数：37 243

地理位置：加利福尼亚州欧文市

2020 年秋季录取率：30%

学年学费及其他费用：$63 892

推荐理由

加州大学欧文分校建于 1965 年，虽然与加州大学其他分校相比历史最短，但其发展速度迅猛，现排名已经紧追伯克利、洛杉矶和戴维斯等分校，成为全美最好的公立学校前 10 名之一。该校建筑崭新优美，师资优良。1995 年，该校的两位教授在两个不同领域同时获得诺贝尔奖。该校在多次全美大学博士学位项目排名竞赛中位居前 30 名，在公立大学排行中跻身于前 10 名。同时，学校还是美国艺术与科学研究院西部分校所在地和美国科学与工程研究院贝克曼中心所在地。现在该校正在致力于成为一个富于创新、勇于创造、经济实力雄厚的教育和学术中心。

院系设置

加州大学欧文分校现有本科生约 29 449 人、研究生 7 794 人，教职人员 2 800 多人。学校主要学院如下：克莱尔·查玮艺术学院、教育学院、管理学院、工程学院、社会科学学院、跨专业研究学院、生理科学研究院、社会生态学学院、人文学院、生物科学学院、信息和计算科学学院。

特色专业

加州大学欧文分校的很多专业实力都很强，例如管理学、人文科学研究、美术和建筑历史、生物学、英语文学、生物机械和仿生学、信息系统管理、地球科学、经济学、社会学等专业。值得一提的是，学校的文学写作、文书评论、文学批评与理论研究这几个专业均在美国声名显赫。其他专业，如化学、机械工程和犯罪学、心理学等专业也实力雄厚，受到学校本科生和媒体的广泛好评。

招生要求

◆本科

申请费：$80。

加州大学系统统一截止日期：11 月 30 日。

申请材料：SAT 总分 1 380 分或 ACT 总分 30 分（标化成绩选择性提交），高中成绩单，年终成绩单，班级排名，托福 80 分或雅思 6.5 分或多邻国 115 分，GPA 3.4，申请文书（四份以上）。

◆研究生

申请费：各院系情况不同。

截止日期：各院系情况不同。

申请材料：学位证、毕业证，大学成绩单，GRE/GMAT 成绩，推荐信，个人陈述，GPA 3.0，雅思 7 分（单项不低于 6 分）或托福（iBT）80 分（商学院要求达到 100 分）。具体根据院系不同而不同。

语言课程：有。

校园文化

学校位于洛杉矶市中心以南约 1 小时车程的欧文市（Irvine）。根据美国 *Money* 杂志的报道，这个城市是全美十大最安全的都市之一。它也是加州大学系统中最新的一个分校，该校校风开放，非常容易接受新信息和文化。这里气候宜人，夏天干爽、晴空万里，冬天也不会过于寒冷，适合热爱温暖气候的学生前往。学校靠近海边，喜爱海上和游泳运动的同学会觉得这所学校很适合学习和生活。在学校附近，有一个著名的沙滩叫新港海滩，这是美国很多帆船队的集训地，也是一个世界著名的帆船集中地，时常会举办大型的帆船运动比赛和冲浪比赛。在海滩上的各种活动五花八门，例如舞会、野外 BBQ 和沙滩排球等，这一切活动会让你轻易地忘却念书的压力。欧文校园充满了顶尖大学的现代气息，例如教学大楼和几百间实验室中高精尖的设备，各种学术报告厅最顶尖科技的展示以及国家级的艺术馆、音乐厅里来自校内外的艺术家们的精彩呈现，同时也保留着自然的健康环境：大学的中央公园（由设计纽约中央公园的建筑师和规划师们设计）等处有各种野生动物的栖息地，因为学校包括了广阔的树林、开阔的草原和湿地。校内提供多种社团活动，学生可自选参加，其中中国学生学者联谊会（CSSA UCI）尤其活跃，经常举办各种交流、介绍和文化娱乐活动。

张旭老师点评

加州大学欧文分校位于加利福尼亚州的欧文市，该校是加州大学诸分校中最年轻的一个，它的排名近 10 年来上升非常之快。美国科学与工程研究院贝克曼中心所在地也选择设在该校校园内。加州的大学近年来由于加州经济地位越发受到重视和就业情况的好转而大受裨益。并且，加州的私立大学除了少数几个例外，在研究经费、师资力量和政府扶持上一向都远不如同州的公立院校。但是，这也隐藏着弊端，由于公立学校的运营主要来自加州州政府财政的支持，而加州的财政收入尤其依赖于地产税和物业交易税的征收。2007 年和 2013 年的金融危机狠狠地打击了加州的房地产业，在一定程度上对加州公立学校的政策和招生都造成相当重大和深远的影响。

加州大学欧文分校主要的研究所和提供研究生学位的中心有癌症研究中心、公共政策研究中心、激光研究中心、运输研究所、生物学研究中心等科研机构和美术学院、管理学院、工程学院、人文学院、医学院、理学院、生物学院等研究生院。对于本科的同学来说，可以到学校设置的 80 多个学科专业中选择自己喜欢的课程。大部分的专业具有很强的科研教学实力，也可以授予硕士和博士学位，尤其在神经科学和基因学方面的研究获得了世界公认的权威地位。在欧文分校的中国学生选读最多的学科主要包括社会学、历史、政府和政治研究、心理学、生命科学、机械工程、材料工程、工程与应用科学等。

伊利诺伊大学香槟分校

University of Illinois at Urbana-Champaign

地址： 601 E. John Street, Champaign, IL 61820-5711

电话： (217) 333-0302

网址： http://www.uiuc.edu

基本信息

学校性质：公立

建校日期：1867 年

学生人数：56 194

地理位置：伊利诺伊州香槟城

2020 年秋季录取率： 63%

学年学费及其他费用：$56 270

推荐理由

伊利诺伊大学香槟分校(简称 UIUC)成立于 1867 年，多年来被业界公认为全美最优秀的超大型理工大学，理工类专业排名与麻省理工学院等“牛校”不相上下。在公立大学中，该校的总体研究和师资力量与加州大学伯克利分校、密歇根大学、俄亥俄州立大学、弗吉尼亚大学和威斯康星大学等并列为领军学校。校内学生众多，学校设备完善且先进，该校下属的学院多达 20 多所，有逾 80 个研究中心、实验室及研究所，提供的主修专业超过 150 种。学校也多次获评为全美提供多元化课程的最佳大学。该大学的教授或校友中共有 30 位荣获过诺贝尔奖、29 位荣获过普利策奖、22 位美国国家科学院院士、32 位美国国家工程院院士。伊利诺伊大学香槟分校的图书馆藏书量高居全世界公立大学的第一名以及所有大学中的第三名，仅次于私立的哈佛大学和耶鲁大学。

院系设置

伊利诺伊大学香槟分校有本科生 34 492 人、研究生 21 702 人。该大学由 15 个学院和研究所组成。本科专业主要有会计、广告学、农学、企业管理、工商管理、生物学、生物工程、化学、化学工程、土木工程、计算机工程、计算机科学、经济学、环境工程、电子工程、工程力学、工程物理、环境经济和政策、金融、综合管理、历史、信息系统、国际商务、市场营销、材料工程和科学、数学、机械工程、媒体学、保险统计、音乐、哲学、物理学、心理学、统计学、技术系统管理、房地产、旅游管理；研究生专业除了包罗以上绝大部分本科专业以外，还有艺术、生物化学、生物科学、会计学、广告学、教育学、社会学、法学、自然资源和环境科学、系统工程等。

特色专业

UIUC 这个超大型理工大学的理工专业是最优秀的，其中土木工程、材料工程、电子工程、计算机科学、通信工程、生物学、化学、信息系统等专业可以说处于世界的领先水平。社会科学方面，该校的心理学、国际关系、美术史、欧洲研究、西班牙语、中国和东亚历史学、图书馆科学等专业实力超群。另外，商科专业的会计学、市场营销、保险、精算等专业都是相当不错的。

招生要求

◆本科

申请费：\$75。

截止日期：(EA)11 月 1 日，(RD)1 月 5 日。

申请材料：SAT 总分 1 400 分或 ACT 总分 30 分(标化成绩选择性提交)，申请文书(两份)，高中成绩单，初中成绩单，AP/A-Level 课程和半学年成绩单，教师推荐信(两封)，托福 80 分或雅思 6.5 分或多邻国 120 分(各院系情况不同)。

◆研究生

申请费：各院系情况不同。

截止日期：各院系情况不同。

申请材料：学位证、毕业证，大学成绩单，GRE/GMAT 成绩，推荐信，个人陈述，雅思 6.5 分(单项不低于 6 分)或托福 79 分。具体根据院系不同而不同。

语言课程：无。

校园文化

伊利诺伊大学香槟分校的校园四周虽然被农田所包围，但此处的娱乐休闲活动却是一应俱全。这里的景色优美，又可以直接到达各大城市，例如芝加哥、圣路易斯等，乘车只需要 1～3 小时。这里的气候非常多变，但是户外活动盛行，夏天随处可见很多人进行慢跑、骑车、露营、登山等活动，冬天可以进行滑雪、溜冰等户外活动。学校有学生社团 1 000 多个、自发性的组织超过 45 个；30 多个教学大礼堂(其中最大的多用途礼堂有 16 500 个座位)、6 个博物馆和展览馆、40 个体育俱乐部和 14 个体育场馆(其中的纪念体育场可容纳 7 万人)。学校还拥有一个机场(Willard Airport)、433 英亩森林保留地、占地 1 500 英亩的阿勒顿(Allerton)公园。此外，大学设有健康中心，为学生提供医疗服务和常规体检。还设有心理咨询中心，帮助学生克服和解决学习上的困难，以便他们更好地适应大学生活。学校设置了就业指导中心，在这里有专业人士帮助学生选择适合他们本科和研究生专业的就业方向，并协助学生寻找实习机会、提供校友联系方式，甚至指导学生修改求职简历和进行面试模拟。在这方面，相比其他大型公立学校，伊利诺伊大学香槟分校可以说做得非常好。

张旭老师点评

伊利诺伊大学香槟分校在科技领域久负盛名，工程学院尤其强劲，很难想象这个四周被玉米地包围的学校科技和工程类专业竟如此强大，中国同学申请入学要面临激烈的竞争。该校的计算机科学、电子工程、材料科学、建筑和土木、机械工程设计和应用、核能开发与应用、化学工程、农业工程和环境保护等科系一直居于全美的领先地位。其他领先专业包括理论物理学、微生物学、分子化学、心理学、教育学、工程学、数学和统计、会计学、大众传播、政治学、国际经济研究、传媒和企业公关、图书馆科学、音乐、逻辑学等。拿到这所学校的录取通知和奖学金的中国同学多就读机械工程、统计、会计和审计、物理学、心理学和大众传播学，近年来，教育、艺术、建筑和土木、材料工程专业，获得录取的同学也开始逐渐增加。

我简单介绍化学和化学工程的申请和就业情况。化学和化工作为基础科学专业是较易申请的，具体的申请策略与其他基础理科一致。我建议，有理工科倾向而且想在美国研究生院里深造的本科同学选专业时可以选化学专业，然后辅修一门社科专业课程，一是将来的专业选择面较广，二是容易完成毕业所需的学分。接下来重点讲讲化学和化工的就业情况，如果一个中国同学读了一个硕士学位就开始找工作，由于语言文化和身份上的障碍，很难进入医药行业、石油化工公司、轻工产品公司或大的制药企业工作。因此，很多我们调研的同学都选择读完博士学位，这样不仅工作后申请绿卡方便，而且找工作时也比仅拿一个硕士学位有利得多。值得大家注意的是，由于美国近年来产业政策的大幅调整，很多制药和石油化工公司逐渐进行产业转移，或者将生产企业留在国内，而把研究机构业务转包给别的国家或公司负责，或者将生产企业直接转到国外去，而把留在国内的研发机构扩大到可控比例。这也在一定程度上表明，在化学和化工行业里，我们中国留学生将来就业的去向会慢慢地集中在美国的研发中心或专门为这些企业做研发的外包机构。对于打算在美国工作一段时间后就回国的同学来说，这是一个很好的选择，因为化工和制药企业的研发中心很可能转到中国和其他亚洲地区，那么，被公司派回国内，享受着美国公司国际员工的待遇且在国内生活和工作，这也是一个很不错的选择。

威斯康星大学麦迪逊分校

University of Wisconsin-Madison

地址： 500 Lincoln Drive, Madison, WI 53706

电话： (608) 262-3961

网址： http://www.wisc.edu

基本信息

学校性质：公立

建校日期：1848 年

学生人数：47 932

地理位置：威斯康星州麦迪逊市

2023 年秋季录取率：43.3%

学年学费及其他费用：$55 131

推荐理由

威斯康星大学麦迪逊分校位于美国威斯康星州首府麦迪逊市，位置处于中西部，毗邻五大湖区，交通非常便利。多年来，威斯康星大学、明尼苏达大学和俄亥俄州立大学是几个雄霸一方的大型学校系统的代表。作为美国著名的公立研究型大学，它也是美国院校的十大联盟（Big Ten）的成员之一。目前该校已有 20 位教授或校友获得诺贝尔奖。根据 2009 年的《美国新闻与世界报道》，威斯康星大学麦迪逊分校为美国全国性第一级的大学，排名第 39 名。该校特别注重学术研究，学术气氛非常浓厚，校方投入大量资金，推动学校的学术发展。2007—2008 年，该校的研究经费高达 8.32 亿美元。因此，该校无论在研究设施和设备等硬件方面，还是在教学、师资、科研成果等软件方面，都处于美国大学前列。

院系设置

学校在校本科生有 33 506 人，其余均为研究生，教职员工为 2 000 多人。设有本科专业的院校有哥伦比亚文理学院、媒体和公共关系学院、艾利亚特国际关系学院、商学院、工程和应用科学学院、公共卫生和健康学院。另外，学校比较知名的有法学院、医药和公共卫生学院。药学院和兽医学院也提供研究生的专业设置和学位授予。

特色专业

学校的教育学、地理学、地质学、历史研究、社会学、商科的理财和管理决策学、社会工作都非常出色，跻身专业排名的前 10 名。由于威斯康星州的地理和农业生产历史原因，食品学、农业科学系也是该校的王牌专业，在各种排名中常位居第 1。

招生要求

◆本科

申请费：$70。

截止日期：(EA)11 月 1 日，(RD)1 月 15 日(秋季入学)，10 月 1 日(春季入学)。

申请材料：SAT 总分 1 460 分或 ACT 总分 30 分(标化成绩选择性提交)，高中成绩单，年终成绩单，班级排名，教师推荐信(一封)，托福 80 分或雅思 6.5 分或多邻国 115 分，GPA 3.81，申请文书(两份)。

◆研究生

申请费：$75。

截止日期：各院系情况不同。

申请材料：学位证、毕业证，大学成绩单，GRE/GMAT 成绩，GPA3.0，推荐信，个人陈述，雅思 7 分或托福 92 分。具体根据院系不同而不同。

语言课程：无。

校园文化

威斯康星大学麦迪逊分校等院校之所以被称为“十大”，不仅是因为学校之间的体育联赛制度。大家去了就会知道，校园内有十几路公共汽车往返穿梭，在校学生有 47 932 人，其中研究生 14 000 多人，大家去教室和实验室上课的交通工具基本靠校车。校园之大，以至于刚进校的新生没有地图便极易迷路。该校学风严谨，对学生的要求甚严，学生之间在学习上的竞争相当激烈，图书馆常常是满座状况。

张旭老师点评

威斯康星大学麦迪逊分校下属有 13 个学院。传统的本科和研究生院系包括商业、文理学院、工程、教育、农业学院、医学院、兽医学院和药学院。学校拥有多个人文科学研究所、自然科学

实验室、环境科学研究所、海洋生物学实验室、人口统计学中心、空间科学研究所、临床癌症研究中心、贫困问题研究所、公共事务研究所、社会科学研究所、教育研究和发展中心、生物技术中心、农业试验研究所、食品研究所、材料科学中心、工业关系研究所、林产品实验室、气候和气象研究中心等。学校设置 100 多个专业，基本上都可以授予博士学位，其中新闻学、计算机科学、生物化学、土木工程、植物学、化学工程、化学、外语教学和研究、地理学、经济学、历史学、语言学、数学、微生物学、分子生物学、机械工程、心理学、政治学、统计学、社会学等学科具有相当雄厚的实力。

中国学生看中的是这所大学强大的实力和财力，选择的专业多为机械工程、心理学、分子生物学、新闻和传媒、计算机科学、土木工程、语言学、外语教学和研究、地理学和数学。近年来，在麦迪逊分校拿到经济、政治学、公共事务和工业关系管理奖学金的中国学生也开始增多。我简单介绍一下环境工程专业的留学申请和就业情况。这个专业对很多咨询我们的中国学生来说比较陌生，但在美国可以说是老牌专业了。本科的学生也有选读这个专业的。大部分环境专业的学生本科毕业后都选择继续就读本校或其他知名院校的研究生。本科是环境科学或其他理工专业（如地质、水文研究、工程物理）的中国学生都可以申请这个专业。值得注意的是，本科是社会科学的学生申请这个专业有难度，关键在于环境学还是一个稍微偏工科的学科。另外，现在中国学生申请这个专业有很好的现实意义和优势，我们国家经过多年粗放式的发展，欠了很多环境的债，结合自己的相关经历和理解，加上坚实的知识基础，一份精心准备的申请是很能打动教授的。但是，我提醒大家不要千篇一律地讲"环境对中国来说非常重要，所以我要去学，你快给我钱"，也不要哗众取宠，更不要卖弄感情，而是要真实地讲明自己对环境这门技术的认识及对这门技术的密切关注。

同时，我提醒大家注意，对环境工程的理解和技术认识的表达必须是具有前瞻意义的，必须扎扎实实地站在理论和技术的基础之上。申请时，环境工程的新思路，例如节能房屋的设计、新能源运用、水处理技术、环境和人的关系、新型节能减排技术等，都应该在申请的文书中有所提及，这样才能起到强化自己学术目标的作用。至于这个专业的就业情况，大致有以下几个去处：非政府组织的环保部门、民间环保组织、政府相关职能部门、石油和化工企业或生产企业的环保部门等。

宾夕法尼亚州立大学帕克分校

Pennsylvania State University-University Park

地址： 201 Old Main, University Park, PA 16802

电话： (814) 865-5471

网址： http://www.psu.edu

基本信息

学校性质：公立

建校日期：1855 年

学生人数：88 000

地理位置：宾夕法尼亚州大学公园市

2020 年秋季录取率：54%

学年学费及其他费用：$66 104

推荐理由

宾夕法尼亚州立大学（简称宾州州立大学）是美国最早建立的大学之一，始建于 1855 年。宾州州立大学在宾夕法尼亚州共有 24 个校区，校园极其庞大，该校的办学方针是：教学、科研与社会服务并重，脚踏实地，以培养美国一流的工程师、经济师、教师和企业经理为目标。其中主校区也是最大的校区（University Park）。帕克校区在全美公立大学中排名前 15，多次被评选为公立大学中的常春藤院校。该校区也是宾州州立大学所有校区中教学质量与学生素质最高的，因此，很多申请本科入学的学生都将主校区视为首选。

院系设置

宾州州立大学帕克分校在校学生为 88 000 人，其中本科生 39 800 人，其余为攻读硕博学位的学生。校区由 15 个学院组成，主要有农学院、教育学院、文学院、信息科学学院、商学院、法学院、医学院、护理学院、艺术学院、建筑设计学院、传播和新闻学院、地球与地质科学学院、工程学院、健康与人类发展学院、理学院。另外，该校还有一个设有多个专业的研究生院。

特色专业

宾州州立大学的教育学院和工学院在全美排名领先，毕业生的就业也非常便利，工程设计界和教育科技行业遍布着宾州州立大学的校友，这也使得毕业生们找相关工作时如鱼得水。宾州州立大学的农学也和康奈尔大学、加州大学一样名列前茅，在基因改造、经济作物品种改良和农业经济等专业方向拥有很强大的实力。信息科学、统计、地质学等专业近年来也有上升的趋势。

招生要求

◆本科

申请费：$75。

截止日期：(EA)11 月 1 日，(RD)12 月 1 日。

申请材料：SAT 总分 1 300 分或 ACT 总分 28 分(标化成绩选择性提交)，高中成绩单，年终成绩单，班级排名，托福 80 分或雅思 6.5 分或多邻国 120 分，GPA 3.56，申请文书(一份)。

◆研究生

申请费：各院系情况不同。

截止日期：各院系情况不同。

申请材料：学位证、毕业证，大学成绩单，GRE/GMAT(600 分)成绩，推荐信，个人陈述，雅思 6.5 分或托福 80 分(口语不低于 19 分)。具体根据院系不同而不同。

语言课程：无。

校园文化

相比其他美国州立大学，该校的学杂、生活费是比较昂贵的。在移民文件 I-20 上所要求的存款是一个学年 33 820 美元(2018 年秋季班)。当然，实际上的全年开支在 5 万~5.5 万美元，具体因人而异。学费虽高，但是宾州州立大学给予中国学生博士奖学金的比例还是较高的，学校还给本科学生提供一定的工读机会。作为一所著名的公立大学，宾州州立大学帕克分校吸引了来自 130 多个国家的留学生前来求学深造，校园文化因而丰富多彩。宾州州立大学的中国同学会非常活跃，这与校方的鼓励和支持是分不开的。

张旭老师点评

宾州州立大学帕克分校是宾夕法尼亚州立大学分校系统中的行政和研究中心，位于宾夕法尼亚州的中部位置，毗邻尼塔里山脉。该校是众多公立大学中较为出类拔萃的一所，不仅教学基础设施优秀，而且校友会的凝聚力也非同一般，每年校友捐助数额都在全美排在前列，这是很多公立大学很难做到的，也说明了学校的研究和教育质量的一贯优秀。

宾州州立大学帕克分校设有农业科学学院、艺术与建筑学院、商业管理学院、传播学院、地质学院、医学院等 10 多个学院，共 100 多个学科专业。中国国内前往就读的学生通常以理工、电机系的学生为多，如建筑工程、电气工业与生产、工程制图、机械工程、电子工程生物工程、土木与环境工程、计算机科学学等。另外，中国学生也选择其他主要的社科与人文专业，包括统计学、生物医学、农学与农业栽培学、保险学、统计学、比较文学、教育心理学、金融学、财政政策、哲学、汉语教学、人力资源管理学等。

我简单介绍生物医学与生物工程专业在美国的就业和申请情况。生物工程专业其实就是为各大制药企业和研制新型化工复合产品的公司设置的。可以说，美国很多大学的生物工程院系教授都在筹募制药企业和化工产品公司的钱来发放给博士生，从而进一步推动研究的进行。和我们在前面讲的一样，制定申请策略时，大家要注意观察申请学校的教授的合作单位及这个单位的研究方向。举个很简单的例子，霍普金斯大学的生物工程为什么很牛气？因为经费拿得多，雇的博士生就多，出的研究成果自然就多。很多不良的留学中介只知道看专业排名，然后套一个成熟的文件模板发给申请的同学，结果，一个本来能去杜克大学读生物工程的同学却被“发配”到了亚利桑那，究其根源，一份无新意且毫无针对性的申请无异于一张废纸。所以，如何把研究项目的合作单位意图、教授的专业发展以及院系教授的论文成果完美地结合起来就成了申请策略的关键。这里并不是说申请 10 个学校就要有 10 份完全不同的申请文件。我们提醒大家注意的是，在申请文件的规划策略上必须统一和一致，而不是无的放矢。同时，发送到不同学校的生物院系录取办公室的申请文件要表现出不同的侧重点。至于生物工程的就业情况，请大家参阅前文中关于医药和化学专业学生的就业前景分析。所以，有志于学习生物的同学在一开始确定自己的专业方向时，就要考虑到是偏重医学方面还是工程方面。如果是偏医学方面，那么是和化学方法关联多一些，还是与别的领域学科交叉多一些，这些问题都要在申请的时候仔细地与老师或指导申请的专家讨论清楚。

华盛顿大学（西雅图）

University of Washington

地址： Seattle, WA 98195

电话： (206) 543-9686

网址： http://www.washington.edu

基本信息

学校性质：公立

建校日期：1861 年

学生人数：46 000

地理位置：华盛顿州西雅图市

2020 年秋季录取率：56%

学年学费及其他费用：$64 302

推荐理由

华盛顿大学位于美国西海岸华盛顿州的西雅图市，创建于 1861 年，开始建立时为私立学校，1889 年被收归华盛顿州所有，后来学校逐渐发展成为一所公立研究型的高等学府。华盛顿大学由西雅图（Seattle）校区、博塞尔（Bothell）校区与塔科马（Tacoma）校区三个部分组成，其中，主要的也是最难申请的校区是西雅图主校区，它包括 17 个学院，为从一年级新生到博士在读生提供课程和科研机会，而另外两个校区主要为高年级的大学生和研究生提供各种课程。与华盛顿大学相关的老师和学生中有 5 位获得过国家科学奖、12 位获得过普利策奖、14 位获得过诺贝尔奖、15 位获得麦克阿瑟奖；任教或退休的教授中有 29 位美国国家工程院院士、85 位美国文理学院院士、76 位美国国家科学院院士等。华盛顿大学图书馆拥有 750 万册馆藏书及等量的微缩资料、5 万种期刊及几百万种其他形式的资料。校园的信息交流近乎完美，得益于西雅图地区强大的 IT 技术产业和学校的雄厚实力以及现代通信及计算机技术和图书馆员的专业素养，图书馆的服务非常高效。该大学一直享有联邦政府雄厚的资助和私人捐赠，丰厚的研究经费不但使得该校研究所的课程学费比其他同等级学校的学费低廉，更增加了研究生申请奖学金的机会。

院系设置

目前，华盛顿大学有近 33 300 名本科学生和 3 600 多名教职员工。该大学设有 16 个学院，分别如下：文理学院、麦克福斯特商学院、人造景观学院、法学院、教育学院、工程学院、环境学院、信息科学学院、牙医学院、医学院、护理学院、药学院、海洋及渔业学院、伊文斯公共关系学院、公共健康学院、社会工作学院等。

特色专业

华盛顿大学的多个专业在美国学术界与业界均位于领先地位，它的信息科学、计算机科学、电子和通信专业、基因研究、治疗方法、护理学、生物工程学、图书馆管理、公共管理、公共卫生、心理学等许多学科均排名前列。华盛顿大学的信息科学及相关的专业课程一直是美国媒体和大学评论所推崇的，这也得益于华盛顿大学所在的优越的地理位置。

招生要求

◆本科

申请费：$90。

截止日期：11 月 15 日（仅此一轮）。

申请材料：高中成绩单，初中成绩单，SAT 或 ACT 成绩（标化成绩选择性提交），托福 76 分或雅思 6 分或多邻国 105 分，GPA 3.0，个人陈述，申请文书。

◆研究生

申请费：各院系情况不同。

截止日期：各校区、院系情况不同。

申请材料：学位证、毕业证，大学成绩单，GRE/GMAT 成绩，推荐信，个人陈述，托福或雅思成绩。具体根据院系不同而不同。

语言课程：有。

校园文化

华盛顿大学校园环境优美，很有诗意，最著名的是每年盛开且遍布校园的樱花和典雅的哥特式建筑。校园正中央是红场（Red Square），红场对面是苏扎罗图书馆，左边台阶下去是一个巨大的广场喷泉，右边不远处有一个中庭，学生们经常在这里聚会、娱乐和举行音乐会。除此之外，学校毗邻繁华的购物街中央 45 大街，还有众多的西雅图书店和咖啡连锁店、影剧院、酒吧、艺术中心和博物馆等，校园活动也相当丰富多彩。

西雅图大公司云集，包括波音、微软、亚马逊、星巴克、哥伦比亚运动服装、Expedia 旅行、Costco、Nordstrom 百货、Paccar 卡车、Expeditors International of Washington 海运、Weyerhaeuser 纸业等。毕业生容易找实习机会，就业方便。

张旭老师点评

华盛顿大学主校区位于西雅图，作为西部一个主要的金融、贸易和技术中心，它对留学美国的中国学生来说很有吸引力。良好的生活环境、高度发达的科技产业使得华盛顿州的就业环境在全美排名靠前。华盛顿大学由三个校区组成，主校区在西雅图市东北角。很多国际知名大厂在西雅图投资和设置总部，如微软、英特尔、惠普等高科技巨头。世界航空界领头羊波音公司的企业核心部门也在西雅图，其他举世闻名的计算机硬件、软件和通信设备制造商也将生产基地设于华盛顿州，使得华盛顿州成为和硅谷相媲美的美国高科技产业中心。

学校有很多优秀的专业，例如商科管理、医科（癌症研究及器官移植）、工程（航空工程及航天工程）、化学、动物学、数学、森林学、海洋生物学及国际研究等上百个专业，学校的医学与护理是业内著名的专业。中国学生就读的专业大多数集中在机械工程、电子仪器制造、统计、社会学、国际关系、理财和精算、电子、信息工程人类学等。

我简单介绍交通运输和交通学专业的申请和就业情况。大家对这个专业陌生吗？其实不应该，因为在国内很多大学都冠以“交通”两个字。在美国的大部分院校里，这个专业还属于相对较难申请的专业。我们说物流管理、物流经济、营销渠道和海运等分支都是归在“交通”这个大的专业类别之下的。本科同学可以选读这个专业的课程，但是很多美国院校的交通专业都是针对研究生以上的群体来进行重点培养的。那么，什么背景的同学可以申请这个专业呢？大家注意，文科和社科类的同学一般不建议申请这个专业，因为虽然是边缘学科，但本质上讲，这个专业还是偏工科多一些。有少数在国内院校就读经济学和国际贸易的同学拿到交通专业全额奖学金，但这也是少数中的特例，不能作为通用的标准。在就业方面，交通类毕业生拿到硕士学位之后就可以找工作了，主要去向为政府专门的交通管理局、私人设立的交通规划服务公司、各大汽车生产厂商的外联和设计部门以及开展专门交通课题研究的研究所和民间机构。有同学咨询时问我，交通专业是否包含设计和图纸作业？有，但是涉及图纸作业和交通规划的内容是这个专业的细分，而不是一个单独分离的学科，大部分学习交通专业的同学在美国并不涉足专门的设计工作，因为这个任务往往可以由企业外包给别的公司解决。

得克萨斯大学奥斯汀分校

University of Texas at Austin

邮箱： PO Box 8058, Austin, TX 78713-8058

电话： (512) 475-7387, (512) 475-7440

传真： (512) 475-7487

网址： http://www.utexas.edu

基本信息

学校性质：公立

建校日期：1883 年

学生人数：52 000

地理位置：得克萨斯州奥斯汀市

2020 年秋季录取率：32%

学年学费及其他费用：$67 392

推荐理由

得克萨斯大学（又称得州大学）奥斯汀分校成立于 1883 年，是得克萨斯大学系统中的主校区，也是得州境内最顶尖的高等学府，同时是美国最著名的公立学校之一。得州大学奥斯汀分校作为得州及美国联邦的主要学术研究中心之一，距离位于奥斯汀的得州州政府总部非常近，每年获得的研究经费高达 6.5 亿多美元。该校拥有近 50 万校友，其中既有诺贝尔奖得主，也有麦克阿瑟奖和普利策奖得主，还有 3 位是国家科学奖章获得者。现任教授中有 13 位美国国家科学院院士、40 位美国国家工程院院士，学校的工程院士数量为全美第 4。相比另外的几个校区，如达拉斯校区（Dallas），奥斯汀分校在研究实力、本科课程的广博和地理位置的优越性上都略胜一筹。

院系设置

得州大学奥斯汀分校现有学生超过 52 000 人，其中本科生约 41 000 人。该校主要院系如下：研究生院、工程学院、法学院、理学院、文学院、药学院、教育学院、商学院、艺术学院、信息学院、社会工作学院、建筑学院、传播学院、公共事务学院、护理学院、地质科学学院、本科学院、航天工程学系、工程力学系、化学工程学系、机械工程学系、生物工程学系、土木建筑学系、环境工程学系、电机与计算机工程学系、石油与地质工程学系。

特色专业

得州大学奥斯汀分校的商科尤其引人注意，其会计学、审计学、金融学、能源开发战略研究等方向均处于业内的领先地位。学校的很多学科具备一流的研究实力，工程类专业是老牌的实力专业，例如工程力学、化工、土木建筑和建筑工程等方向。得州大学奥斯汀分校的传媒研究久负盛名，在广告学和公关研究结合媒体方面有很强的实力，传媒系的学生屡屡在全美的广告和传播比赛中拿到设计大奖。

招生要求

◆本科

申请费：$90。

截止日期：(EA)10 月 15 日，(RD)12 月 1 日。

申请材料：SAT 总分 1 400 分或 ACT 总分 30 分(标化成绩选择性提交)，高中成绩单，年终成绩单，班级排名，教师推荐信(两封)，托福 79 分或雅思 6.5 分，GPA 3.5，申请文书。

◆研究生

申请费：各院系情况不同。

截止日期：各院系情况不同。

申请材料：学位证、毕业证，大学成绩单；GMAT/GRE 成绩，推荐信，个人陈述，雅思或托福成绩。具体根据院系不同而不同。

语言课程：无。

校园文化

学校所处城市奥斯汀位列全美第 5 最佳居住城市，被美丽的山川湖泊环抱，景色宜人。这个城市兼容并包，既有牛仔风情，又有都市派头，同时奥斯汀还被誉为美国 IT 业的“硅山”，是全球最大的计算机系统公司戴尔的摇篮。IBM、惠普、三星、苹果、摩托罗拉等多家电子科技公司也有机构在此。另外，奥斯汀有很棒的街头音乐和激动人心的夜生活，在民间也赢得了“音乐之都”和“爵士乐乐园”的美誉。在得州大学奥斯汀分校就读的学生通过积极参与这些丰富的活动，可以进一步开阔视野和提升实际操作能力。奥斯汀是一个充满活力的、很热闹的城市，这一点和休斯敦不一样。这座城市以其古怪的创造力而闻名，能让你从各个角落产生共鸣。奥斯汀还拥有许多小型艺术工作室以及世界级的博物馆。

张旭老师点评

得州大学奥斯汀分校设 100 多个本科专业，几乎涉及各个领域，此外，学校还设有商学院、教育学院、工程学院、艺术学院、文学院、传播学院、自然科学学院、公共事务学院、建筑学院、护理学院、社会工作学院、信息学院、法学院和药学院等。大学中很多院系都配备了各类先进的教学和科研设施，如古典文学及考古学研究所、认知科学研究中心、人文学研究中心、海洋科学研究所、聚变工程中心、语言学研究所、麦克唐纳天文台、商业研究所、人口研究中心、国立大气研究中心等都是全美知名的科研和教学设施。一直以来，该校都有招收中国本科生和研究生的传统，中国学生对这所学校也很有感情，就读的专业大致有会计、实验化学、生物医学、古典文学、经济学、教育管理学、英语文学研究、环境工程学、市场学、运筹学、石油工程、数学、有机化学、机械工程等。

我简单介绍能源、能源工程与石油工程专业的申请和就业情况。近年来，就读能源专业的中国学生数量没有明显的增加，原因是：一来，国内相关专业的毕业生就业情况较好，很多工程类和化工类的学生在申请时也有意无意地避开了这个专业；二来，这个专业方向在美国的院校录取时竞争比较激烈。大家注意，这个专业的实用性很强，并不是说，读完了书就要到处去找油田和炼油。很多我们调研的本专业同学最后工作的方向是能源投资、资金管理和石油化工产品的营销，所以，不能狭隘地看这个专业的就业方向。虽然说它具备足够的专业性，就业的方向和前景却是比较乐观的。大家可以想象，大部分学理工的同学在美国都是从事技术类的工作，有多少人真正在华尔街做市场、做交易和参与资本运作，又有多少人能脱离软件公司或化学公司的技术层面进入管理和运作层面？从我们中国的能源战略上来讲，中国更需要既懂能源技术，又懂能源的资金流动、投放和管理的人才。简单一句话就是，我们要把自己的事业规划和专业前途尽量与祖国的未来发展结合在一起考虑，这样才能进退自如，心中不慌。另外，大家注意，美国石油工业和相关专业较强的学校其实都集中在屈指可数的几个州，原因很简单，这些州或者有石油，或者有庞大的冶炼基础设施，我们所熟悉的小布什总统就来自其中的一个州。对中国学生来说，选这几个州的学校就读，就和到美国东部去读金融一样有很强的现实意义。

波士顿大学

Boston University

地址： 1 Sherborn Street, Boston, MA 02215

电话： (617) 353-2300

网址： http://www.bu.edu

基本信息

学校性质：私立

建校日期：1839 年

学生人数：37 000

地理位置：马萨诸塞州波士顿市

2020 年秋季录取率：20%

学年学费及其他费用：$90 207

推荐理由

波士顿大学创建于 1839 年，它在集古典、优雅、浪漫于一身的美国文化古城中屹立了 100 多年，与哈佛大学、麻省理工学院等校隔着查理士河相对。这所学校和波士顿学院一样，在美国大学中占据特殊的地位，不仅因为其历史悠久，也因为其在商科和人文学科方面的出色造诣。它是全美第三大私立大学。该校采取国际化、多元化的管理经营方式，在亚洲、欧洲等地的国家设立了很多代表处。学校对国际学生非常欢迎，也保持着非常开放的态度，秉承兼容并包的办学宗旨，广招外国优秀学生，使波士顿大学成为一个世界文化交流的平台和伟大学府。

院系设置

波士顿大学现有学生近 37 000 人，来自全美 50 个州及全球 130 多个国家，国际学生总数近 5 000 人。全校共有 17 个学院，如艺术学院、大众传播学院、法学院、文理学院、商学院、医学院、教育学院、古德曼牙医学院、工程学院、大都会继续教育学院、公共卫生学院、社会工作学院等，共包括 300 多个不同的科系，是一所完整的综合性大学。其中，大都会继续教育学院为波士顿大学的一大特色，专为在职的社会人士提供进修和攻读学位的机会。

特色专业

波士顿大学最好的学科是工程学、大众传播学和广告研究。学校的商科专业很受推崇，如决策学、管理学、消费心理学、金融、精算和保险、物流学等专业。在波士顿大学的这些强势专业学习，研究生和本科生都有机会拿到部分奖学金资助，学校的奖助学金颇为丰厚。

波士顿大学最出名的是它的 Study Abroad 计划。每年都有很多学生有机会去西班牙、以色列、巴西等国家以及伦敦、巴黎、悉尼、上海、洛杉矶、纽约、华盛顿等全球著名城市进行学习以及实习。学生们可以在当地学习最有效的专业知识。比如，去洛杉矶传播学院的学生们可以在制片场内学习最先进的方法与技巧，去伦敦艺术学院的学生们可以学到最地道的英伦文化。参与此类实习或学习计划的学生们可以在开阔视野的同时学习到丰富的知识。

招生要求

◆本科

申请费：$80。

截止日期：(ED 1) 11 月 1 日，(ED 2) 1 月 6 日，(RD) 1 月 6 日。

申请材料：SAT 成绩或 ACT 总分 26 分（标化成绩选择性提交），高中成绩单，年终成绩单，班级排名，教师推荐信（两封），托福 90～100 分（单科不低于 20 分）或雅思不低于 7 分或多邻国 120～130 分，GPA 3.54，申请文书（一份）。

◆研究生

申请费：各院系情况不同。

截止日期：各院系情况不同。

申请材料：学位证、毕业证，大学成绩单，GRE/GMAT 成绩，推荐信，个人陈述，雅思 6.5 分（单科不低于 6 分，某些课程要求 7 分）或托福 80 分。具体根据院系不同而不同。

语言课程：无。

校园文化

波士顿是新英格兰地区的中心，又是马萨诸塞州的首府，是一座历史悠久又充满活力的城市，崭新和古老在波士顿得到了微妙而又完美的统一。这里拥有相当多的历史古迹可供参观，学术资源也相当丰富。作为一个学术风气鼎盛且相当具有艺术文化气息的城市，这里诞生了许多知名的艺术家或文化工作者。波士顿大学因而占尽了地利之便，在繁华的城市中成就了无数的优良学子。波士顿大学所处的位置附近，除了艺术文化及学术风格浓厚之外，一些国家级的机构也设立于此，例如，国家医学研究中心、美国国家航空暨太空总署等，学生们因此占据了很大的地理优势，可以方便地申请、观摩和参与众多的学术交流项目和科研实践。

波士顿大学校区内设施先进，尤其是学校自己的电视台、广播电台和酒店，为大众传播学院及酒店管理学院的学生提供了绝佳的实习场所。另外，波士顿大学还提供完善的住宿环境，学校有 18 个可以说是全美最大、最完善的学院制宿舍大楼管理系统。波士顿市内的完备交通和娱乐设施以及学校内部设施完备的体育馆、图书馆、学生活动中心和影剧院等，均是令波士顿大学学生为之骄傲和自豪的地方。

张旭老师点评

有人说，波士顿大学的毕业生都是商人，我觉得很对。无论是学习传媒、公共管理、公共关系和历史的，还是学习国际政治的，最后都或多或少地变成了商人。那么，一个本科学位、工商管理硕士（MBA）在波士顿地区的几所学校里就变得很普遍，在中国学生的眼里也变得越来越重要。有人担心商学院毕业生会越来越多，最后导致泛滥。我不同意这个观点，哈佛存在多年，什么时候见过工商管理硕士（MBA），尤其是好的工商管理硕士（MBA）学生泛滥成灾了？

我简单介绍一下工商管理硕士（MBA）专业的申请准备和构思时要注意的一些事项。重要的环节就是文书的写作，申请 MBA 的同学（尤其是申请顶尖商学院的同学）多数为文书写作而发愁。我觉得写是一个方面，另一方面是你对自己职业生涯的规划：是现在去学还是将来去学？为什么要现在去学 MBA？为什么要申请这所学校？这些都是关键的问题。在这里，我也反对那些所谓的“工作室”和“研讨会”把大家聚到一起聊聊天，这样既不明确个人职业发展，又不帮忙写文书，一点用处都没有。

我简单介绍我对几所商学院的理解，同时点评一下这些学校的文书题目，希望对大家有帮助。在此提醒大家，这是一个庞大的工程，你能投入多少时间决定了你的成败。具体的写作细节和疑问，可以先和有经验的老师联系，在文章立意和架构上得到指导。你可以先大胆地写，中英文均可，反正最后改完了，也就看不出原文了，作为修改者，我一般会改得比较多，所以，同学们不要拘泥于遣词造句。注意，商学院要的是以下几种人：第一，职业经理人、高级打工仔；第二，高级技术人才，如咨询师、分析师和规划师；第三，创业者，即自己创建企业的人；第四，王公贵族、参议员的儿子和阿拉伯的王子等。第四种人的条件不是一般的申请人能具备的，所以不算。在其他三种中，你是哪种？在写的时候，不同的人的性格、气质和语气都不一样。如果你是经理人，就要有大局观，有决断和方略；如果是高级人才，就要有专业素养，有眼光，独特而犀利；如果是创业人才，就要嗜血如命，像鲨鱼一般，冒险、进取和不满足现状。然后，同学们看看出了这些题目的学校，了解一下学校的强项和课程偏重，感觉一下在读学生的背景(profile)，最好列一个表格，然后就可以一天写一个题目，放开来写就可以。在我出版的《手把手教你写留学文书》一书里，我也会举例讲讲几所顶尖商学院的特点，并对文书题目进行简单分析。

佛罗里达大学

University of Florida

地址：201 Criser Hall, Gainesville, FL 32611

电话：(352) 392-1365

网址：http://www.ufl.edu

基本信息

学校性质：公立

建校日期：1853 年

学生人数：56 567

地理位置：佛罗里达州盖恩斯威尔市

2020 年秋季录取率：33%

学年学费及其他费用：$45 428

推荐理由

佛罗里达大学位于美国东南部佛罗里达州的盖恩斯威尔市，是全美 10 所最大的大学之一，学校多次被业内评为全美领先的研究型大学。它的历史可以回溯至 1853 年，学校最早建于佛州东部的奥卡拉镇，后来与佛罗里达农业学院合并，于 1905 年迁校至盖恩斯威尔，并正式定名为佛罗里达大学。该大学共有 9 个图书馆，内藏有各种书籍、图纸、音乐影像等，涵盖几乎所有的领域，可谓包罗万象。20 世纪初，佛罗里达大学从美国国家航空航天局获得雄厚的研究经费，对一系列空间领域的科研项目展开研究。该校的入学竞争非常激烈，尤其是一些热门专业。进入该校后，千万不要以为就可以到海滩上休闲放松，图书馆里彻夜灯火通明，学习的压力丝毫不比常春藤小。对于留学生而言，该校所提供的课程、服务以及研究教学都颇有口碑，因此，每年慕名而来申请学位的国际学生非常之多。

院系设置

佛罗里达大学在校学生 56 567 人，其中本科生大概有 34 900 人；教职员工 5 371 人。该校共设有 16 个学院。1. 农业和生命科学学院：渔业和水产科学、森林资源和保护、地球数学；2. 工商管理学院：工商管理硕士、会计、经济学、金融、信息系统、管理学、市场营销；3. 牙科学院：不招收国际学生；4. 设计、建筑和规划学院：设计、建筑工程、室内设计、景观建筑设计；5. 教育学院：教育咨询学、教育管理学、教育心理学；6. 工程学院：工程管理、农业生物工程、生物医药工程、化学工程、民事工程、信息工程、电子工程、环境工程、工业系统工程、材料工程、机械航空工程；7. 艺术学院：艺术教育、艺术史、数字媒体、绘图和平面设计、绘画和视觉艺术研究、作曲、民族音乐学、音乐教育、音乐学、音乐历史与文学、音乐表演、器乐、声乐表演、舞蹈、服装设计、场景设计、戏剧表演、数字艺术与科学；8. 健康和人类行为学院：运动生理学、健康学、生物行为科学；9. 新闻与传播学院：新闻学、广告学、公共关系、电信学；10. 法学院：法学；11. 文理学院：人类学、天文学、生物学、化学、英语、地理、数学、哲学、物理、政治、心理学、宗教、西班牙语；12. 护理学院：本科到博士的护理专业；13. 医药学院：医学、生物化学与分子生物学、遗传学、免疫学与微生物学、分子细胞生物学、神经科学、生理学、药理学；14. 制药学院：药物化学、药剂学、药效学、药物治疗与转化研究；15. 公共健康和健康指导学院：行为科学和社区卫生、临床与健康心理学、环境与全球健康、流行病学、生物统计学、健康科学、卫生服务研究、卫生政策、职业治疗、物理治疗、公共卫生；16. 兽医制药学院：传染病和病理学、大型动物临床科学、小动物临床科学。

特色专业

佛罗里达大学的计算机和信息专业非常不错，工程学和临床医学实力也很强。由于有优秀的师资力量，佛罗里达大学的传媒和新闻学研究一直是业内最具前瞻力的专业，进行的研究和发表的文章都是关注的焦点。另外，学校的管理科学、市场营销、社会学、健康管理政策等学科都相当不错，深受学生和媒体评论的推崇。

招生要求

◆本科

申请费：$30。

截止日期：(EA) 11 月 1 日，(RD) 1 月 15 日。

申请材料：SAT 成绩 (Reading = 24, Writing and Language = 25, and Math = 24) 和 ACT 成绩 (a minimum score of 19 on the Reading section and 19 on the Math section)，托福 80 分或雅思 6 分（不强制要求），GPA 3.90，高中成绩单，年终成绩单，班级排名，教师推荐信（两封），申请文书（一份）。

◆研究生

申请费：各院系情况不同。

截止日期：各院系情况不同。

申请材料：学位证、毕业证，大学成绩单，GRE/GMAT 成绩，推荐信，个人陈述，雅思 6 分或托福 (iBT) 80 分。具体根据院系不同而不同。

语言课程：有。如低于最低语言成绩要求，入学后需要参加一个学期的英语写作课程。

校园文化

佛罗里达大学所处的地区是旅游胜地，这也难怪学校的旅游管理专业很好。学校利用这个天然的资源，每个学期都组织大量的户外活动，校方在这方面给予了大量的支持。学生自己组建的运动队和活动俱乐部大约有 150 个，包括帆船、划艇、漂流、野外定位和生存、游泳和野外生物调查等，多种多样，给大家的课外生活增添了无穷的乐趣。佛罗里达地处热带，有大量的沼泽湿地，盛产短吻鳄，于是该大学的师生们就把鳄鱼作为自己学校的标志，以至于“鳄鱼”成了全美皆知的佛罗里达大学师生的外号，学校也很推崇这些看似可怕的动物所拥有的那种一往无前、无所畏惧的精神并有意引导，使之成为校园文化中不可分割的一部分。学校的 Alice 湖里就有许多活的野生鳄鱼在嬉戏，新生欢迎中心也有鳄鱼的装饰物，在校园里的宣传手册上，学生们的文化衫上，到处都可以看到鳄鱼的身影。在美国的各行各业，到处都有佛罗里达大学的“鳄鱼”们在勇往直前。“Go Gators!”（“前进，鳄鱼！”）

张旭老师点评

佛罗里达大学的校园面积很大，一个很显著的特点是国际学生较多，而且学校的公开政策也要求研究生院的录取必须考虑到校园的文化多元性，并汇集具备各种行业经验的研究人员、从业人员。所以，从这个角度讲，中国学生获得录取和拿到奖学金的机会还是很大的。

现在，学校在校学生 53 000 多人，学校的本科生录取率约为 31%，研究生录取竞争也很激烈。大家不要把它和另一所大学 —— 佛罗里达州立大学混在一起，后者的计算机专业还是不错的，但名气和综合实力不如佛罗里达大学。同时，佛罗里达大学零售营销研究中心也是美国国内享有盛名的营销研究中心。从中国学生的角度讲，就读的专业集中在新闻传媒、旅游管理、农业经济、电子工程、民用工程、市场调查和研究等。值得一提的是，佛罗里达大学新闻传播学院是一流的新闻传播学院，其广告学专业和公共关系专业在全美大学的专业排名一直很靠前，主要的优势在于国际和跨文化广告研究、品牌研究、大众媒体、大众传播和学习，还有广告设计和创意。

我简单介绍人力资源管理这个商科专业。大家在考虑申请佛罗里达大学时，可以了解一下这个专业的情况作为参考。这个专业和新闻、大众传媒一样是边缘学科，偏重管理知识和技能，因此，有相当一部分的课程是结合本校的商学院（或管理科学学院）一起上的，如能力模型、评估和分析、风险控制等。在国内，我们习惯上将这个专业称为劳动人事、行政管理或者企业人事等。在美国就读本科的学生一般不会选这个专业读到毕业，大多数学生表示会去管理学院旁听这门课来了解情况。同时，由于是边缘学科，很多专业，如经济、会计、艺术、数学、统计等的同学都可以申请读这个专业的硕士，但是申请读人力资源的博士就需要较强的专业背景和从业经历来说服教授、拿到奖学金了。

注意，如果大家看到这个专业在某大学里是归属于商学院的，那么很明显，读博士和拿全额奖学金就很难了，除非商学院设有专项的博士点。那么申请的策略应该如何把握？简单地说，把自己在人力资源方面的实践经验讲清楚，基本上就没问题。在申请中要突出的是你在实践中与管理和统筹规划有关的具体行动和切身感受，而不是洋洋洒洒地罗列你参加过的社会活动或学生会经验。至于这个专业的就业情况，人力资源专业的同学和别的边缘专业（运筹学、工业关系、国际传媒等）的同学一样，参与商学院的招聘活动，这些活动比会计专业的校园招聘还早，所以占了一定的先机。就业方向一般是公司的行政和人事部门、专门的人力资源公司、猎头企业、一般的咨询公司等，就业前景相当不错，但是有一点要提醒大家，这个行业入行的工资不太高，工资增长也是按部就班的，不会有很大的飞跃。

迈阿密大学

University of Miami

邮箱： PO Box 248025, Coral Gables, FL 33124

电话： (305) 284-4323

网址： http://www.miami.edu

基本信息

学校性质：私立

建校日期：1925 年

学生人数：19 000

地理位置：佛罗里达州迈阿密市

2021 年秋季录取率： 28%

学年学费及其他费用：$93 892

推荐理由

迈阿密大学始建于 1925 年，是一所位于美国东南地区、提供最广泛科研与教学的大学之一，是一所历史名校。在《美国新闻与世界报道》2022 年全美大学综合排名中，该校排在 55 名左右。迈阿密大学的校园环境极为优美，曾被誉为全美校园环境最优美的大学之一。对于本科申请者，迈阿密大学在特定的情况下可以免除 SAT 成绩，对于没有托福成绩的学生，学校要求也比较灵活，可以提供语言 + 学位的双录取。

院系设置

迈阿密大学目前共拥有本科及研究生 19 000 多人，其中包括 2 500 多名来自世界 126 个国家的国际学生。该校拥有约 2 700 名全职教学人员，学生与教师的比例约为 13：1，这在全美是名列前茅的，也是在综合性大学里难能可贵的。迈阿密大学共有 12 个学院和 1 个继续教育及国际教育部，开设 180 个本科专业、130 个研究生专业和 60 个博士专业，其本科专业设置在以下这些学院内：建筑学院、艺术和科学学院、商业管理学院、传媒学院、弗罗斯特护理学院、健康研究学院等；学校的研究生专业设置在以下几个主要的学院内：建筑学院、艺术和科学学院、商学院、药学院、医学院、工程学院、法学院、交叉学科学院、罗森蒂尔海洋和大气研究院和音乐学院等。

特色专业

学校最受学生欢迎的专业主要有通信工程、电子工程、生物和生物医学专业。商科的管理学和市场营销专业备受推崇。由于迈阿密报业的发达和传媒的发展，新闻学、视觉表演艺术和网络传媒研究等专业方向具备很强的研究实力。迈阿密法学院中的国际法研究和税法研究是在全美业内排名靠前的专业。学校的物理治疗系、海洋研究、遥感学和临床心理学等专业也很不错。

招生要求

◆本科

申请费：$70。

截止日期：(RD) 1 月 6 日，(EA) 11 月 1 日，(ED 1) 11 月 1 日，(ED 2) 1 月 6 日。

申请材料：ACT (Mid-Range) 30 ~ 33 分或 SAT (Mid-Range) 1 320 ~ 1 460 分 (标化成绩选择性提交)，高中成绩单，班级排名，教师推荐信 (两封)，托福 80 分或雅思 6.5 分，Average Unweighted GPA 3.7，个人陈述，申请文书 (一份)。

◆研究生

申请费：各院系情况不同。

截止日期：各院系情况不同。

申请材料：学位证、毕业证，大学成绩单，GRE/GMAT 成绩，推荐信，个人陈述，雅思或托福成绩。具体根据院系不同而不同。

语言课程：有。

校园文化

迈阿密市地处美国东南端，是全美南部最重要的大都市，气候温暖湿润，海岸风景秀丽，拥有世界闻名的海滩，是美国著名的旅游胜地。同时，该城市也是一个国际性的贸易、商业中心，素有"南美贸易金融之都"之称。迈阿密大学地理位置优越，离美国肯尼迪航天中心的卡纳维拉尔角很近，只有几小时的车程，同学们可以去学习、实习和参观。当然，它距离著名的旅游景点奥兰多迪士尼乐园也是非常近的。可以这么说，迈阿密大学得天独厚的地理位置及宜人的生活环境是给其加分的重要砝码，也吸引着世界各地的学子前来就读和从事研究工作。

张旭老师点评

迈阿密大学近年来在国内的出镜率还是很高的，和另一所大型的美国院校——明尼苏达大学双城分校一样，迈阿密大学把繁忙的南部都市优势和宁静的乡村氛围很好地结合在一起。在这里，中国学生的数量增长迅速，这也是对学校的学术生活和校园文化的一个认可。值得一提的是，这所学校的部分研究生项目是接受先学习语言，再进行专业课学习的安排的。这对于没有语言成绩的学生来说是一个很大的好处。学校的风景优美，气候宜人，大部分时间不冷不热。中国学生经常选择的专业有数学、电子工程、计算机科学、统计学、经济（贸易区域化）研究和生物科学等。

我简单介绍工业关系（Industrial Relations，简称 IR）和组织行为学（Organizational Behavior/Operating System，简称 OB/OS）专业。这两个专业的课程和人力资源（HR）的课程有很多相似之处，包括了集体行为、谈判、劳工关系、决策研究、质量控制、组织心理学等。毕业后，在企业录用时，IR 专业的毕业生就业前景比 HR 专业的毕业生要好，因为前者就业的灵活性更强。通常，之前有过一定工作经验的人在接受过 IR 硕士教育毕业后，受欢迎程度是非常高的。当然，这并不代表学习组织行为学专业就一定会被限制在单一的就业方向上，有相当数量的中国学生读完这个专业后从事的是媒体和市场营销工作。另外，行为研究和心理研究一直都是商学院要发展和渗透的专业领域，因此，很多工业关系和组织行为学专业的毕业生也会到商学院去从事研究工作，如企业的社会责任感研究、企业规避风险和公关形象战略的形成等课题，就是在商学院和跨学科专业领域内完成的研究项目。

到目前为止，全美开设正规 IR 和 OS 专业的学校不超过 30 所，有的 IR 专业设在商学院下面，有的则是有专门的 School of Labor Relations/Industrial Relations。当然，也有的设在文学院下面或在全职的 MBA 工商管理硕士下面。从 2007 年开始，中国学生申请 IR 和 OS 的人数逐年增加，造成了一定的申请难度。好处是，申请 IR 和 OS 专业的研究生对于申请者的专业背景没有太多的限制。

叶史瓦大学

Yeshiva University

地址：500 W. 185th Street, New York, NY 10033

电话：(212) 960-5277

网址：https://www.yu.edu

基本信息

学校性质：私立

建校日期：1886 年

学生人数：7 356

地理位置：纽约州纽约市

2020 年秋季录取率：67%

学年学费及其他费用：$67 000

推荐理由

叶史瓦大学（Yeshiva University）原名叶史瓦学院，1886 年创建于纽约，是美国最古老、最具综合性的著名犹太人教育机构。该校一直坚持勤学和开拓的精神，是美国教育和社会文化中一所极其重要且非常独特的高等学府。该大学有 4 个分布在纽约的分校，学科涉及科学、艺术、犹太文化和思想。叶史瓦大学历年来都是毕业生就业率最高的美国大学之一。在 2017 年美国新闻媒体评出的美国最佳学院中，该校名列前 50 位，和迈阿密大学等学校平分秋色。

院系设置

叶史瓦大学共设有 11 个本科和研究生学院，主要的本科学院有叶史瓦学院、斯特恩女子学院、商学院等。主要的研究生学院有爱因斯坦医学院、法学院、福尔克夫心理学院、艾兹雷利犹太管理学院、雷维尔学习学院和社会工作学院等。主要的学术研究所有叶史瓦大学道德中心、施奈尔国际事务中心和公共卫生科学研究所等。

特色专业

叶史瓦大学强调的是传统的自由艺术、科学课程与犹太学课程的完美结合。入校的男生可以选择不同的犹太学专业和自由科学专业，不同的课程提供不同深度的宗教、科学和艺术的全方位训练和研究。

招生要求

◆**本科**

申请费：$65。

截止日期：11 月 15 日(春季入学)/2 月 3 日(秋季入学)。

申请材料：SAT 成绩(写作不要求)或 ACT 成绩(标化成绩选择性提交)，高中成绩单，年终成绩单，简历，教师推荐信(两封)，托福(iBT 不低于 82 分，阅读和写作单科不低于 21 分)或多邻国 115 分，申请文书(一份)。

◆**研究生**

申请费：各院系情况不同。

截止日期：各院系情况不同。

申请材料：学位证、毕业证，大学成绩单，GRE/GMAT 成绩，推荐信，个人陈述，雅思或托福成绩。具体根据院系不同而不同。

语言课程：无。

校园文化

叶史瓦大学位于繁华的纽约大都市，主校区在 2540 阿姆斯特丹大道上，在它的 4 个分校区中，有两个最主要的分校区：一个在曼哈顿岛，主要是法学院和商学院；另一个在纽约的布朗克斯区。该校每个校区都设有图书馆和博物馆，叶史瓦大学的活动和组织进行的学术交流多数以发展和传播犹太教文化和艺术为主。

张旭老师点评

叶史瓦大学虽然是犹太背景的学校，录取研究生时却不会因为申请人的宗教背景而进行区别对待。但一般来讲，叶史瓦大学的本科生源基本上还是以犹太族裔为主，所以，不推荐同学们直接申请该校本科，研究生的院系倒是值得申请硕博的同学考虑。

现在，学校约有 7 356 名学生，其中本科生约 2 000 人，其余为研究生。叶史瓦大学在纽约有 4 个分校，学科涉及艺术、科学、犹太文化与思想等。这所学校就读的中国留学生较少，大部分集中于法学院、医学院和社会工作系。要注意的是，如果中国学生决定申请这所学校，对某些专业要仔细看清楚，如教育和教育管理，提供奖学金的项目很有可能是做犹太教育研究的，对中国学生不适合。同样，这个要点也适用于本书前面提到的有天主教和耶稣会背景的学校的专业选择。

我简单介绍神学宗教研究专业。这个专业可以说比哲学还难攻读，而且是比中古英语研究还要偏的一个专业。奇怪的是，每年都有一定数量的中国学生赴美就读这个专业。一般来讲，好的神学院和宗教学院都是以 College 或 Institute 的形式存在，综合性的私立大学和公立大学里的神学专业反倒逊色很多。我们调研的攻读神学的学生在国内大多是读哲学系的，看来两者的联系不只是在历史根基上，还体现在现代的学科设置上。至于就业方面，我们未能取得相关的有用信息，估计这些同学或者是在神学院任职，或者转到别的科系去继续深造。

乔治·华盛顿大学

The George Washington University

地址： 1918 F Street NW, Washington, DC 20052

电话： (202) 994-6040

网址： http://www.gwu.edu

基本信息

学校性质：私立

建校日期：1821 年

学生人数：27 000

地理位置：华盛顿特区

2020 年秋季录取率： 43%

学年学费及其他费用：$89 205

推荐理由

乔治·华盛顿大学创建于 1821 年，主校区位于美国首都华盛顿特区的市中心，是一所著名的综合性私立大学。该大学因为教育水平和独特的教学特点而备受国内外学生青睐，成为全美最受欢迎的大学之一。乔治·华盛顿大学享有“最受欢迎的政治大学”的称号，学校附近就是国际货币基金组织、世界银行、美国国务院，距白宫只有几个街区，也被誉为“白宫学校”。因为地理位置上的优越性，教授们常为政府出谋划策，使课堂教育不乏实际意义。学校还鼓励学生到政府机关、联邦机构、智囊团、法院、各大咨询公司和机构实习，以丰富自己课堂上所学的知识。

院系设置

乔治·华盛顿大学约有 11 800 名本科学生和 4 500 名教职员工。该大学设有 14 个学院，包括职业教育学院、哥伦比亚文理学院、艾略特国际关系学院、法学院、教育与人类发展研究生院、工商管理学院、工程与应用科学学院、医学院、公共卫生与健康学院等。

特色专业

在乔治·华盛顿大学的众多专业中，最强的是政治学、国际商业管理、国际政治和公共事务，这几个专业都是在全美享有盛誉的专业。乔治·华盛顿的教育学、建筑学和民用工程学也有很强的实力。学校的选课机制也很方便，不同年级的学生可以在一个较长的时间段内选定指定数目的课程，然后进行自由调换和接受统一的考核。乔治·华盛顿大学地理位置优越，在美国首都华盛顿特区，学校有点类似纽约大学，校园和城市融为一体，城中有校，学校没有高耸的围墙。华盛顿特区给人的感觉很好，整洁且错落有致。乔治·华盛顿大学幸运地坐落于此，享受了不少福利和资源。学校不提供研究生的住宿，研究生必须在校园外面自己找住处，部分学生住到了马里兰州和弗吉尼亚州，每天还要通勤上学。

乔治·华盛顿大学商学院的最佳项目是金融学硕士，项目学费按学分计算，共48个学分，1个学分1 250美元，2年学费共6万美元，在美国的大学里算是相当贵的。加上每个月住宿费700美元左右，每年的保险费用、书本费、生活费1 600多美元，七七八八算下来，准备60万左右人民币吧。当然，如果可以在学校里打工或者出去找兼职，应该也可以赚点生活费。

乔治·华盛顿大学金融学硕士的课程安排为2年，共有12门课。第一学年全部是星期六上课，共三个学期(包括summer)，一个学期2门课。第二学年是星期四和星期五晚上上课。也就是说，其余时间学生都是自由的，可以自己安排打工或完成学业的project。

招生要求

◆本科

申请费：$80。

截止日期：(ED 1)11月1日，(ED 2)1月5日；(RD)1月5日。

申请材料：SAT 1 400分或ACT总分25分(标化成绩选择性提交)，高中成绩单，年终成绩单，班级排名，教师推荐信(2~3封)，托福不低于90分或雅思不低于6.5分或多邻国115分，申请文书(五份以上)。

◆研究生

申请费：$80。

截止日期：各院系情况不同。

申请材料：学位证、毕业证，大学成绩单，GRE/GMAT成绩，推荐信，个人陈述，托福80分或雅思6分(某些科目要求7分)。具体根据院系不同而不同。

语言课程：有。

校园文化

乔治·华盛顿大学地处华盛顿市中心，地理位置优越，这也使得学生们有更多的机会参与研究、研讨会及文化活动，可以充分地免费利用DC(华盛顿特区)各种各样的博物馆、纪念馆、展览馆等文化设施。学校里诸如书店、交通工具、邮局、计算机室、影剧院、健身房等设施一应俱全，非常方便。学校的住宿服务部门设有住宿登记处、设施安装协助、维修处、网络管理处和洗衣房等。乔

治 · 华盛顿大学的学费有美国联邦和地方资助，所以，相对其他地处华盛顿特区的学校来说，还是比较便宜和可以接受的。乔治 · 华盛顿大学被美国人称作“政治家的摇篮”，从诞生之日起，大学就跟美国政府关系密切。它的可靠性和风险分析研究所和政府和商业管理学院源源不断地向白宫及幕僚机构输送着新鲜血液，甚至有的国家“命门”就寄身在该校。比如，一所情报判读机构的全称就叫乔治 · 华盛顿大学国家安全档案分析所，还有著名的乔治 • 华盛顿大学空间政策研究所，实为里根时代“星球大战”计划的幕后操盘手。现在乔治 · 华盛顿大学更是成为全美唯一一所参加了 Fortune Global Forum（全球财富论坛）的教育机构。在学校内部经常可以看见政府官员们的身影。校内师生对名人演讲、与各界顶尖人物的会见与交流早已习以为常。学校不间断地接待多个国家的总统、财政长官、当代著名作者、歌手以及研究学者。学生可利用课余时间听名人的演讲或是参与到与这些名人的对话中。学校在政治领域的知名校友数不胜数。学校本身也加入各类高等政治组织，并且举办了多个大型政界活动，例如国际货币基金组织年会等。学校与世界银行合作，开设了一门课程，由世界银行高级副行长及首席经济学家考什克 · 巴苏先生与学校教授共同授课，让学生们有机会接触到世界一流的经济学家，受到了极大的欢迎。美联储前主席伯南克更是在乔治 · 华盛顿大学开办讲座，为学子们敞开了解最前沿经济现象及观点的大门。

张旭老师点评

乔治 · 华盛顿大学的地理位置决定了它和乔治城大学、美国大学、马里兰大学、弗吉尼亚大学一样，享受着并受到了美国首都文化和政治的影响，这在其专业设置、强项课程和学位上就可以看出，政治性的、对比性的、文化研究性的专业比较强。不像别的综合性大学，这所学校的理工专业一般，并不是说没有特色，而是没有这些特色专业实力强。

我简单介绍一下文化人类学、美国研究、东亚文化研究或社会学的博士（PhD）之间的选择和对比。很多同学本科学习的是英语、对外汉语、英语教育、哲学等专业，究竟申请哪个专业还在举棋不定。这里我简单说说在美国大学中文化人类学和东亚文化研究两者之间实际研究倾向的区别、申请拿奖学金的难易程度比较以及毕业后的出路等问题。首先，文化人类学和东亚文化研究都是社科专业，申请多以博士为主，那么就必须涉及全额奖学金了。如果你申请读博士，看来还是考虑过的，是正确的选择。值得注意的是，这几个专业都属于“万金油”专业，单纯读一个人类学或东亚文化研究的硕士，毕业后找工作会很难，除非在研究生阶段换一个别的专业方向。我要提醒大家，人类学和东亚研究的硕士，就业方向可以去商业机构，但博士毕业一般则局限在教学和研究岗位。同时，这几个专业的课程设置也很相似，文化人类学更加偏向于定性研究，即用已经成熟的理论、

方法和视角去研究特定的文化现象和人类行为，这一点和理论社会学没有差别。例如，《菊与刀》

就是一个经典的文化人类学研究课题范例，日本人为什么如此行动和思考，从几个角度看有何不同结论。另外，这也可以说是一个社会学课题，就是文化社会学。当然，东亚文化研究、美国研究和某些社会学的研究现在在美国已经朝量化的方向发展了，就是说，定量比定性更加吃香。原因很简单，定性的东西和结论都已经很成熟了，现在就是应用和选题的问题，不做统计、没有基本的统计本领怎么可以？所以，准备好学习统计软件吧。那么，这几个专业拿奖学金的难度呢？差不多，能被录取就有奖学金，至少有一半奖学金。还有，将来的出路，我在前面讲过，硕士毕业的两个专业可以去做任何事情，博士毕业的大部分是教书和做研究。

俄亥俄州立大学哥伦布分校

Ohio State University-Columbus

地址： 154 W. 12th Avenue, Columbus, OH 43210

电话： (614) 292-3980

网址： http://www.osu.edu

基本信息

学校性质：公立

建校日期：1870 年

学生人数：61 300

地理位置：俄亥俄州哥伦布市

2020 年秋季录取率：68%

学年学费及其他费用：$64 820

推荐理由

俄亥俄州立大学建于 1870 年，是一所公立的综合研究型大学，发展至今已成为全美第三大的公立大学，接连被美国媒体和大学评论评选为俄亥俄州乃至美国最好的州立大学。学校非常庞大，绵延占据了哥伦布地区的一大片，作为“十大名校之首”当之无愧。该大学的哥伦布校区是主校园，其他几个校区是利马、曼斯菲尔德、马里恩、纽瓦克和渥斯特。其中，哥伦布校园有 4 幢建筑（俄亥俄球场、奥顿礼堂、伊纳森大楼和海因茨大楼）特别著名，是美国历史文物保护建筑。

院系设置

俄亥俄州立大学哥伦布分校共有 19 个学院、170 个科系，主要学院如下：教育学院、工程学院、食物学研究院、农业和环境科学学院、研究生院、人文生态学院、人文科学学院、新闻和通信学院、法学院、莫立兹学院、数学和物理学学院、医学和公共卫生学院、音乐学院、奥斯汀 · 诺顿建筑学院、生物学院、费舍尔商学院、牙科学院、护理学院、光学学院、药学院、社会和行为科学学院、社会工作学院、兽医学院等。

特色专业

俄亥俄州立大学的政治学相关学科很强大，美国政治研究和国际政治方向在全美排名领先。另外，国际关系专业在业内的影响力也很大，许多知名的学者在这里任教和从事研究工作。俄亥俄州立大学的教育学、新闻学、数学、物理研究、光学和组织行为学在全美处于领先地位，多次被评为学生首选的研究生专业。俄亥俄州立大学的费舍尔商学院以理论联系实际见长。跟那些只是宣称自己的课程如何适应市场需要的许多商学院不一样，该校竭力为学生提供尽可能多的实习机会，而不仅仅是课堂教育。费舍尔商学院确实做到了以市场为导向，注重在实验性的气氛中培养自己的学生。费舍尔商学院会真正地将 500 万美元巨款提供给 MBA 学生，让他们体验真正的投资股东的生活。学院会组织学生与赞助公司一起开展一项为期 20 周的咨询项目，学生分析完一个公司的案例后，学院出面邀请公司的高级主管与学生一起讨论。另外，该校的工程学院也很具有竞争力，在 2020 年《美国新闻与世界报道》全美最佳研究生工程学院排名中位列第 27 名。

招生要求

◆本科

申请费：$70。

截止日期：(EA) 11 月 1 日，(RD) 1 月 15 日，(春季) 10 月 1 日。

申请材料：托福 iBT 79 分，雅思 6.5 分，多邻国 105 分，ACT 21 分，SAT 阅读 27 分（标化成绩选择性提交），高中成绩单，年终成绩单，班级排名，教师推荐信（两封），申请文书（一份）。

◆研究生

申请费：各院系情况不同。

截止日期：各院系情况不同。

申请材料：学位证、毕业证，大学成绩单，GRE/GMAT 成绩，推荐信，个人陈述，托福 79 分或雅思 7 分，本科阶段（或研究生阶段）的 GPA 3.0 以上。具体根据院系不同而不同。

语言课程：有。俄亥俄州立大学的英文语言课程 ESL 叫作美国语言项目（ALP），课程设置为每周 16~20 课时，申请方式为在线申请。

校园文化

俄亥俄州立大学所在的哥伦布市是俄亥俄州重要的城市，也是经济和文化的中心，地理位置优越，这也使得学生们有更多的机会参与各种文化和政治活动。哥伦布市区有各种现代化设施，交通也很便捷。影剧院和艺术中心等一应俱全。大学校园美丽和谐，各国同学相处融洽，是一所以和谐、包容和充满活力闻名的学校。俄亥俄州立大学的运动队是全美大学生体育协会的一级成员和十大联盟（一个由 14 所大学组成的体育竞技联盟）最重要的成员。因为历史原因，俄亥俄州立大学七叶树队与密歇根大学的运动队狼獾队是一对宿敌。历史上俄亥俄州立大学橄榄球队的传奇主帅伍德·海耶斯和带领密歇根大学橄榄球队的主教练、俄亥俄州立大学校友薄·辛巴克勒之间进行过著名的“十年战争”。每次与密歇根大学决战之前，俄亥俄州立大学的学生们会在晚间(一般为 11 月中下旬)跳入校园内冰冷的镜湖(“Mirror Lake”)以示决战的信心。尽管校方每年都会提醒学生不要参与此项活动，但是每年还是有上千学生参与这一传统活动。此外七叶树队还和一些其他学校，如西北大学、伊利诺伊大学等互为体育比赛上的竞争对手。大学的橄榄球队于 2015 年 1 月 12 日获得大学橄榄球季后赛(College Football Playoff)冠军赛的冠军。这是继 1942 年、1954 年、1957 年、1961 年、1968 年、1970 年和 2002 年后第八次获总冠军。

张旭老师点评

我简单介绍同学们关心的与教授联系的问题。很多高一、高二的学生在紧张地准备 SAT 考试，但是对于大部分的本科同学来说，和教授联系已经到了一个关键阶段，因为申请材料在 11 月就要寄出了，那个时候再套教授的话就有些临时抱佛脚了。所以说，9、10 月份就是最后的时机。我观察了一下，发现几个同学与教授的沟通在理解上和操作上有些失误，在这里有针对性地说一说。几个问题主要集中在以下几种情况：

① 甲同学：“张老师，我给教授发信了，可教授回信的口气很官方啊！”

② 乙同学：“张老师，我给教授发信了，可教授回信说不太清楚自己明年招不招研究生。”

③ 丙同学：“张老师，我给教授发信了，可教授回信并不太鼓励我申请啊，就是客气话。”

④ 丁同学：“张老师，我给教授发信了，可教授回信没有回答我提出的 GRE 和托福分数很低怎么办的问题。”

首先要说的是，这几位同学都没有按照我给出的套词信模板来写作，而是自行改动了很多地方，尤其是加入了很直接的问题，如“教授，明年你会考虑招我作为研究生吗？”我反复讲过，在工作坊(workshop)上也强调，不要说这么直接的话，也不要问教授现在可能不清楚的问题。我们知道，每年的两个学期间——暑假和寒假——以及刚开学的一个月，是教授确定研究方向和本学期教授课程的时间，还不是考虑下一年招几个学生的时候。所以，大多数教授要在 12 月之后才能确定秋季的研究计划。如果现在就问得这么仔细，他是回答不出来的，那就怪不得他的口气很官方了。另外，教授说自己不太确定明年是否招生是很正常的，那是不是就不问了？问是要问的，但要问得有水平。例如：教授明年的规划如何？明年的研究计划大概多大规模？这样的暗示比单刀直入要好得多。按照我的模板来问的同学就没有收到官方答案这一说的，而且还有两位同学收到的回信都很长，开头也是说本人还不太清楚明年计划具体如何，但研究是要继续的，接下来就开始写自己的研究用什么软件、用什么方法、最近有什么研讨会(seminar)。这样的回信就是成功套词的结果，这时，可以说得更直接一些，GRE 和托福成绩都不重要了。

至于第三个和第四个问题，不要气馁，还是抓住一个原则，即要用研究水平和学术素养来打动教授。回信都是客气话是因为你自己的去信本身就很客气，而且空洞。所以，继续保持联系，注意我讲过的几个方面，促进这个交流深入发展的过程。另外，有的同学问自己的 GRE 成绩较低该怎么办。我说过，这样的问题要放到后期再问，水到渠成再说，这就是一个把握火候的问题了。一开始就说这些，让人沮丧和泄气，关键是教授也不知道怎么回答(如果他说没关系，就会露馅，因为招生政策不是他一个人定的；如果他说有关系，那不就成了唯分数论？那也不行)，让教授感到很为难，干脆就不回信了，装作没收到信，套词也就失败了。

佩珀代因大学

Pepperdine University

地址：24255 Pacific Coast Highway, Malibu, CA 90263

电话：(310) 506-4392

网址：http://www.pepperdine.edu

基本信息

学校性质：私立

建校日期：1937 年

学生人数：9 500

地理位置：加利福尼亚州马里布市

2020 年秋季录取率：42%

学年学费及其他费用：$95 234

推荐理由

位于加利福尼亚州南部的佩珀代因大学于 1937 年由乔治・佩珀代因建立，是一所年轻而出色的中型私立大学，建校以来，以其严谨求实的学风闻名于世。学校不大，但是学术质量和教育质量都处于美国大学中的一流水平。佩珀代因大学的名气上升很快，学生人数也日益增加，是一所上升很快且非常有潜力的高等教育学府。在 2009 年美国大学本科的录取率调查中，佩珀代因排在前 30 名中，它的大学本科升学率也进入了前 40 名。值得一提的是，佩珀代因对于国际学生的申请非常欢迎，近年来，校内国际学生的人数增加很快。

院系设置

本科专业设置：工商管理、传媒、新闻、美术、社会科学、人文历史、教育、国际研究、语言学、自然科学、宗教等。

设置研究生专业的学院有格雷西达奥商学院、教育学院、心理学研究中心、法学院、公共政策与管理学院等。

特色专业

佩珀代因的商学院值得注意，这所学校的商业管理专业、MBA 和理财专业都是广受好评和关注的专业方向。另外，企业法和国际经济法研究、纺织与服装、管理学、特殊教育学、高中教育、旅游管理、酒店管理、人文艺术、体育经纪、大众传播专业和语言学都是很有实力的专业。选课时，很多学生的选择集中在商科、人文科学研究和旅游管理等专业。

招生要求

◆**本科**

申请费：$65。

截止日期：(EA)11 月 1 日，(RD)1 月 15 日(秋季入学)，10 月 1 日(春季入学)。

申请材料：SAT 阅读、写作单科 600 分，ACT 阅读 24 分(标化成绩选择性提交)，托福 iBT 85 分或雅思 6.5 分或多邻国 120 分，高中成绩单，班级排名，教师推荐信(两封)，申请文书(五份以上)。

◆**研究生**

申请费：各院系情况不同。

截止日期：各院系情况不同。

申请材料：学位证、毕业证，大学成绩单，GMAT/GRE 成绩，推荐信，个人陈述，雅思成绩或托福 100 分。具体根据院系不同而不同。

语言课程：有。

校园文化

佩珀代因大学作为美国西海岸最成功的私立基督教大学，一直以其特有的特征闻名于世，被誉为“全美最优美校园”之一，沐浴加州阳光，享受全天候海景。佩珀代因大学是全美前 50 名的学校里面最安全的。马里布位于洛杉矶有名的富人区，即使如此，学校还是拥有 60 名保安警务人员。学校拥有精良的学习设施，包括现代化的教学演讲厅和实验室，有一个藏书超过 75 万册的图书馆和一个大型的校内计算机网络系统。至于学生活动，校内共有 80 多个非常活跃的运动、生活、休闲科学和文化俱乐部。校内的国际学生自己也组织了多个海外学生或少数族裔俱乐部，定期举办各种活动。佩珀代因最引人注目的是学校的学生剧场，而不是设施完善的运动场和游泳池。剧场里上演的都是学生们自己创作的实验剧目或改编后的古典戏剧，水平很高，经常引来著名的编剧和作家观摩，成了校园一景。

张旭老师点评

由于位于南加州，相比别的州立大学来说，佩珀代因大学的学费偏高，每年都在增长，所以，要申请这所学校本科的家长和同学要考虑一下收支。但是，要明确的是，这所学校的教育是物有所值的，从高素质教育的意义上讲，佩珀代因大学并不昂贵。

我简单介绍旅游和酒店管理这两个相关专业的学习和就业情况。首先，这两个专业并不是生僻的专业，就像农业经济学和运动、娱乐经纪专业一样，在美国是很普遍的专业设置。当然，并不是每个提供这方面课程的美国大学都有能力和资格给学生授予酒店管理的硕士学位，上课和颁发学位是不一样的。那么，酒店管理专业学些什么？先要看看这个专业设置在什么院系下面。大部分学校把这个专业设置在商学院下面，一部分学校还设有专门的酒店管理方向的 MBA，同时，也有部分学校（西部学校为主）将这个专业单独拿出来设为酒店经营和管理学系或者简单地挂靠在公共关系学院下面。

一般来说，放在商学院下面的酒店管理硕士主要的课程在第一学期与商科的会计、管理科学差不多，主要是管理学、战略、决策、预算和财务等课程，第二、第三学期开始上一些如客户管理、营销推广、活动组织和经营控制等相关课程。注意，和商学院的 MBA 及其他商科专业一样，第一学期过后，同学们就可以报名参加学校的招聘会（on-campus interviews），这很关键。有相当一部分中国学生认为这与他们没关系，认为才刚刚开始学，面试还早，从而白白错过很多很好的实习甚至工作机会。

这里也有一个很值得关注的现象，就是酒店管理和旅游专业较好的学校，往往也都坐落在美国主要的风景名胜区。大家可以关注一下内华达州的内华达大学、佛罗里达州的大学、加州湾区的学校。很明显，这些学校的酒店管理专业都异常地好，这和当地的经济模式也是有关的。还有，康奈尔大学的酒店管理专业也相当不错，但是学校坐落在一个小镇里。当然，中国人绝对不会在长城边上建一个旅游学院，不过，少林寺周围确实有很多武术学校。酒店管理专业的毕业生从事的工作一般都和旅游经济相关，如酒店拓展的项目经理、业务经理和经营管理方面的经理、旅游公司和旅游中介公司的管理职位等都可供选择。另外，酒店管理专业的毕业生起薪都比较高，很多人的第一份工作都可以拿到 7 万美元以上的年薪，这比那些要在四大房地产公司里熬夜的年轻毕业生要好得多。

杜兰大学

Tulane University

地址： 6823 St. Charles Avenue, 218 Gibson Hall, New Orleans, LA 70118

电话： (504) 865-5731

网址： http://www.tulane.edu

基本信息

学校性质：私立

建校日期：1834 年

学生人数：14 500

地理位置：路易斯安那州新奥尔良市

2024 年秋季录取率：11%

学年学费及其他费用：$90 506

推荐理由

杜兰大学建于 1834 年，是一所享誉全球的综合性私立大学，在美国学术界享有“南部的藤校”（IVY School of the South）之美誉。该校位于美国南部路易斯安那州的首府新奥尔良市，邻近密西西比河的最后入海段，风景优美。学校距离商业区只有 15 分钟的路程，到著名的历史悠久的新奥尔良法国区也只需要搭乘一小段市内的电车。该校规模不是很大，但教学严谨，对学生要求严格。杜兰大学拥有包括诺贝尔奖得主及众多国际知名学者在内的 1 200 多名教研人员，99% 的教研人员拥有各自从事的研究领域的博士或博士后学位。在每年美国媒体和大学评论的评比中，杜兰大学在美国大学的综合排名中跻身前 60 名的行列。

院系设置

杜兰大学的本科生专业设置为：妇女研究、统计学、西班牙语言文学、社会学、俄罗斯研究、葡萄牙语言文学、政治学、化学、物理、哲学、心理学、音乐、中世纪研究、医药学、数学、统计数学、拉丁美洲研究、管理学、市场营销、生物医学工程、计算机系统工程、工程学、机械工程、意大利语言文学、地质学、经济学、法国语言文学、英语教育、第二外语教育、电影、美术、摄影艺术、法国语言文学、生态学、戏剧艺术、土木工程、生物学、人类学、艺术、美国历史和文化专题研究、会计、金融学等。

杜兰大学的研究生专业设置为：会计、西班牙语言文学、社会学、社会科学研究方法、心理学、物理学、自然科学、哲学、音乐、跨学科研究、法律、拉美研究、机械工程、数学、材料工程、管理科学、历史、临床医疗、有机化学、神经科学、经济学、英语语言文学、电子工程、通信工程、经济学、生态学、戏剧学、计算机、比较文学、土木工程、古典语言文学、细胞生物学、工商管理、生物医学工程、生物科学、动物遗传学、动物生理学、解剖学等。

特色专业

杜兰大学的法律和人文科学研究一直有很强的实力，其中国际法、商业条款法和企业法研究备受推崇。杜兰大学的社会学、哲学、机械工程、数学、神经科学和公共卫生等众多专业在全美也多次排在前 20 名之列。另外，杜兰大学处在移民众多的区域，其拉美研究、西班牙语、葡萄牙语和文化研究、法语、法国研究等专业在业内很少有别的学校能够超越，这也是最让学生和研究者们着迷的专业方向。

招生要求

◆本科

申请费：$55。

截止日期：(EA)11 月 15 日，(ED 1)11 月 1 日，(ED 2)1 月 15 日，(RD)1 月 15 日。

申请材料：SAT 1420～1510 分或 ACT 31～33 分(标化成绩选择性提交)，高中成绩单，年终成绩单，教师推荐信(2～3 封)，托福 95 分或雅思 6.5 分或多邻国 115 分，申请文书(一份)。

◆研究生

申请费：各院系情况不同。

截止日期：各院系情况不同。

申请材料：学位证、毕业证，大学成绩单，GRE/GMAT(570 分)成绩，推荐信，个人陈述，雅思 7 分或托福 79 分。具体根据院系不同而不同。

语言课程：有。

校园文化

杜兰大学校园内建有藏书丰富的图书馆和设备良好的体育馆。美丽的校园内还建有专门的建筑学档案馆、路易斯安那美术品收藏馆、珍贵图书收藏室、爵士乐档案馆等。新奥尔良市内的众多博物馆资源和学校联手，使得这里的珍藏几乎可以和纽约、华盛顿的博物馆相媲美。关于住宿方面，考虑到学生刚入校的安全问题，杜兰大学规定大一、大二的学生必须居住在校内的宿舍，因此，前两年的租金较高。从大三起，学生在熟悉环境后可以外出租房，这样就可以大大节省费用。

张旭老师点评

我简单介绍金融工程(Financial Engineering)的申请情况。很多同学都在考虑申请金融工程和相关的专业，而我比较担心的是，大部分同学的自我感觉很好，认为自己的申请材料做得漂亮，但其实并不是美国金融类专业要录取的人，所以最后结果很糟糕。这里，我简单介绍一下和几位金融从业人员及商学院教授交流所获得的关于申请金融研究生的情况。我们关心的重大问题是：应届毕业生是否可以申请金融类专业和金融工程？答案是可以，但是不占优势。现在美国的情况是经济的回暖并没有带来就业市场的回暖，这需要滞后一段时间，很多事业不顺利的人都在计划通过读书来熬过这一段时间，结果申请 MBA 和金融、会计、保险精算甚至法学硕士的人大幅增加。据伯克利的一位同学(我以前的学生，就读金融工程专业)说，系里的老师抱怨申请文件太多，房间里有些混乱，以至于咖啡机都没地方摆放。区分一下，金融学、金融数学(也可以叫数学金融)、分析金融学和金融工程(计算机金融)是不一样的。提醒大家注意，金融工程要考 GRE，而前面的几个专业都可以接受 GMAT，但是学校的要求有时会调整，如 Carnegie Mellon 的金融工程就录取过我的一个学生(2008 年，GMAT 720 分)。

同时，与有工作经验的同学对比，应届生申请金融工程的缺陷主要有以下方面：1. 实践经验不足，实习不可以代替实际操作，而且实习经验往往较肤浅；2. 没有操作和运算过金融软件和模型，没有接触过实际市场运作惯例，对市场的实际情况一知半解；3. 逻辑和数学基础较差，课程上往往体现不出来；4. 最关键的是，对未来职业的发展和前途不清楚。这些问题也适用于金融类的其他专业，但是其他专业对第 2、3 方面的要求没这么苛刻。所以，基本结论是：应届生可以申请金融类专业，但是申请金融工程要谨慎，一般不建议 GRE 分数不高、没有数学背景，也没有任何操作经验的同学去冲锋。有的同学说，张老师，我的某某同学申请到了某大学的金融工程专业，我也可以。我的观点是，你也可以试试，但是今年的情况有点特殊，另外，比较一下你和这位同学的情况是否一模一样，或者了解一下他去的学校在今年的招生规模如何。自己的申请自己评估，不要依靠特例来妄自菲薄或过分夸大。

雪城大学

Syracuse University

地址： Syracuse, NY 13244

电话： (315) 443-3611

网址： http://www.syracuse.edu

基本信息

学校性质：私立

建校日期：1870 年

学生人数：23 000

地理位置：纽约州雪城市

2020 年秋季录取率： 69%

学年学费及其他费用：$92 963

推荐理由

雪城大学位于纽约州中部的一个城市——雪城，是一所历史悠久的著名的综合性私立大学。这里治安良好，环境优美，学术实力雄厚，致力于教师、学生、职员的共同发展和成长。学生的学术成长、职业成长和社会成长是学校关注的教育重点，这也使得雪城大学成为以学生为中心的著名的研究型大学。一直以来，雪城大学在全美媒体和大学评论的多次评选中稳居综合排名前 60 的学校范围里。

院系设置

雪城大学现有 13 所学院，共 200 多个专业；拥有 900 多名正式教师，3 700 多名职员，800 多名兼职教师，并有 30 多万名校友活跃于全美各地。主要学院有信息研究学院、教育学院、建筑学院、文理学院、史密斯工程与计算机科学学院、公共服务事业和健康职业学院、惠特曼管理学院、零售管理及消费研究学院、纽豪斯公共传媒学院、视觉和表演艺术学院、戏剧学院等。

特色专业

雪城大学麦克斯维尔学院的公共管理和公共政策居于全美学校领先的地位，享有很高的声誉；公共财政与预算专业可以说独占鳌头。学校的信息研究学院和纽豪斯公共传媒学院的传媒、信息管理、信息科学与社会、新闻、广告和公关等专业均在全美大学专业排名中名列前茅。学校其他专业如教育学、视觉和表演艺术、管理学、建筑学和计算机工程专业在业界也特别受到欢迎和好评。

招生要求

◆本科

申请费：$85。

截止日期：(ED 1) 11 月 15 日，(ED 2) 1 月 5 日，(RD) 1 月 5 日，(春季入学) 11 月 15 日。

申请材料：SAT 或 ACT 成绩（标化成绩选择性提交），高中成绩单，班级排名，教师推荐信（两封），托福 80 分或雅思 6.5 分，申请文书（一份）。

◆研究生

申请费：各院系情况不同。

截止日期：各院系情况不同。

申请材料：学位证、毕业证，大学成绩单，GRE/GMAT 成绩，推荐信，个人陈述，雅思或托福成绩。具体根据院系不同而不同。

语言课程：有。

校园文化

雪城大学不仅有来自美国 50 个州的学生，也有来自全世界 126 个国家和地区的学生。现有学生中女性占 45%，男性比例为 55%。雪城城市人口近 50 万，冬天大部分时间银装素裹，而其他季节多是绿色的世界。学校的学生喜欢进行水上运动，市内的博物馆也对学生们免费开放。由于地处纽约和蒙特利尔的中间地带，这里也有很多星级的高尔夫球场、橄榄球场和棒球场。另外，值得一提的是，学校距离纽约州最大的购物中心克拉索超大型购物中心不是很远，喜欢热闹和购物的同学可以考虑这个好去处。

张旭老师点评

雪城市居于纽约州中部，素有“纽约中部的中心”之称，是纽约州第四大城，是一个中型的城市。雪城治安良好，环境优美，湖光山色，属于大陆型气候，四季分明，夏季温暖而不炎热，冬季则稍微寒冷，因受附近大湖效应的影响，下雪量较多，城市也因此得名。雪城大学位于五大湖中安大略湖南面的郊区，距纽约及多伦多均只有 5 个多小时的行车时间，位置正好就在中间。学校距离波士顿、巴尔的摩、哈特福德、蒙特利尔（加拿大）、费城及华盛顿也是大约 5 小时车程。

我简单介绍病理学、病理研究与生理学的学习和就业情况。首先，有同学问能不能去美国做医生，我说可以，我还想当纽约州州长呢。这不是要打击这些同学悬壶济世的决心，而是要告诉他们，在美国读医学院不仅要考一个超级难的医学院入学考试（MCAT），而且还要读相当长的时间才能毕业，在毕业时还要竞争一个住院实习的机会，同时负担超级昂贵的学费。牙医学院更是如此，所以在美国有个笑话，就是只有牙医的孩子才有钱去读牙医学院。那还有同学问，能不能去美国考医生执照呢？也不行，要先拿到足够的医学学分才可以，否则不能参加资格考试。唯一的可能就是，去洛克菲勒医学中心或哥伦比亚大学医学院做个博士后，然后付出艰苦的努力再考取医师执业证，只是这样做太不划算。

所以，一般来说，有牙科或材料机械专业背景的中国学生去美国读研时就读的多数是牙医材料、牙医器械和牙病专题研究等专业方向。这里，体育专业的同学请注意，美国大学中的运动新闻（Sports News Report）和运动娱乐业经纪等专业是很少对其他国家的学生开放的，据我们调查，很少有中国同学能成功申请。体育专业的同学如果到美国读研，最好选择与实验室有关的专业，如运动生理学、动态研究（Kinetics）等方向。而在国内学医药卫生专业的同学到了美国绝大多数学习的是病理学、病理研究、生理学专业，这些专业的学习中包含了相当多的实验室时间，课程多是生物统计研究、病原体研究、病体组织分析、癌变细胞和机体互动研究、抗生素异变等偏学术的项目，而不是那些操作性很强、临床应用显著的方向。很显然，这就比较适合有专业知识和数理背景的中国学生申请。这些同学在博士毕业后，如果不做博士后，大多数会进入医药公司或疾病研究中心做高级研发人员。

佐治亚大学

University of Georgia

地址：Terrell Hall, Athens, GA 30602

电话：(706) 542-8776

网址：http://www.uga.edu

基本信息

学校性质：公立

建校日期：1785 年

学生人数：41 515

地理位置：佐治亚州雅典市

2020 年秋季录取率：48%

学年学费及其他费用：$48 538

推荐理由

佐治亚大学（英文缩写为 UGA）建于 1785 年，是全美历史最悠久的综合研究型大学。该大学的总校区位于美国佐治亚州雅典市，分校区在亚特兰大。2018 年，美国的新闻媒体和大学评论机构将其列入全美大学的前 60 位，同时其学术能力和声誉在全美公立研究型大学中排在第 20 位。学校历史悠久，研究实力扎实可靠，本科学风端正严肃，更有几个著名的领头专业为学校增添了不少光彩。在美国南方，这所大学和埃默里大学、杜克大学、杜兰大学、威廉与玛丽学院等名校一起被誉为“南方的常春藤名校联盟”。该大学的图书馆有超过 400 万册藏书，并收集有全美最多的地图，被美国研究型图书馆联合会评为全美 113 所研究型图书馆中的前 3 名。

院系设置

佐治亚大学主要由以下 18 个学院组成：商学院、法学院、新闻与大众传媒学院、教育学院、环境与设计学院、农业与环境科学学院、文理学院、家庭与消费学院、森林与自然资源学院、研究生院、制药学院、工程学院、公共健康学院、公共与国际事务学院、社会工作学院、生态学院、荣誉学院和兽医学院。该校设置本科专业的学院如下：制药学院、公共健康学院、农业与环境科学学院、文理学院、商学院、生态学院、教育学院、环境与设计学院、家庭与消费学院、森林与自然资源学院、新闻与大众传媒学院、公共与国际事务学院、社会工作学院、兽医学院。大部分学院都提供研究生学位，主要的学院专业设置有：企业管理、中学教育和青年教育、细胞生物学、保险学、音乐教育学、信息工程管理、公共行政、公共事务、微生物学、戏剧和表演、英语比较文学、人力资源、会计、金融学、英语、生物学、经济学、社会学、统计学、运动科学、生理学、历史、非洲研究、人类学和天文学等。

特色专业

佐治亚大学的景观设计、平面设计等专业非常不错，同时，学校的新闻和大众传媒的实力也很强。由于有优秀的师资力量，学校的运动科学、运动生理学、营养学和体育类专业是业内最具前瞻性和实力的专业，做的研究和发表的文章数量都首屈一指。另外，学校的社会工作、公共管理、会计学、保险、房地产管理、市场营销、信息系统管理等商科专业以及微生物学、生态学和教育学等专业也相当不错，得到学生们和媒体的广泛好评。

招生要求

◆本科

申请费：$85。

截止日期：（RD）1 月 1 日，（EA）10 月 15 日。

申请材料：SAT 阅读和写作不低于 480 分，数学不低于 440 分或 ACT 英语和数学不低于 17 分，高中成绩单，班级排名，教师推荐信，托福 80 分或雅思 6.5 分，GPA 3.83，申请文书（四份）。

◆研究生

申请费：$100。

截止日期：4 月 15 日（秋季入学），10 月 15 日（春季入学），2 月 15 日（夏季入学）。

申请材料：学位证、毕业证，大学成绩单，GRE/GMAT 成绩，推荐信，个人陈述，雅思 6.5 分（单项不低于 6 分）或托福 iBT 80 分（写作和口语不低于 20 分）。具体根据院系不同而不同。

语言课程：无。

校园文化

佐治亚大学位于佐治亚州东北部的雅典城（Athens），距州府亚特兰大 90 千米，是全美国最大的大学城之一，学校跨越范围之大让人惊叹，从学校的东边到西边驾车慢行，竟然需要半个多小时才能走完。学校的各种设施非常完备，还建有计算机中心、博物馆、研究实验室、图书馆、宗教礼拜堂、学生活动中心、书局、大礼堂等。运动设施也非常齐全，包括为数众多的篮球场、游泳池和体育健身馆等。

张旭老师点评

佐治亚大学是美国南方主要的综合性大学，坐落在历史名城亚特兰大近郊，校园美丽的景色和人气居全美之首。这所学校周围分布有无数家以南方菜为特色的小馆子，多由黑人打理，烹制非常甜腻的美国南方排骨和香甜鸡块，而且很地道。佐治亚大学的文学评论、计算机、生理学、历史、机械工程、会计、保险、营销、海洋研究和地质学等专业院系都有我们中国同学的身影，有兴趣的同学可以考虑。

我简单介绍建筑设计、景观设计和户外设计这几个相关专业的学习、申请和就业情况。它们都偏重设计，但是和工业设计又有很大不同，可以这么说，美国没有严格意义上的工业设计专业，这一类专业的知识和培训都归在了艺术设计和大范畴上的设计专业里面。建筑设计和景观设计是专门针对建筑物内部和外部的设计专业，是培养设计师的，因此，分为大型户外、结构设计、室内装潢和实用景观等专业方向，学习这些专业的同学必须具备一定的建筑理论、结构力学和建筑材料、构图设计等基础，这也是同学们学习的大致顺序。因此，申请的时候，花 2/3 的申请时间来做好一个作品集是很有必要的。

注意，大型户外结构的专业方向的作品集和实用景观的作品集强调不同的内容。一般来说，景观设计偏重实际项目的操作，如一个花园、停车场的入口、曲折回廊的设计等，最好是真实的案例。建筑设计则较侧重结构和模式，如搭起来的体育场、室内的安排风格和材料运用等。总结起来就是设计类的专业作品集必须具备以下几个部分，然后根据不同各有侧重：线图和结构、实体和模型、案例和 3D 效果、补充的设计作品和理念表现。这几个专业的就业一般集中在设计师事务所，需要签订职业协议，工作压力也非常大。近年来，很多在美国学习建筑设计的中国同学都选择回到亚洲，特别是中国香港的建筑事务所，或欧美事务所在亚洲的分公司工作，这也不失为一个很好的选择。

马里兰大学帕克分校

University of Maryland-College Park

地址：College Park, MD 20742-5025

电话：(301) 314-8385

网址：http://www.maryland.edu

基本信息

学校性质：公立

建校日期：1856 年

学生人数：40 700

地理位置：马里兰州乔治王子郡大学公园镇

2020 年秋季录取率：49%

学年学费及其他费用：$61 186

推荐理由

马里兰大学帕克分校创建于 1856 年，位于马里兰州，邻近美国首都华盛顿地区，乘地铁 20 分钟就可以到达华盛顿市中心。马里兰大学是一所非常著名的州立大学，得益于所处的地理位置，学校得到了校友和社会各界的广泛认同和支持。学校优美的校园环境、充足的研究经费和良好的学术声望，使得马里兰大学综合排名一直跻身全美大学前 60 名。这是一所不可多得的理想学府，该校也和其他大型的综合性研究型大学有着良好而稳固的教学、科研和合作关系，如伊利诺伊大学香槟分校、加州大学伯克利分校、弗吉尼亚大学等。

院系设置

马里兰大学帕克分校下设 12 个学院，分别为计算机数学与物理学院，教育学院，工程学院，建筑、规划与保护学院，农业和自然资源学院，信息科学学院，艺术与人文学院，行为与社会科学学院，健康与人类学院，商学院，新闻和传媒学院，公共政策学院。

特色专业

马里兰大学的很多专业都很出名，最为人称道的是工程和材料科学，城市绘画和建筑相关的专业也有很强的实力。很多中国学生在马里兰大学学习的是计算机科学、精算、工程物理、公共关系、新型材料研究以及商学院的金融、数量分析和信息管理等专业。另外，值得一提的还有史密斯商学院与詹姆斯·克拉克工程学院：史密斯商学院（Robert H. Smith School of Business）在世界前100 名商学院中位列第 40 名，是一所顶级商学院。史密斯商学院获得了国际商学院协会（AACSB）的认证；该机构是商业管理和会计类学士、硕士和博士学位的首席认证机构。詹姆斯·克拉克工程学院是一所顶尖全面的工程学院，在《美国新闻与世界报道》工程学院排名中位列第 18 名。该学院目前有近 200 名广受国内或国际认可的教师，其中有 30 名美国国家工程院（National Academy of Engineering）院士，并有百余名诸如电气和电子工程师协会（IEEE）等各类工程专业协会的会士。

招生要求

◆本科

申请费：$75。

截止日期：（RD）1 月 20 日，（EA）11 月 1 日（秋季入学），8 月 1 日（春季入学）。

申请材料：SAT 总分 1 350 分或 ACT 总分 21 分（标化成绩选择性提交），高中成绩单，年终成绩单，班级排名，教师推荐信（两封），托福 95 分或雅思 7 分或多邻国 120 分，GPA 3.93，申请文书（两份）。

◆研究生

申请费：$75。

截止日期：各院系情况不同。

申请材料：学位证、毕业证，大学成绩单，GRE/GMAT 成绩，推荐信，个人陈述，GPA 3.0，雅思或托福成绩。具体根据院系不同而不同。

语言课程：无。

校园文化

由于所处位置在靠近首都的地区，马里兰大学的学习费用和生活费用相对于美国其他地区的学校偏高。对于一些热门专业，如经济类、管理类和工程类等，学校收费相对更高，所以，同学们如有意申请相关科系，最好先上该科系网站查明相关费用。当然，马里兰大学每年会给国际研究生提供很多助理和工读的机会，其中有部分名额预先留给学科研究优异的学生，另外的资助名额是分散于各处室或校内教学机构的缺额，需要同学们自己去发掘和争取。

张旭老师点评

学习会计和商科类专业的同学有很多。一般来讲，商科类专业大部分设在商学院里，部分专业

如“万金油”类的国际传媒和经济发展或国际关系和企业研究等设在国际关系学院或大众传媒系和别的科系合办的学位专业里面。商科类专业中，中国学生就读最多的有会计、物流（供应链管理）、金融硕士、市场营销精算（把这个专业放在商学院以外的学校也有很多）、人力资源、管理科学、组织行为和公司研究等。我在这里简单讲讲商科专业的申请问题。

学校对于申请商科的学生有什么样的硬性要求呢？有部分学校要求有工作经验，有一些学校要求必须先修过会计和统计课程。下面的内容是按照申请的重要性来排列的：第一是 GMAT 成绩（大家要注意预约考试的时间），第二是经历和实习（大部分同学的实习都不是很好，但是只要有实习，就必须强调会计专业方面的理解和处理问题的能力），第三是本科 GPA（相关本专业的课程，数学统计课程，旁听过也可以），第四是个人陈述（要写明三个要点：专业知识准备、个人热情和实践理解、职业和从业要求的规划）。

什么样的学生可以申请商科相关的专业？申请商科专业的学生以本科在读或读过商业课程的同学为佳，但是总体来说，对专业背景要求不是特别高。我建议，最好具备基本的数学准备和相关专业知识。没学过也要说做过；没做过，也要说你理解和懂得，例如商科类专业、经济类专业、社科类专业和理工类专业都可以。那么商科专业（如会计）读什么？什么时候毕业？会计一般学习一年就可以，两年的项目也有，但是这样太辛苦，好处是省钱。一般来讲，我建议学一年半，而且注意快毕业时留下一两个学分，如果就业形势不好或自己有什么状况，就可以拖到下学期上，这样可以缓解部分压力。主要的课程和国内相同，但是各个州的会计师考试标准内容有所不同，包括管理理论、数学和统计、审计、精算、保险、企业融资、估值等。

匹兹堡大学

University of Pittsburgh

地址：4200 Fifth Avenue, Pittsburgh, PA 15260

电话：(412) 624-7488

网址：http://www.pitt.edu

基本信息

学校性质：公立

建校日期：1787 年

学生人数：28 200

地理位置：宾夕法尼亚州匹兹堡市

2020 年秋季录取率：67%

学年学费及其他费用：$34 100

推荐理由

匹兹堡大学建于 1787 年，位于宾夕法尼亚州西边的旧钢铁城匹兹堡，是一所历史悠久、享誉国际的公立大学。在 19 世纪的工业革命时期，匹兹堡作为一座工业城市，带动了该大学的发展，涌现出了一大批工业革命时代的开拓者和创新人士。在多年以来的美国媒体和大学评论中，匹兹堡大学稳居世界大学 100 强中的前 50 名。2017 年的《美国新闻与世界报道》也把该校列为研究生专业综合实力前 30 名，可谓实至名归。

院系设置

学校共有 4 个校区，主要校区都在匹兹堡市内，共有 100 种学士学位、127 种硕士学位和 90 种博士学位的专业设置和学位授予点。

设置本科专业的学院如下：农业与环境科学学院、文理学院、商学院、生态学院、教育学院、环境与设计学院、家庭与消费科学学院、森林与自然资源学院、新闻与大众传媒学院、法学院、医药学院、公共健康学院、公共与国际事务学院、社会工作学院、兽医学院。

研究生专业主要设置在艺术和科学学院、健康和康复学院、信息科学学院、教育学院、医药学院等。

特色专业

匹兹堡大学的信息科学、信息系统和计算机科学可以说是美国该领域内最好的专业之一。另外，学校的医科、放射科学、工商管理、生物工程、国际政治、图书馆学和文献检索、信息系统、工业工程、教育学、音乐和公共健康等专业都相当不错。匹兹堡大学的健康管理、理疗研究和药剂学等专业近年来也一直受到广泛关注和好评。

招生要求

◆本科

申请费：$55。

截止日期：4 月 1 日(秋季入学)，10 月 1 日(春季入学)。7 月 14 日(rolling)。

申请材料：SAT 总分 1 300 分或 ACT 总分 25 分(标化成绩选择性提交)，高中成绩单，班级排名，教师推荐信(一封)，托福 95 分或雅思 7 分或多邻国 120 分，GPA 3.5，申请文书(一份)。

◆研究生

申请费：各院系情况不同。

截止日期：各院系情况不同。

申请材料：学位证、毕业证，大学成绩单，GRE/GMAT 成绩，推荐信，个人陈述，雅思 6.5 分或托福 80 分。具体根据院系不同而不同。

语言课程：无。

校园文化

匹兹堡大学地处距匹兹堡市中心不远的郊区，交通四通八达，周围商店超市较多，学生的日常生活非常方便。学校拥有希腊卫城式、文艺复兴式、哥特式等风格的古典建筑，标志性的哥特式建筑有建于 1925 年的学习堂(Cathedral of Learning)。匹兹堡是一个富有文化艺术特色的城市：匹兹堡大学校园所毗邻的就是著名的卡内基历史自然博物馆，还有美国著名的、也是最大的个人作品美术馆——安迪·沃霍尔美术馆，匹兹堡交响乐团是美国几个传统交响乐团之一。

张旭老师点评

可以这么说，匹兹堡大学是对中国学生比较友好的学校。该校的电子工程、计算机、政治学、金融和 MBA 等专业比毗邻的卡耐基·梅隆大学要容易申请一些。在造访这所学校时，大家可以先看看王小波的作品，猜想一下他当年在这里时是否曾在图书馆里逗留良久，在桌面刻下几个字，或者在校门外的小桥边画画(当然，你不喜欢他就罢了)。另外，匹兹堡大学的数学和统计一直很好，这个专业在匹兹堡大学的设置比较科学，每年都会根据市场的需要和应聘学生的反馈来及时调整授课内容，很受中国学生的好评。

下面我简单介绍城市规划专业。城市规划(Urban Planning)与建筑、交通和设计都有关系，但是对专业背景的要求不如建筑设计、景观设计严格。一般来说，申请的同学最好具备工程和建筑的一些背景，有设计和图形方面能力的准备更好。国内学习建筑、土木、水力和机械工程类专业的同学都基本具备申请城市规划专业的条件。

有的同学问到城市规划和房地产管理(Real Estate Management)有什么关系。这两个专业其实是相通的，房地产管理专业结合了管理学、商学以及城市规划、民用工程的特点，更加具有市场针对性。城市规划虽然也很实用，但不如房地产管理专业这么应时而设。那么，在学习方面，城市规划有什么特点？一般来说，城市规划涉及的主要课程有三大块：政策(policy)和管理方面的了解、数理和民用工程类的知识学习以及设计、管道和环境方面的培训。本专业的就业前景在美国不错，去处一般是大的建筑公司、建模和建材公司、州和市立的房产监管机构、消防局、各类型的设计所等。但是要注意，小地方或小城镇的建筑公司、建材公司、监管机构和设计所不会招纳外国人才，大中城市的房地产具备规模和规划可能的地方，才有较多这类专业的就业机会。

我建议同学们在学习这个专业时，在读期间要多参与当地的实习和实践，尝试不同的工作环境。注意，城市规划的毕业生就业的环境还是有很大差异的，不同的方向就有很大的不同，例如，在监管机构的工作基本上与设计和景观就没有任何关系，而在私人公司就特别强调这方面能力。一般来说，正规的城市规划专业都有专门的工作人员帮助学生们找实习机会，不要一头扎进图书馆，否则就错过了这些机会。

附录

附录A 2024年美国大学综合排名

排名	学校名称	中文校名	所在地	性质
1	Princeton University	普林斯顿大学	NJ	私立
2	Massachusetts Institute of Technology	麻省理工学院	MA	私立
3	Harvard University	哈佛大学	MA	私立
3	Stanford University	斯坦福大学	CA	私立
5	Yale University	耶鲁大学	CT	私立
6	University of Pennsylvania	宾夕法尼亚大学	PA	私立
7	California Institute of Technology	加州理工学院	CA	私立
7	Duke University	杜克大学	NC	私立
9	Brown University	布朗大学	RI	私立
9	Johns Hopkins University	约翰・霍普金斯大学	MD	私立
9	Northwestern University	西北大学	IL	私立
12	Columbia University	哥伦比亚大学	NY	私立
12	Cornell University	康奈尔大学	NY	私立
12	University of Chicago	芝加哥大学	IL	私立
15	University of California-Berkeley	加州大学伯克利分校	CA	公立
15	University of California-Los Angeles	加州大学洛杉矶分校	CA	公立
17	Rice University	莱斯大学	TX	私立
18	Dartmouth College	达特茅斯学院	NH	私立
18	Vanderbilt University	范德堡大学	TN	私立
20	University of Notre Dame	圣母大学	IN	私立
21	University of Michigan-Ann Arbor	密歇根大学安娜堡分校	MI	公立
22	Georgetown University	乔治城大学	DC	私立
22	University of North Carolina at Chapel Hill	北卡罗来纳大学教堂山分校	NC	公立
24	Carnegie Mellon University	卡耐基・梅隆大学	PA	私立
24	Emory University	埃默里大学	GA	私立

24	University of Virginia	弗吉尼亚大学	VA	公立
24	Washington University in St. Louis	华盛顿大学圣路易斯分校	MO	私立
28	University of California-Davis	加州大学戴维斯分校	CA	公立
28	University of California-San Diego	加州大学圣地亚哥分校	CA	公立
28	University of Florida	佛罗里达大学	FL	公立
28	University of Southern California	南加州大学	CA	私立
32	University of Texas at Austin	得克萨斯大学奥斯汀分校	TX	公立
33	University of California-Irvine	加州大学欧文 / 尔湾分校	CA	公立
33	Georgia Institute of Technology	佐治亚理工学院	GA	公立
35	New York University	纽约大学	NY	私立
35	University of California-Santa Barbara	加州大学圣塔芭芭拉分校	CA	公立
35	University of Illinois at Urbana-Champaign	伊利诺伊大学香槟分校	IL	公立
35	University of Wisconsin-Madison	威斯康星大学麦迪逊分校	WI	公立
39	Boston College	波士顿学院	MA	私立
40	Tufts University	塔夫茨大学	MA	私立
40	Rutgers University-New Brunswick	罗格斯大学新布朗斯维克分校	NJ	公立
40	University of Washington	华盛顿大学	WA	公立
43	Boston University	波士顿大学	MA	私立
43	Ohio State University	俄亥俄州立大学	OH	公立
43	Purdue University-West Lafayette	普渡大学西拉法耶校区	IN	公立
46	University of Maryland-College Park	马里兰大学帕克分校	MD	公立
47	Lehigh University	里海大学	PA	私立
47	Texas A&M University	得克萨斯农工大学	TX	公立
47	University of Georgia	佐治亚大学	GA	公立
47	University of Rochester	罗切斯特大学	NY	私立
47	Virginia Tech	弗吉尼亚理工学院	VA	公立
47	Wake Forest University	维克森林大学	NC	私立
53	College of William and Mary	威廉与玛丽学院	VA	公立
53	Case Western Reserve University	凯斯西储大学	OH	私立
53	Northeastern University	东北大学	MA	私立

53	Florida State University	佛罗里达州立大学	FL	公立
53	University of Minnesota-Twin Cities	明尼苏达大学双城分校	MN	公立
58	State University of New York at Stony Brook (SUNY)	纽约州立大学石溪分校	NY	公立
58	University of Connecticut	康涅狄格大学	CT	公立
60	Brandeis University	布兰迪斯大学	MA	私立
60	Rensselaer Polytechnic Institute	伦斯勒理工学院	NY	私立
60	Santa Clara University	圣塔克拉拉大学	CA	私立
60	Pennsylvania State University-University Park	宾夕法尼亚州立大学帕克分校	PA	公立
60	North Carolina State University	北卡罗来纳州立大学	NC	公立
60	Michigan State University	密歇根州立大学	MI	公立
60	University of California-Merced	加州大学美熹德分校	CA	公立
67	University of Pittsburgh-Pittsburgh Campus	匹兹堡大学匹兹堡主校区	PA	公立
67	Villanova University	维拉诺瓦大学	PA	私立
67	University of Miami	迈阿密大学	FL	私立
67	Syracuse University	雪城大学	NY	私立
67	The George Washington University	乔治・华盛顿大学	DC	私立
67	University of Massachusetts-Amherst	马萨诸塞大学安姆斯特分校	MA	公立
73	Tulane University	杜兰大学	LA	私立
73	Indiana University-Bloomington	印第安纳大学伯明顿分校	IN	公立
73	State University of New York at Binghamton (SUNY)	纽约州立大学宾汉姆顿分校	NY	公立
76	Pepperdine University	佩珀代因大学	CA	私立
76	Colorado School of Mines	科罗拉多矿业大学	CO	公立
76	Stevens Institute of Technology	斯蒂文斯理工学院	NJ	私立
76	State University of New York at Buffalo (SUNY)	纽约州立大学水牛城 / 布法罗分校	NY	公立
76	University of Delaware	特拉华大学	DE	公立
76	University of California-Riverside	加州大学河滨分校	CA	公立
82	Worcester Polytechnic Institute	伍斯特理工学院	MA	私立

82	Rutgers University-Newark	罗格斯大学纽瓦克分校	NJ	公立
82	University of California-Santa Cruz	加州大学圣克鲁兹分校	CA	公立
82	University of Illinois-Chicago	伊利诺伊大学芝加哥分校	IL	公立
86	Clemson University	克莱姆森大学	SC	公立
86	Marquette University	马凯特大学	WI	私立
86	New Jersey Institute of Technology	新泽西理工学院	NJ	公立
89	Fordham University	福特汉姆大学	NY	私立
89	Southern Methodist University	南卫理公会大学	TX	私立
89	Temple University	天普大学	PA	公立
89	University of South Florida	南佛罗里达大学	FL	公立
93	Baylor University	贝勒大学	TX	私立
93	Loyola Marymount University	洛约拉马利蒙特大学	CA	私立
93	Gonzaga University	贡萨加大学	WA	私立
93	University of Iowa	艾奥瓦大学	IA	公立
93	Auburn University	奥本大学	AL	公立
98	Texas Christian University	得克萨斯基督教大学	TX	私立
98	University of San Diego	圣地亚哥大学	CA	私立
98	Drexel University	德雷塞尔大学	PA	私立
98	Illinois Institute of Technology	伊利诺伊理工大学	IL	私立
98	Rochester Institute of Technology	罗切斯特理工大学	NY	私立
98	Rutgers University-Camden	罗格斯大学卡姆登分校	NJ	公立
98	University of Oregon	俄勒冈大学	OR	公立

附录 B　2024 年美国大学理工专业排名

2024 年美国大学工程学院排名

排名	学校名称	中文校名	所在地
1	Massachusetts Institute of Technology (MIT)	麻省理工学院	Cambridge, MA
2	Stanford University	斯坦福大学	Stanford, CA
3	University of California-Berkeley	加州大学伯克利分校	Berkeley, CA
3	Georgia Institute of Technology	佐治亚理工学院	Atlanta, GA
5	California Institute of Technology	加州理工学院	Pasadena, CA
5	University of Michigan-Ann Arbor	密歇根大学安娜堡分校	Ann Arbor, MI
5	University of Illinois at Urbana-Champaign	伊利诺伊大学香槟分校	Urbana, IL
8	Carnegie Mellon University	卡耐基・梅隆大学	Pittsburgh, PA
8	Purdue University-West Lafayette	普渡大学西拉法耶校区	West Lafayette, IN
10	Cornell University	康奈尔大学	Ithaca, NY
11	University of Texas at Austin	得克萨斯大学奥斯汀分校	Austin, TX
12	Princeton University	普林斯顿大学	Princeton, NJ
13	Texas A&M University-College Station	得克萨斯农工大学学院站分校	College Station, TX
13	Johns Hopkins University (Whiting)	约翰・霍普金斯大学	Baltimore, MD
13	Northwestern University (McCormick)	西北大学	Evanston, IL
13	Virginia Tech	弗吉尼亚理工学院	Blacksburg, VA
17	University of California-Los Angeles	加州大学洛杉矶分校	Los Angeles, CA
17	University of Wisconsin-Madison	威斯康星大学麦迪逊分校	Madison, WI
19	University of California-San Diego	加州大学圣地亚哥分校	La Jolla, CA
19	Columbia University	哥伦比亚大学	New York, NY
19	University of Pennsylvania	宾夕法尼亚大学	Philadelphia, PA
19	University of Maryland-College Park (Clark)	马里兰大学帕克分校	College Park, MD
19	Duke University (Pratt)	杜克大学	Durham, NC

19	Pennsylvania State University-University Park	宾夕法尼亚州立大学帕克分校	University Park, PA
25	University of Washington	华盛顿大学	Seattle, WA
25	University of Southern California	南加州大学	Los Angeles, CA
25	Rice University (Brown)	莱斯大学	Houston, TX
25	Ohio State University	俄亥俄州立大学	Columbus, OH
25	University of Minnesota-Twin Cities	明尼苏达大学双城分校	Minneapolis, MN
30	Harvard University	哈佛大学	Cambridge, MA
30	North Carolina State University	北卡罗来纳州立大学	Raleigh, NC
30	University of Colorado-Boulder	科罗拉多大学博尔德分校	Boulder, CO
30	University of California-Davis	加州大学戴维斯分校	Davis, CA
34	University of Florida	佛罗里达大学	Gainesville, FL
34	Arizona State University (Fulton)	亚利桑那州立大学	Tempe, AZ
34	Rensselaer Polytechnic Institute	伦斯勒理工学院	Troy, NY
37	University of California-Santa Barbara	加州大学圣塔芭芭拉分校	Santa Barbara, CA
37	University of California-Irvine (Samueli)	加州大学欧文 / 尔湾分校	Irvine, CA
37	Northeastern University	东北大学	Boston, MA
37	Yale University	耶鲁大学	New Haven, CT
37	University of Virginia	弗吉尼亚大学	Charlottesville, VA
37	Vanderbilt University	范德堡大学	Nashville, TN
37	Brown University	布朗大学	Providence, RI
37	Case Western Reserve University	凯斯西储大学	Cleveland, OH
46	Boston University	波士顿大学	Boston, MA
46	Washington University in St. Louis	华盛顿大学圣路易斯分校	St. Louis, MO
46	University of Notre Dame	圣母大学	Notre Dame, IN
46	Michigan State University	密歇根州立大学	East Lansing, MI
50	Iowa State University	艾奥瓦州立大学	Ames, IA

50	University of Delaware	特拉华大学	Newark, DE
50	University of Arizona	亚利桑那大学	Tucson, AZ

2024 年美国大学电子工程专业排名

排名	学校名称	中文校名	所在地
1	Massachusetts Institute of Technology (MIT)	麻省理工学院	Cambridge, MA
2	Stanford University	斯坦福大学	Stanford, CA
2	University of California-Berkeley	加州大学伯克利分校	Berkeley, CA
4	California Institute of Technology	加州理工学院	Pasadena, CA
4	Georgia Institute of Technology	佐治亚理工学院	Atlanta, GA
4	University of Illinois at Urbana-Champaign	伊利诺伊大学香槟分校	Urbana, IL
4	University of Michigan-Ann Arbor	密歇根大学安娜堡分校	Ann Arbor, MI
8	Purdue University-West Lafayette	普渡大学西拉法耶校区	West Lafayette, IN
9	Carnegie Mellon University	卡耐基·梅隆大学	Pittsburgh, PA
10	Cornell University	康奈尔大学	Ithaca, NY
10	Princeton University	普林斯顿大学	Princeton, NJ
10	University of Texas at Austin	得克萨斯大学奥斯汀分校	Austin, TX
13	University of California-Los Angeles	加州大学洛杉矶分校	Los Angeles, CA
14	Columbia University	哥伦比亚大学	New York, NY
14	University of California-San Diego	加州大学圣地亚哥分校	La Jolla, CA
16	University of Southern California	南加州大学	Los Angeles, CA
16	University of Maryland-College Park	马里兰大学帕克分校	College Park, MD
16	University of Wisconsin-Madison	威斯康星大学麦迪逊分校	Madison, WI
16	Virginia Tech	弗吉尼亚理工学院	Blacksburg, VA
16	Duke University	杜克大学	Durham, NC
16	Harvard University	哈佛大学	Allston, MA

16	University of Washington	华盛顿大学	Seattle, WA
23	Johns Hopkins University	约翰·霍普金斯大学	Baltimore, MD
23	Texas A&M University-College Station	得克萨斯农工大学学院站分校	College Station, TX
23	Ohio State University	俄亥俄州立大学	Columbus, OH
23	Rice University	莱斯大学	Houston, TX
23	University of California-Santa Barbara	加州大学圣塔芭芭拉分校	Santa Barbara, CA
28	University of Pennsylvania	宾夕法尼亚大学	Philadelphia, PA
28	Pennsylvania State University-University Park	宾夕法尼亚州立大学帕克分校	University Park, PA
30	Northwestern University	西北大学	Evanston, IL
30	University of Minnesota-Twin Cities	明尼苏达大学双城分校	Minneapolis, MN
30	University of Florida	佛罗里达大学	Gainesville, FL
30	Yale University	耶鲁大学	New Haven, CT
30	North Carolina State University	北卡罗来纳州立大学	Raleigh, NC
30	University of California-Davis	加州大学戴维斯分校	Davis, CA
36	Arizona State University	亚利桑那州立大学	Tempe, AZ
36	Northeastern University	东北大学	Boston, MA
36	University of Colorado-Boulder	科罗拉多大学博尔德分校	Boulder, CO
36	University of Notre Dame	圣母大学	Notre Dame, IN
36	University of California-Irvine	加州大学欧文 / 尔湾分校	Irvine, CA
41	University of Virginia	弗吉尼亚大学	Charlottesville, VA
41	Boston University	波士顿大学	Boston, MA
41	Michigan State University	密歇根州立大学	East Lansing, MI
41	Vanderbilt University	范德堡大学	Nashville, TN

45	Washington University in St. Louis	华盛顿大学圣路易斯分校	St. Louis, MO
45	Brown University	布朗大学	Providence, RI
45	Rensselaer Polytechnic Institute	伦斯勒理工学院	Troy, NY
45	Case Western Reserve University	凯斯西储大学	Cleveland, OH
49	Iowa State University	艾奥瓦州立大学	Ames, IA
49	New York University	纽约大学	Brooklyn, NY
49	Rutgers University-New Brunswick	罗格斯大学新布朗斯维克分校	Piscataway, NJ
49	Dartmouth College	达特茅斯学院	Hanover, NH
49	University of Massachusetts-Amherst	马萨诸塞大学安姆斯特分校	Amherst, MA

2024 年美国大学环境工程专业排名

排名	学校名称	中文校名	所在地
1	University of California-Berkeley	加州大学伯克利分校	Berkeley, CA
2	Stanford University	斯坦福大学	Stanford, CA
2	University of Michigan-Ann Arbor	密歇根大学安娜堡分校	Ann Arbor, MI
4	University of Illinois at Urbana-Champaign	伊利诺伊大学香槟分校	Urbana, IL
5	University of Texas at Austin (Cockrell)	得克萨斯大学奥斯汀分校	Austin, TX
5	Georgia Institute of Technology	佐治亚理工学院	Atlanta, GA
5	Virginia Tech	弗吉尼亚理工学院	Blacksburg, VA
8	Carnegie Mellon University	卡耐基・梅隆大学	Pittsburgh, PA
9	Massachusetts Institute of Technology (MIT)	麻省理工学院	Cambridge, MA
9	Cornell University	康奈尔大学	Ithaca, NY
9	University of Minnesota-Twin Cities	明尼苏达大学双城分校	Minneapolis, MN
12	Yale University	耶鲁大学	New Haven, CT
12	Princeton University	普林斯顿大学	Princeton, NJ
12	Duke University (Pratt)	杜克大学	Durham, NC
12	Purdue University-West Lafayette	普渡大学西拉法耶校区	West Lafayette, IN

12	Rice University (Brown)	莱斯大学	Houston, TX
17	University of Colorado-Boulder	科罗拉多大学博尔德分校	Boulder, CO
17	Arizona State University (Fulton)	亚利桑那州立大学	Tempe, AZ
17	University of Wisconsin-Madison	威斯康星大学麦迪逊分校	Madison, WI
17	North Carolina State University	北卡罗来纳州立大学	Raleigh, NC
21	California Institute of Technology	加州理工学院	Pasadena, CA
21	University of California-Davis	加州大学戴维斯分校	Davis, CA
21	Pennsylvania State University-University Park	宾夕法尼亚州立大学帕克分校	University Park, PA
21	University of Washington	华盛顿大学	Seattle, WA
25	Colorado School of Mines	科罗拉多矿业大学	Golden, CO
25	Johns Hopkins University (Whiting)	约翰·霍普金斯大学	Baltimore, MD
25	Washington University in St. Louis	华盛顿大学圣路易斯分校	St. Louis, MO
28	University of North Carolina at Chapel Hill	北卡罗来纳大学教堂山分校	Chapel Hill, NC
28	Columbia University (Fu Foundation)	哥伦比亚大学	New York, NY
28	Northwestern University (McCormick)	西北大学	Evanston, IL
31	University of Arizona	亚利桑那大学	Tucson, AZ
31	University of Iowa	艾奥瓦大学	Iowa City, IA
31	University of Notre Dame	圣母大学	Notre Dame, IN
34	University of Florida	佛罗里达大学	Gainesville, FL
34	Ohio State University	俄亥俄州立大学	Columbus, OH
34	University of Southern California (Viterbi)	南加州大学	Los Angeles, CA
34	Colorado State University (Scott)	科罗拉多州立大学	Fort Collins, CO
34	Michigan State University	密歇根州立大学	East Lansing, MI
39	Clemson University	克莱姆森大学	Clemson, SC
39	Northeastern University	东北大学	Boston, MA

39	University of Massachusetts-Amherst	马萨诸塞大学安姆斯特分校	Amherst, MA
39	Drexel University	德雷塞尔大学	Philadelphia, PA
39	Oregon State University	俄勒冈州立大学	Corvallis, OR
44	University of California-Irvine (Samueli)	加州大学欧文 / 尔湾分校	Irvine, CA
44	University of South Florida	南佛罗里达大学	Tampa, FL
44	Michigan Technological University	密歇根理工大学	Houghton, MI
47	Harvard University	哈佛大学	Allston, MA
47	Tufts University	塔夫茨大学	Medford, MA
47	Missouri University of Science & Technology, Rolla	密苏里科技大学	Rolla, MO
47	Clarkson University	克拉克森大学	Potsdam, NY
47	University of Cincinnati	辛辛那提大学	Cincinnati, OH
47	Vanderbilt University	范德堡大学	Nashville, TN
47	Brown University	布朗大学	Providence, Rl
47	State University of New York at Buffalo (SUNY)	纽约州立大学水牛城 / 布法罗分校	Buffalo, NY
47	University of Maryland-Baltimore	马里兰大学巴尔的摩分校	Baltimore, MD

2024 年美国大学物理专业排名

专业排名	学校名称	中文校名	所在地
1	Massachusetts Institute of Technology (MIT)	麻省理工学院	马萨诸塞州
1	Stanford University	斯坦福大学	加利福尼亚州
3	California Institute of Technology	加州理工学院	加利福尼亚州
3	Harvard University	哈佛大学	马萨诸塞州
3	Princeton University	普林斯顿大学	新泽西州
3	University of California-Berkeley	加州大学伯克利分校	加利福尼亚州
7	Cornell University	康奈尔大学	纽约州

7	University of Chicago	芝加哥大学	伊利诺伊州
9	University of Illinois at Urbana-Champaign	伊利诺伊大学香槟分校	伊利诺伊州
9	Columbia University	哥伦比亚大学	纽约州
9	University of California-Santa Barbara	加州大学圣塔芭芭拉分校	加利福尼亚州
9	Yale University	耶鲁大学	康涅狄格州
13	University of Michigan-Ann Arbor	密歇根大学安娜堡分校	密歇根州
13	University of Pennsylvania	宾夕法尼亚大学	宾夕法尼亚州
13	Johns Hopkins University	约翰·霍普金斯大学	马里兰州
13	The University of Texas at Austin	得克萨斯大学奥斯汀分校	得克萨斯州
17	University of Colorado-Boulder	科罗拉多大学博尔德分校	科罗拉多州
17	University of Maryland-College Park	马里兰大学帕克分校	马里兰州
17	University of California-Los Angeles	加州大学洛杉矶分校	加利福尼亚州
20	University of Washington-Seattle Campus	华盛顿大学西雅图校区	华盛顿州

2024 年美国大学化学专业排名

排名	学校名称	中文校名	所在地
1	California Institute of Technology	加州理工学院	Pasadena, CA
1	Massachusetts Institute of Technology (MIT)	麻省理工学院	Cambridge, MA
1	University of California-Berkeley	加州大学伯克利分校	Berkeley, CA
4	Stanford University	斯坦福大学	Stanford, CA
4	Harvard University	哈佛大学	Cambridge, MA
6	Northwestern University	西北大学	Evanston, IL
7	Scripps Research Institute	斯克里普斯研究所	La Jolla, CA
7	Princeton University	普林斯顿大学	Princeton, NJ
9	University of Illinois at Urbana-Champaign	伊利诺伊大学香槟分校	Urbana, IL
9	University of Chicago	芝加哥大学	Chicago, IL
11	Columbia University	哥伦比亚大学	New York, NY
11	Cornell University	康奈尔大学	Ithaca, NY

11	Yale University	耶鲁大学	New Haven, CT
14	University of Wisconsin-Madison	威斯康星大学麦迪逊分校	Madison, WI
14	University of Michigan-Ann Arbor	密歇根大学安娜堡分校	Ann Arbor, MI
16	University of California-Los Angeles	加州大学洛杉矶分校	Los Angeles, CA
16	University of North Carolina at Chapel Hill	北卡罗来纳大学教堂山分校	Chapel Hill, NC
16	University of Texas at Austin	得克萨斯大学奥斯汀分校	Austin, TX
16	University of Pennsylvania	宾夕法尼亚大学	Philadelphia, PA
20	Georgia Institute of Technology	佐治亚理工学院	Atlanta, GA
20	University of California-San Diego	加州大学圣地亚哥分校	La Jolla, CA
20	Johns Hopkins University	约翰·霍普金斯大学	Baltimore, MD
20	Ohio State University	俄亥俄州立大学	Columbus, OH
24	University of California-Irvine	加州大学欧文 / 尔湾分校	Irvine, CA
24	University of California-Santa Barbara	加州大学圣塔芭芭拉分校	Santa Barbara, CA
24	University of Washington	华盛顿大学	Seattle, WA
27	Purdue University-West Lafayette	普渡大学西拉法耶校区	West Lafayette, IN
27	Duke University	杜克大学	Durham, NC
27	Rice University	莱斯大学	Houston, TX
27	University of California-San Francisco	加州大学旧金山分校	San Francisco,CA

2024 年美国大学计算机工程专业排名

排名	学校名称	中文校名	所在地
1	Massachusetts Institute of Technology (MIT)	麻省理工学院	Cambridge, MA
2	University of California-Berkeley	加州大学伯克利分校	Berkeley, CA
2	Stanford University	斯坦福大学	Stanford, CA
4	Carnegie Mellon University	卡耐基·梅隆大学	Pittsburgh, PA
5	University of Illinois at Urbana-Champaign	伊利诺伊大学香槟分校	Urbana, IL
5	Georgia Institute of Technology	佐治亚理工学院	Atlanta, GA
7	University of Michigan-Ann Arbor	密歇根大学安娜堡分校	Ann Arbor, MI

8	Cornell University	康奈尔大学	Ithaca, NY
8	University of Texas at Austin	得克萨斯大学奥斯汀分校	Austin, TX
10	Princeton University	普林斯顿大学	Princeton, NJ
10	Purdue University-West Lafayette	普渡大学西拉法耶校区	West Lafayette, IN
10	University of California-San Diego	加州大学圣地亚哥分校	La Jolla, CA
13	University of Washington	华盛顿大学	Seattle, WA
13	Columbia University	哥伦比亚大学	New York, NY
13	University of Southern California	南加州大学	Los Angeles, CA
16	University of Wisconsin-Madison	威斯康星大学麦迪逊分校	Madison, WI
16	University of Maryland-College Park	马里兰大学帕克分校	College Park, MD
18	Duke University	杜克大学	Durham, NC
18	Johns Hopkins University	约翰·霍普金斯大学	Baltimore, MD
20	Harvard University	哈佛大学	Allston, MA
20	University of Minnesota-Twin Cities	明尼苏达大学双城分校	Minneapolis, MN
20	Texas A&M University-College Station	得克萨斯农工大学学院站分校	College Station, TX

附录 C　2024 年美国大学边缘学科专业排名

2024 年美国大学金融学专业排名

排名	学校名称	中文校名
1	University of Pennsylvania	宾夕法尼亚大学
2	University of Chicago	芝加哥大学
3	New York University	纽约大学
4	Columbia University	哥伦比亚大学
5	Massachusetts Institute of Technology(MIT)	麻省理工学院
6	Stanford University	斯坦福大学
7	Harvard University	哈佛大学
8	University of California-Berkeley	加州大学伯克利分校
9	University of California-Los Angeles	加州大学洛杉矶分校
10	University of Michigan-Ann Arbor	密歇根大学安娜堡分校
11	Boston College	波士顿学院
12	University of Texas at Austin	得克萨斯大学奥斯汀分校
13	Carnegie Mellon University	卡耐基・梅隆大学
14	Duke University	杜克大学
14	Northwestern University	西北大学
16	Fordham University	福特汉姆大学
17	Fairfield University	费尔菲尔德大学
18	Creighton University	克瑞顿大学
19	Yale University	耶鲁大学
20	Cornell University	康奈尔大学
21	Indiana University-Bloomington	印第安纳大学伯明顿分校
21	Marquette University	马凯特大学
23	Dartmouth College	达特茅斯学院
24	Santa Clara University	圣塔克拉拉大学
24	Seattle University	西雅图大学
24	Washington University in St. Louis	华盛顿大学圣路易斯分校
27	University of Illinois at Urbana-Champaign	伊利诺伊大学香槟分校
27	University of San Francisco	旧金山大学
29	University of Florida	佛罗里达大学

29	University of Rochester	罗切斯特大学
29	University of North Carolina at Chapel Hill	北卡罗来纳大学教堂山分校
32	Ohio State University	俄亥俄州立大学
32	Gonzaga University	贡萨加大学
32	St. Joseph's University	圣约瑟夫大学

2024 年美国大学会计学专业排名

排名	学校名称	中文校名
1	University of Texas at Austin	得克萨斯大学奥斯汀分校
2	University of Pennsylvania	宾夕法尼亚大学
3	University of Illinois at Urbana-Champaign	伊利诺伊大学香槟分校
4	Brigham Young University	杨百翰大学
5	University of Michigan-Ann Arbor	密歇根大学安娜堡分校
6	University of Chicago	芝加哥大学
7	Indiana University-Bloomington	印第安纳大学伯明顿分校
8	Stanford University	斯坦福大学
9	University of Southern California	南加州大学
10	Boston College	波士顿学院
10	New York University	纽约大学
12	Ohio State University	俄亥俄州立大学
13	Harvard University	哈佛大学
13	University of Florida	佛罗里达大学
13	University of North Carolina at Chapel Hill	北卡罗来纳大学教堂山分校
13	University of Notre Dame	圣母大学
17	Cornell University	康奈尔大学
18	University of Scranton	斯克兰顿大学
19	Arizona State University	亚利桑那州立大学
19	Bentley University	本特利大学
21	Fordham University	福特汉姆大学
22	Duke University	杜克大学
22	Michigan State University	密歇根州立大学
22	Pennsylvania State University-University Park	宾夕法尼亚州立大学帕克分校
22	University of California-Berkeley	加州大学伯克利分校
26	Fairfield University	费尔菲尔德大学
26	Massachusetts Institute of Technology (MIT)	麻省理工学院

26	University of Wisconsin-Madison	威斯康星大学麦迪逊分校
29	Columbia University	哥伦比亚大学
29	Gonzaga University	贡萨加大学
29	Northwestern University	西北大学
29	Seattle University	西雅图大学
29	University of Washington	华盛顿大学
34	Boston University	波士顿大学
34	Dartmouth College	达特茅斯学院
34	Emory University	埃默里大学
34	St. Joseph's University	圣约瑟夫大学
34	University of California-Los Angeles	加州大学洛杉矶分校
39	Georgetown University	乔治城大学
40	California State University- San Bernardino	加州州立大学圣博纳蒂诺分校
40	Texas A & M University-College Station	得克萨斯农工大学学院站分校
40	University of Arizona	亚利桑那大学
40	Yale University	耶鲁大学
44	Carnegie Mellon University	卡耐基·梅隆大学
44	Marquette University	马凯特大学
44	Rice University	莱斯大学
44	University of Iowa	艾奥瓦大学

附录 D　2024 年美国文理学院排名

排名	学校名称	中文校名
1	Williams College	威廉姆斯学院
2	Amherst College	艾姆赫斯特学院
3	United States Naval Academy	美国海军学院
4	Pomona College	波莫纳学院
4	Swarthmore College	斯沃斯莫尔学院
4	Wellesley College	韦尔斯利学院（女校）
7	United States Air Force Academy	美国空军学院
8	United States Military Academy	美国军事学院
9	Bowdoin College	鲍登学院
9	Carleton College	卡尔顿学院
11	Claremont McKenna College	克莱蒙特・麦肯纳学院
11	Middlebury College	明德学院
11	Grinnell College	格林内尔学院
11	Barnard College	巴纳德学院（女校）
11	Wesleyan University	卫斯理大学
16	Davidson College	戴维森学院
16	Hamilton College	汉密尔顿学院
16	Smith College	史密斯学院（女校）
16	Vassar College	瓦萨尔学院
16	Harvey Mudd College	哈维马地学院
21	Washington and Lee University	华盛顿与李大学
21	Haverford College	哈弗福德学院
21	Colgate University	科尔盖特大学
24	Bates College	贝茨学院
25	Colby College	科尔比学院
25	University of Richmond	里士满大学
27	Macalester College	玛卡莱斯特学院
27	College of the Holy Cross	圣十字学院

29	Colorado College	科罗拉多学院
30	Berea College	伯利亚学院
30	Bryn Mawr College	布尔茅尔学院（女校）
30	Bucknell University	巴克内尔大学
30	Lafayette College	拉法耶特学院
34	Mount Holyoke College	霍山学院（女校）
35	Scripps College	斯克利普斯学院（女校）
35	Franklin and Marshall College	富兰克林与马歇尔学院
35	Occidental College	西方学院
38	Skidmore College	斯基德莫尔学院
39	Kenyon College	凯尼恩学院
39	Pitzer College	培泽学院
39	Denison University	丹尼森大学
39	Hillsdale College	希尔斯代尔学院
39	Trinity College	三一学院
39	Spelman College	斯贝尔曼学院
45	Union College (NY)	联合学院（纽约州）
46	Whitman College	惠特曼学院
46	DePauw University	迪堡大学
46	Furman University	福尔曼大学
46	Connecticut College	康涅狄格学院
46	Dickinson College	狄金森学院
51	Oberlin College and Conservatory	欧柏林学院
51	Centre College	森特学院
51	The University of the South	南方大学
51	Principia College	普林西庇亚学院
51	St. Olaf College	圣奥拉夫学院
56	Rhodes College	罗德学院
56	Soka University of America	美国创价大学
56	Wheaton College (IL)	惠顿学院（伊利诺伊州）

59	Wabash College	瓦贝西学院(男校)
59	St. Lawrence University	圣劳伦斯大学
59	Trinity University	三一大学
59	Wofford College	沃佛德学院
63	Gettysburg College	盖茨堡学院
63	Bard College	巴德学院
63	Agnes Scott College	阿格尼斯·斯科特学院
63	Virginia Military Institute	弗吉尼亚军事学院
67	Thomas Aquinas College	托马斯阿奎那斯学院
67	Reed College	里德学院
67	Gustavus Adolphus College	古斯塔夫阿道尔夫学院
70	Muhlenberg College	穆伦堡学院
70	Kalamazoo College	卡拉马祖学院
70	Hobart and William Smith Colleges	霍巴特和威廉史密斯学院
73	Lake Forest College	森林湖学院
73	College of Saint Benedict	圣本尼迪克学院
75	Lawrence University	劳伦斯大学
75	St. John's College (MD)	圣约翰学院(马里兰州)
75	College of Wooster	伍斯特学院
75	Willamette University	威拉姆特大学
75	Knox College	诺克斯学院
75	Allegheny College	阿勒格尼学院
75	Wheaton College (MA)	惠顿学院(马萨诸塞州)
82	Juniata College	朱尼亚塔学院
82	Saint Mary's College	圣玛丽学院
82	St. John's University (MN)	圣约翰大学(明尼苏达州)
82	St. Mary's College of Maryland	马里兰州圣玛丽学院
86	Beloit College	贝洛伊特学院
86	Stonehill College	石山学院
86	Ursinus College	乌尔辛纳斯学院

89	University of Puget Sound	普吉特海湾大学
89	Saint Anselm College	圣安塞姆学院
89	Southwestern University	西南大学
89	Washington and Jefferson College	华盛顿与杰弗逊学院
93	Lewis & Clark College	路易斯和克拉克学院
93	St. John's College (NM)	圣约翰学院（新墨西哥州）
93	Austin College	奥斯汀学院
93	Drew University	德鲁大学
93	St. Norbert College	圣・诺伯特学院
93	Washington College	华盛顿学院
93	Whittier College	惠蒂尔学院
100	Sarah Lawrence College	莎拉・劳伦斯学院
100	New College of Florida	新佛罗里达学院
100	Augustana College	奥古斯塔纳学院
100	Earlham College	厄勒姆学院
100	Antioch College	安提亚克学院
100	Hope College	霍普学院
100	Morehouse College	莫尔豪斯学院

附录 E　2024 年美国大学商学院排名（MBA 项目）

排名	学校名称	中文校名	所在地
1	Stanford University	斯坦福大学	Stanford, CA
2	University of Pennsylvania (Wharton)	宾夕法尼亚大学	Philadelphia, PA
3	University of Chicago (Booth)	芝加哥大学	Chicago, IL
3	Northwestern University (Kellogg)	西北大学	Evanston, IL
5	Massachusetts Institute of Technology (MIT) (Sloan)	麻省理工学院	Cambridge, MA
6	Harvard University	哈佛大学	Boston, MA
7	University of California-Berkeley (Haas)	加州大学伯克利分校	Berkeley, CA
7	Yale University	耶鲁大学	New Haven, CT
7	New York University (Stern)	纽约大学	New York, NY
10	Dartmouth College (Tuck)	达特茅斯学院	Hanover, NH
10	University of Virginia (Darden)	弗吉尼亚大学	Charlottesville, VA
12	Columbia University	哥伦比亚大学	New York, NY
12	Duke University (Fuqua)	杜克大学	Durham, NC
12	University of Michigan-Ann Arbor (Ross)	密歇根大学安娜堡分校	Ann Arbor, MI
15	Cornell University (Johnson)	康奈尔大学	Ithaca, NY
16	Carnegie Mellon University (Tepper)	卡耐基・梅隆大学	Pittsburgh, PA
16	University of Texas at Austin (McCombs)	得克萨斯大学奥斯汀分校	Austin, TX
18	University of Southern California (Marshall)	南加州大学	Los Angeles, CA
18	Emory University (Goizueta)	埃默里大学	Atlanta, GA
20	University of California-Los Angeles (Anderson)	加州大学洛杉矶分校	Los Angeles, CA
20	University of North Carolina at Chapel Hill (Kenan-Flagler)	北卡罗来纳大学教堂山分校	Chapel Hill, NC
20	Indiana University-Bloomington (Kelley)	印第安纳大学伯明顿分校	Bloomington, IN

20	Vanderbilt University (Owen)	范德堡大学	Nashville, TN
24	Georgetown University (McDonough)	乔治城大学	Washington, DC
25	Georgia Institute of Technology (Scheller)	佐治亚理工学院	Atlanta, GA
26	Washington University in St. Louis (Olin)	华盛顿大学圣路易斯分校	St. Louis, MO
27	University of Washington (Foster)	华盛顿大学	Seattle, WA
27	University of Georgia (Terry)	佐治亚大学	Athens, GA
29	Rice University (Jones)	莱斯大学	Houston, TX
30	Ohio State University (Fisher)	俄亥俄州立大学	Columbus, OH
30	University Notre Dame (Mendoza)	圣母大学	Notre Dame, IN
32	Arizona State University (W.P.Carey)	亚利桑那州立大学	Tempe, AZ
32	University of Rochester (Simon)	罗切斯特大学	Rochester, NY
34	Southern Methodist University (Cox)	南卫理公会大学	Dallas, TX
35	University of Minnesota-Twin Cities (Carlson)	明尼苏达大学双城分校	Minneapolis, MN
36	University of Florida (Warrington)	佛罗里达大学	Gainesville, FL
37	Brigham Young University (Marriott)	杨百翰大学	Provo, UT
38	University of Texas-Dallas (Jindal)	得克萨斯大学达拉斯分校	Richardson, TX
38	University of Utah (Eccles)	犹他大学	Salt Lake City, UT
40	College of William and Mary (Mason)	威廉与玛丽学院	Williamsburg, VA
41	Michigan State University (Broad)	密歇根州立大学	East Lansing, MI
41	University of Maryland-College Park (Smith)	马里兰大学帕克分校	College Park, MD
43	University of Wisconsin-Madison	威斯康星大学麦迪逊分校	Madison, MI
44	Texas Christian University (Neeley)	得克萨斯基督教大学	Fort Worth, TX
44	University of California-Irvine (Mirage)	加州大学欧文 / 尔湾分校	Irvine, CA

46	Boston College (Carroll)	波士顿学院	Chestnut Hill, MA
47	Texas A&M University-College Station (Mays)	得克萨斯农工大学学院站分校	College Station, TX
47	University of Tennessee-Knoxville (Haslam)	田纳西大学	Knoxville, TN
47	University of Pittsburgh (Katz)	匹兹堡大学	Pittsburgh, PA
50	Boston University (Questrom)	波士顿大学	Boston, MA
50	Iowa University (Ivy)	艾奥瓦大学	Ames, IA
50	University of Arizona (Eller)	亚利桑那大学	Tucson, AZ
53	Baruch College (Zicklin)	巴鲁克学院	New York, NY
53	Rutgers University-Newark and New Brunswick	罗格斯大学纽瓦克分校和新布朗斯维克分校	Newark, NJ
55	University of Alabama (Manderson)	阿拉巴马大学	Tuscaloosa, AL
56	University of Houston (Bauer)	休斯敦大学	Houston, TX
57	University of California-Davis	加州大学戴维斯分校	Davis, CA
57	University of South Carolina (Moore)	南卡罗来纳大学	Columbia, SC
57	Baylor University (Hankamer)	贝勒大学	Waco, TX
60	University of Kansas	堪萨斯大学	Lawrence, KS
60	University of Kentucky(Gatton)	肯塔基大学	Lexington, KY